**1**

注册会计师审计是一种"受托审计",同时也是"有偿审计"。也可以这么说,它的工作就是"得人钱财,与人消灾"。

**2**

审计师做多少工作合适呢?要是一个一般的职业,拿多少钱干多少活呗!可是审计师这个行业有其特殊性,它有"风险"。审计师做工作,第一位考虑的不是能拿多少钱,而是风险能否被控制。审计师的作用,主要就是资本市场的"看门狗"(英文叫watch dog)。

**3**

独立审计,很多时候并不是以查问题为主,而更像是在解一道几何证明题。企业的经营情况和财务会计记录就是一道几何题的已知条件,要求证明的就是管理层所提交的财务报表是真实可靠的。

**4**

项目建议书(proposal)好比是你在谈恋爱时说的话,业务约定书(engagement letter)是你结婚后打算做的事。这两者是可以天差地别的。有意思的是,在英语里,求婚就是"proposal",而订婚就是"engagement"。

**5**

在项目建议书这一不具备严格法律约束力的宣传性材料里,审计师将自己说成是一朵牡丹花都行;但到了业务约定书这一有严格法律约束力的文件里,说自己是一朵花就是欺诈行为了,要老老实实承认自己是如花。

## 6

审计师业内不成文的规矩，第一条是：千万不要和律师说话；第二条是：千万不要给律师留下文字证据；第三条也叫安达信法则，就是：千万不要销毁文字证据。

## 7

审计意见从标准化到个性化的转变，是审计报告领域一次革命性的变革。这事就好像是：以前只有8个样板戏可以看，英雄人物必然是高大全的，现在突然改革开放了，不再只是8个样板戏了，而且逼着审计师一定要写出来一点"个性化"的东西。

## 8

事务所的业务约定书有自己的标准模板，因为公司一般都请专业人员和律师花很多时间和精力将这份标准合同的条款做得尽量保护自身利益。这就好像是：狗打架一般都是在自己的地盘上打，不到对方狗的地盘上去。

## 9

不管是哪种审计，在取得审计证据时，都受到同样因素的制约，那就是金钱和时间。审计与反审计，也是在打"后勤战"与"消耗战"。

## 10

声明书是审计师万般无奈之后的终极武器，是审计师拟好了内容的一封信，这封信以客户管理层的口气向审计师赌咒发誓说这些事项都是真实准确无误的。

## 11

写管理建议书不是审计准则要求审计师的工作，因此这项工作属于"买一送一"里送的那个"一"。

## 12

安然事件以前的审计师，是资本市场的"看门狗"，只要守在门口，感觉到有什么风吹草动，叫上两下子提醒主人就行；现在，审计师要转型成"猎狗"，不仅仅是守在门口，还要积极地在屋里屋外、房前院后四处嗅，四处找，找不到可疑之处不肯罢休。

## 13

看过"猫和老鼠"的动画片吗？老鼠对付猫的好多机关都是这样设计的：猫碰了一个什么小东西，立即引起一串的连锁反应，最终让猫吃个大亏。内控系统有点像这种联动的机关，经营上不动，财务也不动；经营上一旦动作，财务上立即可以有相应的动作。

## 16

有位大师说过，会计是"分类"的艺术。其实，会计就是使用自亚里士多德时代起就使用的分类学，将不同性质的东西不断进行分类。亚里士多德发明的分类学的精髓就是：直接对一堆水果进行分析是很困难的，你可以将水果分成苹果和桔子后再进行分析，也可以将水果分成新鲜的和腐烂的之后再进行分析。

## 14

审计师从各个角度问问题，实际上是"乱枪打鸟"。一个傻瓜提出的问题，十个聪明人都答不过来。而且这个傻瓜只是在提问题时反应跟不上趟，他把这些回答记下来回去研究时可不算傻。所以，审计师不太担心被骗。太高明的人不屑于骗审计师，水平低的人又骗不了审计师。

## 15

张三丰大师在跟着觉远和尚学九阳真经时，听过这么一句话："他强由他强，清风拂山冈；他横任他横，明月照大江。"这话是说，不管客户对自己内控的解释是什么样子的，你心中对正确内控的理解要像山冈和大江一样坚定，不能被客户介绍的情况带着走。

## 17

"风险导向审计"要求我们做的事情是，在了解了企业的业务之后，撇开一切报表和数字，静下心来想一下，这个企业可能有哪些经营风险。对于一个制造企业，我一般是从六字真言"人财物、产供销"这几方面去考虑的。

## 18

"会计，就是用无比模糊的过程，得到无比精确的结果。"这在某种程度上说明了会计判断的重要性，审计判断亦是如此。这样的"专业判断"，其实我国古代就有。宋朝欧阳修笔下的卖油翁不是说过嘛，"无他，唯手熟尔"。

## 19

自顶而下的思考方式（英文叫top-down），是做事情时很重要的思考方式。英文里面另有一个词是big picture（中文直译作"大画面"），表达的也是相近的意思，就是说你只有先有了大局感，再往里补细节，才能做好工作，而不能"只管低头拉车，不管抬头看路"。

## 20

高明的审计应该是，从一开始接一个新客户时，就将高风险排除掉。这样等到了审计师要做审计现场工作时，已经不会有大的风险了，现场工作仅仅是为了防止意外。就好像青年男女找对象一样，是要看顺了眼才往下谈的。

## 21

审计与关联方往来账最正宗的路数，是先向客户了解清楚，哪些是关联方，把这个范围定下来。这就好比是在"西游记"中，孙悟空时常拿金箍棒在地上画个圈，然后让唐僧待在圈里，可防妖魔鬼怪侵扰一样，这个关联方名单，就是我们和客户画的这个圈。

FIGURES
CAN TALK

# 让数字说话

## 审计，就这么简单

孙含晖　王苏颖　阎歌　著

机械工业出版社
CHINA MACHINE PRESS

**图书在版编目（CIP）数据**

让数字说话：审计，就这么简单 / 孙含晖，王苏颖，阎歌著 . —北京：机械工业出版社，2016.2（2025.11 重印）

ISBN 978-7-111-53081-7

I. 让… II. ① 孙… ② 王… ③ 阎… III. 审计学 IV. F239.0

中国版本图书馆 CIP 数据核字（2016）第 038303 号

让数字说话：审计，就这么简单

出版发行：机械工业出版社（北京市西城区百万庄大街 22 号　邮政编码：100037）

责任编辑：冯小妹　　　　　　　　　　　　　　　责任校对：殷　虹

印　　刷：涿州市京南印刷厂　　　　　　　　　　版　　次：2025 年 11 月第 1 版第 30 次印刷

开　　本：170mm×242mm　1/16　　　　　　　　印　　张：20.25

书　　号：ISBN 978-7-111-53081-7　　　　　　　定　　价：69.00 元

客服电话：（010）88361066　68326294

这本书真实、生动地讲述了审计的概念、理论和工作，为圈外人揭开了审计的神秘面纱，也给业内人以新的视角看待审计这份工作。恰逢今年是我在这个行业的第 30 个年头，这本书让我回忆起一路走来的 30 年，从认识什么是审计，学习如何做审计，到经历审计工作的苦与乐。审计对不同的人有什么不同的意义？这本书将让你思路大开、一探究竟。

**毕马威中国副主席、北方区首席合伙人　冯定豪**

审计学恐怕是会计学的学生们觉得最枯燥的一门专业课了，原因有很多，不过教材的实务融合度和语言风格一定是两个重要因素。一读到这本书，我认为这两个重要的障碍被跨越了。这本有趣、踏实的书应当归功于作者的公益心和多年的专业感悟。

**中央财经大学会计学院教授　吴溪**

大约是 2002 年的时候，孙含晖找到我，说他利用业余时间写了点东西，想发给我看看，请多提宝贵意见。那时我们都还在毕马威华振会计师事务所工作，我是高级经理，他是一名年轻的审计经理，戴一副小眼镜，爱动脑筋，思考问题不拘一格。毕马威北京的办公室从京广搬到国贸再到东方广场东二座，但大家的工作节奏始终都是紧张忙碌的，加班更是家常便饭，我很疑惑他哪里挤出来的时间写了 20 万字的东西。

我回家开始翻看他的书稿，言语轻松、案例生动，是我读过的最有意思的审计实务教科书。相信这本化繁复为轻简、化严肃为活泼、化枯燥为有趣的专业书，在之后的很多很多年里，给那些陆续加入到审计工作队伍中的年轻人带去了专业的视角和愉快的阅读经历，把他们从起早贪黑挑灯夜战的日子里领出来，一起透视审计流程背后的那许多道理。

希望这本书能够被更多审计领域的年轻人所阅读。感谢孙含晖做了一件非常有意义的工作。我由衷地祝贺他的这本书再版。

阿里巴巴合伙人兼 CFO　武卫

我 10 年前看到这本书时，惊为天人。在这个世界上，居然有人能用金庸笔下的人物来说明枯燥的审计准则！本书的每一个章节都点到了审计实务的难点，令我这个有多年审计经验的人也开拓了视野，学到了很多新知识。由于它既好玩，又实用，当时还是本所很多合伙人送给新员工的必备礼品。

我特别高兴这本书能够再次出版！新书不仅保持了原书的幽默风格，还加入了十年来的市场新环境和审计准则修订的重要内容。新入行的同学可以拿本书当"工作词典"，有经验的审计师也可以把它当作一面镜子，检查一下自己对审计的理解是否存在遗漏或不足。对于企业经理人、投资人、学生或会计界人士，这本书也能够帮助大家用批判性思维分析各类公司的业务和财务状况。

毕马威华振会计师事务所合伙人　莫浩薇
（微信公众号：开心莫小莫）

一本审计学的科普书。

老友孙含晖的这本书，充分满足了我这种知道主义分子试图拓展自己涉猎学科的愿望。如果你买《时间简史》这样的书是为了在女友面前显示自己博学，那么好消息来了，你的女友涉猎股票，听你大谈如何查出上市公司造假的趣闻，崇拜你的机会更大，或者，你像我一样，真的想多了解一门知识。

微博大 V　一毛不拔大师

圈内有句老话，"审计不知金十七，便是英雄也枉然"，说的便是孙含晖其人其事。犹记得第一次读本书的自己还是一个懵懂的大学生，正是这本书的通俗易懂和作者的幽默风趣点燃了我对审计职业无穷的兴趣。工作后竟有幸接触到作者编制过的工作底稿，其中复杂而严密的逻辑至今仍使项目团队持久受益。

作为读者和财务人，这本书不仅仅是我的"启蒙恩师"，更是引领我在浩瀚职业生涯中认清方向的一颗明星。

中国会计视野网友　旋转长颈鹿

# 推荐序

*Figures can talk*

## 严肃而有趣：审计也可这样写

当下普及类的审计读物太少了，而有趣的审计读物更是少到可以忽略不计。

国外的同类书籍倒是偶有照面，然而毕竟是人家的语境结构，总也解不了渴。不知是我们自己太喜欢板着脸做学问，还是不屑于精研此道，但见千人一面的"主流"著作倾巢而出，不见灵动清丽的人文会（审）计翩然而至。我不能不感到惋惜，一直没有放弃呼吁和努力。

好在这本《让数字说话》算是有些意思，多少让我获得了些许慰藉。

如果让我指出这本书最重要的特点，我想我会用这样两个词：严肃、有趣。作为一本专门给专业人士或准专业人士看的书，兼具这两个特点不是很轻易的事情。一本书严肃而无趣，会令人觉得沉闷、厌倦；但如果有趣而不严肃，又会让人觉得无聊和浅薄。阅读《让数字说话》，实际上是分享快乐，除了精神上的愉悦之外，还有一种获得教益的快乐。

本书中的趣味俯拾皆是。譬如说到项目建议书与业务约定书的区别：就像求婚与结婚。说到审计师接错了客户：结了婚，才发现双方不合适，婚姻的基础在于双方信任，现在，我们不能互相信任，只好离婚了。说到了解企业的情况：审计师都是懒人，懒人总有懒办法，审计师很高兴地发现，好的企业管理，有一个叫作"内部控制系统"的东西。说到审计师怎样练好检查内控系统的内功：昔年，张三丰大师跟着觉远和尚学九阳真经时，听过这么一句话："他强由他强，清风拂山冈；他横任他横，明月照大江。"审计师心中正确的内控认知要像山冈和大江一样坚定。说到测试每个科目的余额：亚里士多德发明的分类学的精髓就是，直接对一堆水果进行分析是很困难的，你可以将水果分成苹果和橘子后再进行分析，可以将水果分成新鲜的和腐烂的之后再进行分析。说到审计师要比客户想得远：远古时两个原始人做游戏，比谁说的数字大。第一个说"一"，第二个说"二"，第一个又说"三"。第二个人想了半天说："你赢了。"因为原始人简单的脑子怎么也想不出比"三"还大的数字。如果审计师思维简单，就跟这两个原始人差不多了……

有趣绝对是时下最短缺的佐料与最奢侈的元素。很长的一段时间里，我们已经学会了无趣地生活，习惯了无趣的文字。我不知道，从无趣到有趣的转变从何而始，又将从何而终；也不知道这种转变是大家毫无察觉的渐变，还是一次痛苦的蜕皮。但我知道，我们追逐的目标很单纯——一定要好玩。我们需要懂得文字快感，知道有趣的重要性，拿有趣这个武器玩猫与耗子游戏的大儿童，我们需要给狂奔的思想列车添加润滑剂。

本书称得上是一次出品有趣的尝试，或者颠覆无趣的盛宴，有趣不是为了讨好，也算不上讨巧，有趣竟如洗菜切肉之于大厨——不是一项了不得的技艺，却是变着法子让读者大快朵颐的后继材料。

我有感于人文会（审）计所蕴含的独特韵味，曾经送给作者八个字："深入浅出，中外皆化。"所谓深入浅出，是指眼界要高，开掘要深，超乎其类，拔乎其萃，而后以通俗易懂的文字铺展开来，"百炼成钢绕指柔"；所谓中外皆化，是指外来的东西为我所用，自家的东西取其所长，融汇中西，贯通南北，千万别搞成"武大郎跳起攀杠子——两头够不着"。当然，上述指标可能只是一个难以企及的标杆，非要以此量度，相信会让所有写书人的自信打折，甚至自卑得晕倒。我也常常为之气短，但还是梗着脖子腆着胸脯道出"八字箴言"，不过，这并非拿着镜子对别人一通乱照，而是意在与作者共勉。

如果硬要与"八字箴言"比对，本书深得不够，化得不够，尽管如此要求一位首次出书的年轻作者其实是和善不够，宽容不够，但我依然以老会计人或者人文会计的跋涉者自居，有赞有弹，有扬有抑。我想，指出一块美玉的瑕疵，既是便于作者日后打磨，也是为了防止读者头脑发热地购买之后以为货不对板。毕竟，再完美的苍蝇依旧是苍蝇，有缺点的美玉终究是美玉。

是为序。

张连起

# 再版序
*Figures can talk*

这本《让数字说话》从出生到现在，快12个年头了。这本书能够出生，需要感谢很多人。尤其需要感谢的，是我的妻子王平。我集中精力写作的那段时间正好是她怀孕期间。她坚持自己独立处理很多事情，努力分担我的压力，支持着我的写作。最后，我们的孩子和《让数字说话》几乎在同一时间顺利出生了。

这次再版，我邀请了两位还在审计一线奋战的伙伴，更新了一些和审计准则、会计准则相关的知识点，也增加了一些内容，如对企业内控的关注、反舞弊审计、金融工具、合并报表等。

另外，这是一个讲究互动的时代。在本书编辑的操持之下，在完稿之前，我们就收到了很多热心读者的问题。我们对于某些问题的回答，也放在书里面了，主要集中在最后四五个小节。

侥幸写出来这么一本书，并且能够在2005年第一次出版发行，本来是出乎我意料的事。但因为出版了这么一本书，我也难免有时觉得自己是个人物了，然而，每每在那时，就会遇到某位高人，给我指出书稿里的某个问题，让我明白：我能出这么一本书，不证明我的业务水平有多高，只是因为我愿意总结，愿意把自己的总结说出来，还愿意考虑怎么才能说得清楚明白。套用当年丘吉尔的话来评价一下自己：我谦虚是因为有不得不谦虚的理由。

但毕竟是自己花了几个月写出来的一本书，好像自己的孩子一样，总还是有点儿"敝帚自珍"的感觉。所以，我在这里就带点儿自吹自擂地谈一下这本书可以怎么用，或者说披露一点儿我当时写这本书的设计思路。

如果你有兴趣认真读这本书，或者你想了解"审计"这门学科的基本理论和实践，你可以慢慢将这本书从头读到尾，理解其中的意思，这很好。

当你自己做审计工作的时候，你可以把这本书当作一本工具词典，可以随时查一下每个科目要做哪些审计步骤。这本书相关的章节能够起到备忘录的作用，可以帮助你整理思路，让你考虑得更全面。

如果你只打算看看热闹，你可以快速地把这本书翻完，只要你能将里面讲的那些故事及每个故事要表达的想法理解并记住，这本书你也就看了个七七八八了。我在书的后记里提到过，我个人的经验是：记住几个有趣的故事是很容易的事情。

希望这本书能给读者带来有趣的阅读体验。

孙含晖

## 目 录

*Figures can talk*

# 1

*Figures can talk*

# 前　　言

这本书，写的是我自己对于审计的一些理解和想法，以及听到的和经历过的一些故事，写出来的目的就是为了跟大家聊一聊天。我的理想，也就是古有《聊斋志异》，今有《让数字说话》而已。所以，这东西写得不那么正规和严谨，请不要把它当成任何形式的正式培训材料或官方意见。要是有人这么做了，就好像有书生读了聊斋后打算遇着个美貌狐仙一样，柳泉居士或者我是不打算对此负责的。

我主要是通过讲故事来谈一些思想、想法和心得之类的东西。我也会谈不少审计工作中的具体细节，但谈这些细节更多的是为了引出背后的一些想法。所以，我并不能保证审计工作中的所有细节都会谈到。西谚有云"魔鬼存在于细节中"，这话的意思是说，细节的成败很可能是能否做成某件事情的关键点。

停下来问一句：上一段话里，前两句话和最后一句话之间的逻辑关系你弄懂了吗？懂了？是真的吗？我写的时候就是乱写的，你可千万别把没有逻辑的文字读出逻辑来啊！我这是在提醒你，读书的时候，要自己动脑筋想，不要轻易被人"带到沟里去"。

这里写的有些想法，是一般人不需要什么专业知识就能明白的；有的想法，则是会计、审计经验丰富的人会比较有共鸣。我也没有认真分哪些是简单的，哪些是复杂的，但我会尽量写得浅显易懂。其实，审计没有什么复杂的，无非是一些常识的反复使用，其中用到的逻辑知识和数学知识，是初中毕业生就懂的。审计这个行业，难度大概介乎搞导弹的和卖茶叶蛋的之间，主要混的是个经验，当然还要有一定的思考能力。很可惜的是，在这个世界上，以及在审计行业中，这个"一定的思考能力"有时比美洲旅鼠⊖还稀缺。

这本书里涉及的会计知识不算太多，所以，不懂会计的人也可以看得懂大部分内容，尤其是那些故事。说不定，通过读这本书，你还会不知不觉地学到一些会计知识呢。

还要说明的是，我在谈每个会计科目时，主要是立足于制造业企业谈的，当然这里面的理论和思想对于一般的行业也都能适用。

---

⊖ 美洲旅鼠据说是一种每年都要从美洲北端迁徙到南端的动物，后来地壳漂移，旅鼠仍然要沿原路迁徙，所以就灭绝了。姑妄听之。

# 2

*Figures can talk*

# 审计的一些概念

## 2.1 关于审计的头版头条

"2015 年 2 月，四大会计师事务所中国分公司同意每家支付 50 万美元和解费，以结束与美国证券交易委员会（SEC）长达两年多的'对峙'。和解之后，SEC 对于暂停它们在美国执业资质 6 个月的判决也将撤除。不过普华永道、安永、德勤、毕马威四家事务所同意，未来会遵照 SEC 的要求提交相应的审计文件。SEC 官员表示，这些审计文件对于保护那些在美上市的中国公司的投资者非常重要，此次和解可以确保 SEC 未来获取这些文件。"

"2014 年 12 月 12 日，国务院批转财政部《权责发生制政府综合财务报告制度改革方案》（以下简称《方案》），对全面推进权责发生制的政府综合财务报告制度改革做出部署。《方案》提出，要建立健全政府财务报告审计和公开机制。政府综合财务报告和部门财务报告按规定接受审计。审计后的政府综合财务报告与审计报告依法报本级人民代表大会常务委员会备案，并按规定向社会公开。"

"2014 年 10 月 31 日，停牌半个月的獐子岛发布了一份亏损逾人民币 8 亿元的三季报，亏损的主要原因为公司对 2011 年和 2012 年底播在部分海域的底播虾夷扇贝存货核销及计提存货跌价准备约人民币 8 亿元。公司邀请海洋科学家和审计师到现场进行系统调查。调查发现，存货异常的主要原因是所在海域的北黄海冷水团发生异常致使底播虾夷扇贝遭灾。股民呼唤'生要见肉，死要见壳'。"

"2009 年 12 月，全球三大评级公司下调希腊主权评级，希腊债务危机爆发，随后欧洲债务危机愈演愈烈。2012 年 1 月 13 日，法国、意大利、西班牙等 9 个欧盟国家集体遭标准普尔公司调降主权信用评级。1 月 18 日，标准普尔又将欧元区临时救助机制欧洲金融稳定工具（EFSF）的信用评级下调一级，再次引发震动。在危机中，欧洲证券及市场管理局（ESMA）分别于 2011 年 7 月 28 日和 11 月 25 日就国际财务报告准则财务报表中主权债的披露和会计处理两次发表声明，要求上市金融机构严格遵循相关国际财务报告准则。2011 年 8 月 4 日，国际会计准则理事会（IASB）主席汉斯·霍格沃斯特（Hans Hoogervorst）致信 ESMA 主席史蒂芬·麦尧尔（Steven Maijoor），建议其加强对欧盟金融机构的监督，以便其正确运用国际财务报告准则处理希腊主权债。对于上述动向，英国《金融时报》等媒体均有专栏连续跟踪，并形象地称之为'希腊债务会计'，或干脆称'希腊是对全体审计师的挑战'。"

…………

"审计"这两个字，就是这样出现在我们每天的新闻和生活中。可是，我们谁又能说清楚什么是"审计"呢？

## 2.2　什么是审计

### 2.2.1　审计就是查问题吗

一般老百姓听到"审计"这个词，可能最先联想到的，是一群穿着制服的人，紧张地翻看着一大堆资料在查问题。这其实不像是审计，更像是经济犯罪调查。老百姓之所以有这种联想，大概来自于将审计师称作"经济警察"这一未必恰当的比喻。

看过日剧《审计风云》（也叫《监察法人》）的人，可能会以为审计师工作起来就是狂按计算器、一分一毫盘点现金、没日没夜翻凭证，还会因为某些审计调整不被公司接受，就给公司的财务报告出否定意见，能把公司董事长逼跳楼，能让上市公司退市。

其实大部分审计师的工作没有任何国家强制力做后盾，与"经济警察"这个词所代表的国家权威相去甚远。审计可以分为政府审计、企业内部审计和注册会计师审计三类。政府审计，就是国家审计署做的事情，主要是检查各级政府机构和国有企业的收支情况。国家审计署的人员可能是最像"经济警察"的一群人，做好老百姓和国家财产的"看门狗"，是他们的职责。

我这可不是调侃我们国家的审计长，是前任审计长李金华在接受记者采访时称自己是"看门狗"的。他还说："这个话不是我发明的。我的原话是这样说的，德国的前审计长叫扎威尔伯格，我第一次见到他，他就跟我讲，我们都是看门狗。我说什么看门狗，他说国家财政的看门狗。1998年部长访谈的时候，要我讲审计是干什么的，我引用了这句话。审计，简单地讲，就是国家财产的看门狗，就是说要通过审计维护国家财政、国家财产的安全和有效。"

企业内部审计，则是企业内部设置的检查内部各部门经营管理情况的一项职能。很多不太大的企业并没有设内部审计这样一个部门，但这种检查功能其实一样存在，往往就由总经理自己，或者是经理办公室、企业管理部之类的部门来完成了。

而注册会计师审计，也称独立审计，才是本书打算主要谈的内容。它是由于企业所有权与经营权的分离，以及人类道德上的普遍不健全和大脑功能的普遍不完善而产生的。这话听起来有点玄，而且肯定是所有关于审计的教科书上没这么说过的。不过我有我的严密逻辑，且等我在下面几节慢慢道来。

以上三种审计并不都是以"查问题"为主的。政府审计可能查问题的时候多一些，但也并不是查不出问题就不罢休。没查出问题，或者查不出大问题，也算是反过来证明这个政府机构的工作比较合规。而独立审计，很多时候并不是以查问题为主，而更像是在解一道几何证明题。企业的经营情况和财务会计记录就是一道几何题的已知条件，要求证明的就是管理层所提交的财务报表是真实可靠的。这一个证明过程，要做到证据充分、逻辑清楚才行。有时，由于证据不充分，或者不能弄清楚的疑点太多，这道题证明不了，也只能放弃。而企业内部审计，则是做不同的项目可能有不同的目的，有时是"查问题"，有时则是在做证明题。

本书以后所讨论的审计，如果不是特别强调，都指的是注册会计师审计，也就是独立审计。

### 2.2.2  审计与人性恶

让我们来看看独立审计是如何产生的。

随着经济的发展，企业越做越大，企业管理越来越需要专门的技巧，企业的所有者开始打算请别人来管理这个企业。这可能是由于企业所有者自己并没有好的管理能力，因为这么大的企业并不是他做起来的，他只是从祖上继承下来了这个企业；也可能是由于他不想总那么忙，想有更多的闲暇时间晒晒太阳什么的。

总之，企业所有者打算请别人来做企业了，于是，他聘请了几个管理者来替他管理运营这家企业。这时，如果全人类的道德水平普遍很高，那么作为全人类一员的管理者肯定会尽心尽力来管理企业，而企业所有者也肯定信任这些管理者。如果是这样，就没有审计师什么事了。可惜，人类历史在一遍遍地提醒我们：人类在道德上，不管是过去还是现在，都远不是那么健全。

那么，我们现在引入人类道德不够健全这一约束条件，则推论是管理者不会必然地全心全意管理这家企业，而所有者也必然不完全相信这些管理者。中国古话说"疑人不用，用人不疑"，这句话其实充满了赌徒气息，它除了用作收买人心，从而在个别关键时刻发挥一下看起来违背普遍人性和自然规律的神奇作用之外，最大的副产品就是古龙说的"你最大的敌人可能就是身边的朋友"这句名言。在现代经营管理中，"疑人不用，用人不疑"顶多作为一种战术手段鼓舞一下士气，除此之外是没有多少战略指导意义的。所以，我们可怜的企业所有者尽管不太相信这些管理者，但还是得用他们。

但是，不是说企业所有者就只好这样听天由命了。他们会寻求各种手段来保护自己的利益。从逻辑上说，最好的手段就是能够完全读懂管理者脑子里想什么。可惜的是，人类的大脑目前并无这种"联网"功能，除了极个别号称会心灵感应的人以外。这就是我前面说的"大脑功能的普遍不完善"的意思。

所有者是不会死心的。他们想到的下一个办法就是自己去定期检查管理者的工作。可是，一来自己并不一定有足够的专业知识，二来自己去检查，总是站在对自己有利的立场上看问题，管理者往往不服气。那么，又能怎么办？

于是就出现了独立审计，就是说请另外一批独立的、公正的、有能力的人来检查一下管理者的工作并报告检查结果。

这看起来是多么可悲的一件事啊——审计竟然是建立在人类彼此不信任的基础上，是基于人性恶的产物。但是，也正是由于审计的出现，所有权和经营权进一步分离，这使得企业越发展越大成为可能。

一个相反的例子是这样的：20 世纪八九十年代，在我国的广东地区，有一批农民，在将土地卖给房地产开发商后，赚了一笔钱，他们就用这笔钱办了一些企业。慢慢地，他们发现自己没有经营管理的能力，就想从外面请能人来把这些企业做好做大。几年过去了，他们也请到过一些能人来帮助他们经营这些企业。但让他们失望的是，每一个来这里的经营管理能人，在做了一段时间，掌握了局面之后，都卷了一笔钱跑了。最后，这些农民决定，不再办企业了，将剩下的钱存到银行里算了。

这个故事黯淡的结尾并不是想指责管理者们职业道德的缺乏，而是反过来证

明了：一种好的监督机制，例如独立审计，是多么重要。<sup>⊖</sup>

也许在将来的某一天，人类解决了上面提到的"道德不健全"或者"大脑功能不完善"的课题，独立审计存在的条件就少了一个，独立审计可能就不存在了。

### 2.2.3 独立审计是一种信任的背书

注册会计师审计是一种受托审计，就是说由某一方，一般是前面说的企业所有者，委托审计师按照事先约定的步骤和目标对被审计单位进行审计。同时，注册会计师审计是一种有偿审计，而另外两种审计都不是。把这两个特点，即"受托审计"和"有偿审计"放到一起，就可以通俗地概括注册会计师审计——"得人钱财，与人消灾"。

很多注册会计师看到我这么概括他们从事的审计工作，一定很不高兴："这也把我们说得太俗了吧。"其实这世界上，原本也没有多少高雅的事，尤其是沾了钱的事。如果你觉得"得人钱财，与人消灾"这种说法太逆耳的话，可以看一看下面的另一种说法。

在独立审计这一所有者通过审计师监督管理者的机制里，有一个假设前提：审计师是值得信任的。正是基于这一信任，所有者会接受审计师的检查结果，这一检查结果一般通过一份审计报告来表达。只有在审计师检查过管理者的工作，认为财务报表真实可靠时，审计师才会出具审计报告，就是对管理者所编制的财务报表做一个适当的保证，将别人对自己的信任，背书转让给管理者。只不过，这一背书不是免费的而已。这算是"得人钱财，与人消灾"的另一种理解吧。就是说审计师得了所有者付出的审计费，就有责任证实或者证伪所有者对于管理者的怀疑。

本来审计师是所有者请来对管理者进行检查的，可是在实际的审计工作中，

---

⊖ 事实上，独立审计主要并不是用来防止管理层携款潜逃这样的事情的。管理层可以有多种方式侵蚀所有者的财产，最没有技术含量的一种才是携款潜逃。好的独立审计能够在很多方面有效监督管理层，并向股东指出企业管理上的漏洞。比较明显的一种管理上的漏洞，就是缺乏对一把手的监督，而这正是方便管理层携款潜逃的一个漏洞。

往往是管理者和审计师在接触谈价格，管理者在解答审计师的各种问题。容易出现的局面是管理者和审计师混得很熟，审计师不知不觉站到管理者这边来了。俗话说"屁股决定脑袋"，审计师一旦有了这样的"腚位"，独立性和公正性就丢失了，各种各样的审计失误也因此出现了。

值得庆幸的是，近年来，曰于一系列公司丑闻的曝光，监管机构的监管更严了，所有者、管理者、审计师三方都对自己的职责有了更清楚的认识，这三方的博弈开始向较为正常的状态回归。

也有人提出另外一种解决所有者、管理者和审计师三方博弈的方案，那就是引入保险公司。大致安排是这样的：由监管机构强制要求每家公司的管理者向保险公司购买财务报表错报保险。而保险公司也是无利不起早、趋利避害的，为了做这个险种，保险公司就要评估财务报表错报的风险有多高。这样，保险公司就会委托审计师来对每个企业进行审计，以评估其财务报表错报的风险高低，进而决定保险费率的高低。如果风险太高，那么，保险公司可能就决定不向这家企业提供这一保险了。要是有一家企业遍访各家保险公司，仍找不到愿意给它做财务报表错报保险的保险公司，这就好像企业没有信誉时跑遍了银行仍然弄不到银行贷款一样。这时，这家企业就会在自己不情愿的情况下，被所有的人注意到了。我把这种情形起名叫"裸奔"。

这样一种安排，将审计师的委托方由所有者改成了保险公司。但最关键的是，将付给审计师审计费的一方，由管理者改成了保险公司。这样，就切断了审计师与管理者之间的金钱关系，使得审计师要尽心尽力地为保险公司工作。

这种安排目前仅仅是一种理论探讨。说不定二十年后，这种模式真的会成为一种最普遍的安排。到那个时候，我会带着我一贯的低俗趣味，看一看谁会成为第一个"裸奔"者。

## 2.2.4  此"审计"与彼"审计"

所谓"此审计与彼审计"，是想将独立审计和政府审计做一个比较。其实做一个这样的对比是很困难的，原因很简单，要做对比，得对两边的情况都很清楚才行，可我主要了解的是注册会计师审计的情况，对于政府审计，并不是很熟悉。所以，只能试着谈两句。

注册会计师审计的一个局限性就是没有国家权威在背后做支持，因此在取得审计证据时受限制较多，这样，审计师就要通过一些间接的手段来取得相对来说较为间接的证据。有的时候，更是用尽了各种办法也无法取得让人放心的证据。

而政府审计，是由国家权威支持的。一般情况下，对于取得审计证据，是"不怕做不到，只怕想不到"。只要能想到从某个渠道来取得证据，就可以通过合适的方式来获得想要的证据，尤其是从不同单位和公司取得对同一事项的证据进行印证的时候。当然，如果这个过程中有人恶意阻挠，就是另外的问题了。

例如，造假中比较典型的一种"大头小尾"发票⊖，对于从事独立审计的注册会计师来说，即使知道这种事情，也无法直接取得证据，只能通过发确认书⊜这种间接方式来了解情况。而很多时候，向另一方发确认书就像往太平洋里扔漂流瓶一样，是"肉包子打狗——有去无回"。而政府审计，以及政府的税务调查，就可以很方便地、理直气壮地向另一方要求调阅另一联发票。

当然，不管是哪种审计，在取得审计证据时，都受到同样因素的制约，那就是金钱和时间。有的证据要想取得，需要花很长时间；有的证据要想取得，只有花钱付费才能办到。是否舍得花这些钱和时间来取得证据，就要看所要取得的证

---

⊖ 每一张发票都有若干联，正常情况下用复写纸开发票，各联的内容应该是相同的。"大头小尾"发票是将同一发票的各联的金额写成不同的。这样，会计入账的金额与实际业务发生的金额不一致，有关利益方可以从中牟取私利。

⊜ "发确认书"是一种获取审计证据的方法，比较正规但晦涩的说法叫作"函证"。按照《中国注册会计师审计准则第 1312 号——函证》第五条给出的定义，"函证（即外部函证），是指注册会计师直接从第三方（被询证者）获取书面答复作为审计证据的过程，书面答复可以采用纸质、电子或其他介质等形式。"在本书中，"发确认书"和"函证"这两个词代表同一个意思，将会视行文方便交替出现。

据对项目整体而言有多重要了。反过来说，那些想阻挠审计顺利进行的人，比较高明的"反审计"技巧也就是在金钱和时间上拖垮审计师。看起来，不仅仅现代战争打的是"后勤战""消耗战"，就连审计与反审计，也是在打"后勤战"与"消耗战"呢。在这一点上，独立审计由于没有国家权威在背后做支持，更是打不起这种"消耗战"。有时，注册会计师遇到这种情况，只好三十六计，走为上计，不做这个客户的审计了。

我们看到一些政府审计的结果公布出来，往往是违规使用资金等。这种审计更像是在检查内部规章制度的执行情况，而不是像独立审计那样，对一个企业的财务情况做一个整体判断。这种审计目的之不同，也就决定了两种审计的一些审计方法是不同的。例如，由于政府审计要检查内部规章制度的执行，审计署的审计员们就要翻查大量的原始单据，以确定是否所有的支出都是合规的。而独立审计，在查阅原始单据的深度和广度上，一般是远低于政府审计的。

独立审计和政府审计又有很多手段和思考方法是相通的。例如，在查阅原始单据时，都要考虑金额大的要重点查，都要采用一些抽样的技巧。再如，在审计时，都要很好地运用思考能力、推理能力和想象力。独立审计中经常需要做一些合理性测试，比如根据企业的设备数量和设计生产能力估计企业的年产量和年销售量。而政府审计也会用到这些方法。例如，在审计署已经查处的长江堤防隐蔽工程偷工减料问题上，审计员们就是从港监部门的运输记录里，查出每天运送石料的船只名称、吨位及运送次数，由此推算出施工单位可能购买的石料的量。将这个推算的结果与施工单位虚报的工程量一核对，就发现其中的问题了。

在审计署已经查处的长江堤防隐蔽工程偷工减料问题上，审计员们还检查了施工单位将买来的石料抛入江中的情况。在查抛石记录的同时，审计员们还查了气象日志，结果发现，有的时候气象日志显示下着倾盆大雨，而抛石记录却说在长江抛石头，这显然是在造假。这样的审计方法，如果没有足够的想象力和思考能力，是想不出来的。独立审计过程中也有不少类似的例子，我们会在这本书里陆续讲到。

## 2.3 审计工作的成果

### 2.3.1 审计意见说了什么

作为一个还在现实物质世界混饭吃的你我凡人来说，做任何事情，都应该先搞清楚最终要拿出来的成果是什么（可能是自己想拿给别人的，也可能是别人要求我们做的），以及我们要为此承担怎样的责任。然后，我们做事才能像激光制导导弹那样，直奔目标而去。

审计工作要拿出来的成果是什么呢？是审计报告。这里讨论的审计报告仅限于财务报表的审计报告，这也是本书讨论的重点，有关内部控制的审计报告，参见 3.3.3 所有企业都要做内控审计吗。

严格说来，注册会计师出具的审计报告只有一两页纸，主要是审计意见。下面会谈到审计意见经历从标准化到个性化的变革之后，篇幅可能会增加，这是后话。审计报告后面的财务报表及其附注等，都应该是被审计企业的作品。所以，国家领导人的那一句"不做假账"的题词，其实不是对审计师说的，是对在企业做账、做报表的会计人员说的。审计师们应该去找国家领导人再要一份题词才是。

既然我们的成果就是审计意见页，那么，我来问你，审计意见页说了什么？

"审计意见页说了什么不太记得了，光记得企业为了那一两页审计意见就得付出几万元、几十万元的审计费！真是一字千金。"

审计意见说的东西，概括起来就一句话：财务报表是真实公允的。这句话翻译得略微通俗一点儿就是：**财务数字真实准确地讲出了企业的经营情况。**

会计是一门语言，一门描述企业经营状况的语言。审计师对这门语言掌握得越好，就越能把企业的故事讲准确。尤其对于一个上市企业，投资者要了解这家企业的情况，很大程度上是通过阅读经审计的财务报表。作为审计师，就是要保证企业用会计语言讲给投资者听的故事是真实准确的，而不是在编瞎话。审计师不能像企业管理层那样，跳到前台来直接讲企业的故事，审计师只能用经审计的财务报表来讲企业的故事。如果审计师不能全面了解这家企业的经营情况，就无法准确地讲这个故事；如果审计师对会计这门语言掌握得不好，也讲不好这个故事。

审计师要有这样一个信念：任何一家企业在经营上的大问题都一定能够用会计语言讲出来。

## 2.3.2 审计意见有几种

最常见的审计意见是这么写的：

ABC 股份有限公司全体股东：

我们审计了后附的 ABC 股份有限公司（以下简称 ABC 公司）财务报表，包括 20×5 年 12 月 31 日的资产负债表，20×5 年度的利润表、股东权益变动表和现金流量表以及财务报表附注。

（一）管理层对财务报表的责任

编制和公允列报财务报表是 ABC 公司管理层的责任，这种责任包括：（1）按照中华人民共和国财政部颁布的企业会计准则的规定编制财务报表，并使其实现公允反映；（2）设计、执行和维护必要的内部控制，以使财务报表不存在由于舞弊或错误导致的重大错报。

（二）注册会计师的责任

我们的责任是在实施审计工作的基础上对财务报表发表审计意见。我们按照中国注册会计师审计准则的规定执行了审计工作。中国注册会计师审计准则要求我们遵守中国注册会计师职业道德守则，计划和执行审计工作以对财务报表是否不存在重大错报获取合理保证。

审计工作涉及实施审计程序，以获取有关财务报表金额和披露的审计证据。选择的审计程序取决于注册会计师的判断，包括对由于舞弊或错误导致的财务报表重大错报风险的评估。在进行风险评估时，注册会计师考虑与财务报表编制和公允列报相关的内部控制，以设计恰当的审计程序，但目的并非对内部控制的有效性发表意见。审计工作还包括评价管理层选用会计政策的恰当性和做出会计估计的合理性，以及评价财务报表的总体列报。

我们相信，我们获取的审计证据是充分、适当的，为发表审计意见提供了基础。

（三）审计意见

我们认为，ABC 公司财务报表在所有重大方面按照中华人民共和国财政部颁布的企业会计准则的规定编制，公允反映了 ABC 公司 20×5 年 12 月 31 日的财务状况以及 20×5 年度的经营成果和现金流量。

这就是一个标准的无保留意见的审计报告。对于公司的管理层来说，只要看到第三段就放心了：这是一个无保留意见的报告，或者说是个"干净"的意见。

审计意见一般分为四种：无保留意见、保留意见、否定意见、无法表示意见。无保留意见就是"干净"意见，我们刚才见过了。那么，另外三种是什么意思呢？

- "无法表示意见"的审计意见里会有这么一段话："由于'（三）导致无法表示意见的事项'段所述事项的重要性，我们无法获取充分、适当的审计证据以为发表审计意见提供基础，因此，我们不对 ABC 公司财务报表发表审计意见。"这句话的意思是，由于证据不足，审计师无法对审计报告后面附的财务报表做出一个整体判断。不要以为这事听起来不严重，一般来说，如果企业的管理没问题而且肯配合审计师的审计工作的话，审计师是不会说证据不足的。这个意见相当于在说："我不能说这家伙干了错事，只因为我没有拿到足够的证据。"

- "否定意见"就是说审计师和企业对某些大的会计问题的处理意见不一致，而且企业坚持自己的意见。当然，审计报告后面附的财务报表是企业自己的财务报表。这往往也是挺严重的事。社会公众一般总认为，审计师是专业人士，他们的业务能力应该比企业会计要高。企业一定要坚持自己的做法，就得冒着社会公众不信任的风险。

"否定意见"的审计意见里会有这么一段话："我们认为，由于'（三）导致否定意见的事项'段所述事项的重要性，ABC 公司的财务报表没有在所有重大方面按照中华人民共和国财政部颁布的企业会计准则的规定编制，未能公允地反映 ABC 公司 20×5 年 12 月 31 日的财务状况以及 20×5 年度的经营成果和现金流量。"

- "保留意见"其实就是"无法表示意见"或者"否定意见"程度较轻的版本。这个程度轻重，是有审计师的主观判断在里面的。它的措词是这样的："我们认为，除'（三）导致保留意见的事项'段所述事项产生的影响外，ABC 公司财务报表在所有重大方面按照……公允反映了……"

如果审计意见不是"无保留意见"，而是上面三种的话，不仅相应的审计意见措词要改，同时，审计意见里还要简要地说明是什么样的事项造成了这样的审计意见以及涉及的金额。具体怎么措词，我就不在这里写了，以免有凑字数的嫌疑。你可以自己去查一下《中国注册会计师审计准则第 1501 号——对财务报表形成审计意见和出具审计报告》《中国注册会计师审计准则第 1502 号——在审计报告中发表非无保留意见》和《中国注册会计师审计准则第 1503 号——在审计报告中增加强调事项段和其他事项段》及其相应的应用指南，在互联网上搜索就行。

这四种审计意见，不要说一般社会公众往往不清楚，很多刚从事审计工作的人也不清楚，甚至律师也搞不明白。

有一次，审计师审计一家企业，对于企业的一笔大额应付账款产生了疑问，为什么这么长时间还不付款呢？审计师做了各种检查和测试，还是对这笔应付账款不放心。最终，审计师认为，对于这个应付账款是否真实准确，无法取得足够证据，所以，审计师为此出具了"保留意见"的审计报告。

企业的管理层可不管这是个什么意见，只要见到审计师签了字的审计报告，就满意了。这也算是"无知才能无畏"吧。拿着这样的审计报告去做企业的年度纳税申报，竟然也过关了。不知为什么，税务局也不想想，要是这个应付账款不准确，与这个应付账款相联系的成本费用不也有问题了？利润不也就不准了？

俗话说，"无巧不成书"。恰恰在审计师出完审计报告几个月以后，那个应付账款的债权人找到这家企业，要求付款，金额还比这家企业自己会计账上的大很多。企业的管理层拿出审计报告说我们的会计账是经过审计了的，我们只能按审计的数字付你钱。债权人一怒之下，把企业告上了法庭，还要把审计师当成共同被告。

代表债权人的律师先是很客气地给审计师打电话联系，解释了一下这个前因后果。审计师一听是律师的电话，先是一紧张，你知道，审计师业内不成文的规矩是"千万不要和律师说话"。

不过，等审计师听完了律师介绍的背景后，就放心了：想把我装进去？没那么容易。我早就把那个窟窿补上了。于是，审计师很坦然地介绍了一下出具的审计报告里对于那个应付账款所做的"保留意见"。通俗地说，就是我审计师对别的数字都可以负责，就是不对这个应付账款负责。这事我早就在审计意见里说了，只不过说的不是大白话，而是以专业术语的方式说的。

这些知识对于那个律师来说，是"大姑娘上花轿——头一回"。于是，律师在听完审计师的解说之后，诚恳地问："可不可以将您给我讲的，写成一个书面的东西发给我？"审计师想，我们业内的规矩，比"千万不要和律师说话"更厉害的，就是第二条"千万不要给律师留下文字证据"了。当然，还有第三条，也称安达信法则，就是"千万不要销毁文字证据"。我已经给你说了半天了，你还要让我写下来？这不是让我犯了第一条"千万不要"后，又犯第二条吗？审计师微一沉吟，说："写出来就不必了。你可以自己看一下《中国注册会计师审计准则第1502号——在审计报告中发表非无保留意见》，或者注册会计师考试用的《审计》书。我要是给你写的话，那属于写培训教材，是要另外收费的。"

不知道那个案子最后怎么结的，反正律师再也没找过审计师。

### 2.3.3 审计报告的个性化变革

前面提到，现在的审计报告只有模板化的合格或不合格两类样式，薄薄一两页纸，可谓"一字千金"。即使是不合格，也是高度浓缩的保留意见、否定意见和无法表示意见。这种模板化的审计意见，内容简洁，意见明确，也容易横向、纵向做对比，优点很多。因此在国际上，这种样子的审计意见从 20 世纪 40 年代沿袭至今，几乎没有实质性的变动。

可是，随着企业经营日益复杂，管理层在财务报表编制过程中需要主观判断的地方越来越多。相应地，审计师应用专业判断（有关"专业判断"，参见 2.3.5 审计是一门科学还是一门艺术）的范围也越来越广，如长期股权投资的减值准备。模板化的审计报告只给出了审计师的最终结论，却没能为结论背后的风险评估和分析过程提供线索。

有个大型企业的财务总监每次和审计师"谈判"时总说："我们就想做到 60 分，及格万岁，没想费那么大劲做到 90 分。"其言外之意就是："只要我们勉强'及格'了，审计师就得出'干净'的审计意见，这就够了，对我们来说，60 分还是 90 分，审计意见没区别，我们不想多费劲。"然而，对于审计报告使用者而言，公司是 60 分还是 90 分，显然还是有区别的。

特别是 2008 年全球金融危机之后，投资者普遍认为金融机构在经济危机前的风险披露不足，没有在报表里面给投资者讲清楚他们可能面临的风险。因此，投资者发问："审计师在做什么？审计师知道风险所在吗？审计师掌握的情况是不是比向投资者披露的多得多？审计师如果知道，为什么不说？审计师的价值何在？"大众呼吁审计师应在审计报告中提供更多信息，而不是仅简单地发表合格或不合格的审计意见。为了回应这些呼声，国际审计与鉴证准则理事会（IAASB）于 2015 年 1 月 15 日发布了有关审计报告的新要求。新要求着力于提高审计报告的信息含量和审计透明度。从 2008 年到 2015 年，这个新要求出台的速度真不能说快。

新要求规定，所有公司的审计意见必须在开头阐述，即闲话少说，直奔主题。同时，要求说明针对其他信息所执行的工作。针对上市公司的审计意见，则进一步要求对关键审计事项进行说明，以及其他一些小的要求。

"对关键审计事项进行说明"，这一要求是本次变革的重头戏。那么，什么是关键审计事项呢？关键审计事项，就是审计师根据其判断，确定的审计中最重要的事项，即审计师在审计过程中最为关注和重视的领域。通俗来讲，就是审计师在审计过程中投入较多的、比较纠结的、与管理层和治理层沟通较多的事项。

举例来说，如果一个审计小组从下现场前就开始询问管理层，你们行业技术更新这么快，今年有没有什么固定资产发生报废或需要提减值，下了现场之后，审计师时刻惦记观察固定资产闲置情况，访谈技术人员讨论产品升级换代速度，还做了现金流模型测试评估资产的可回收金额，项目合伙人与治理层沟通审计进展时，也着重讨论了资产减值测试中的重要会计判断，那么，资产的减值准备十之八九会是这家公司当年的关键审计事项。

关键审计事项的说明将根据公司的具体情况确定，需要解释审计师为什么认为这个事项是审计中最重要的事项，描述审计师在审计中是如何处理这个事项的，以及提供相关财务报表披露的参考索引。可以想象，这种情况下，通用的标准化的套话就不好使了，审计师需要搜肠刮肚地斟酌用词，而且需要与时俱进地年年更新。

需要强调的是，虽然从本质上讲，与保留意见、否定意见和无法表示意见相关的事项属于关键审计事项，但在写完关键审计事项之后，该发表保留意见、否定意见或无法表示意见的，还是要把意见表达清楚，不能含糊。

所以说，审计意见从标准化到个性化的转变，是审计报告领域一次革命性的变革，对审计行业而言，具有很强的挑战性。这事就好像是：以前只有8个样板戏可以看，英雄人物必然是高大全的，现在突然改革开放了，不再只是8个样板戏了，而且逼着审计师一定要写出来一点"个性化"的东西。对于老百姓而言，这个世界更混乱了，也更丰富多彩了，有热闹可瞧了。对于审计师而言，以前从来不需要写"个性化"的东西，现在要写这个东西，这不是逼着审计师变身成小说家嘛。

### 2.3.4 审计报告的使用者

审计师在审计报告上表达了自己的意见，下一步，是谁在看这个审计意见并根据这个审计意见和会计数字来做决策呢？简而言之，谁是审计报告的使用者呢？

根据前面谈到的，审计是随着企业所有者和经营者的分离而产生的，审计报告的使用者就应该是企业所有者了。对于上市公司来说，这一点是正确的，不管在中国还是在美国，都是如此。

除了上市公司的股东是审计报告的使用者以外，有些公司需要取得银行贷款，银行也会要求一份审计报告。所以，银行也可能是审计报告的使用者。

相关监管机构也可能要求企业提交审计报告，例如银监会和保监会会分别要求其监管范围内的金融企业和保险公司提供审计报告。税务局也可能要求企业提供审计报告，作为税审报告的替代或补充资料。

所以，按照上面的讨论，审计报告的使用者有很多，每个使用者又都有些权力和要求，审计师的婆婆多了，工作就难做一些。为了讨论问题方便，我们在这本书里假设审计报告的使用者就是企业的所有者。

### 2.3.5 审计是一门科学还是一门艺术

老有人在讨论这个话题：审计是一门科学还是一门艺术，或者是一门魔术？其实，这个话题的意思就是，审计到底有没有一套严谨的程序和理论是可以"放之四海而皆准"的。如果有这种像物理学中的牛顿三定律一样准确的东西，那审计就是一门以精确著称的科学；反之，如果审计中的做法像做中国菜放盐一样，多点儿少点儿都可以，全凭厨师自己的口感和发挥来做，那么，审计就是一门总会带着作者个人色彩的艺术。至于说审计或者会计是一门魔术，就完全是一种讽刺了。

其实这个话题没什么意思。我们同时可以问"管理是一门科学还是艺术"，推而广之，面对几乎任何一门社会科学，我们都可以问出这样一个"科学还是艺术"的问题。

我们还是拿做菜与审计对比着来谈一谈吧。

做菜的终极目标只有一个，就是将菜做得色香味俱佳，既有营养，又能调动用餐者的食欲；同样，审计的终极目标也是一个，就是证明财务报表的准确性。只要能达到这个目标，做事的方法可以是多种多样的。

尽管做菜的方法可以多种多样，但在长期的做菜过程中，厨师们还是总结了一些规律性的东西。例如，要让蔬菜炒得嫩一些就要大火快炒，做西红柿炒鸡蛋要先加糖后加盐，等等。这些规律性的东西背后，也都有其更基本的物理学、化学或生物学的道理。同样，做审计的方法尽管可以变化万千，但也有一些实践中总结出来的规律性的东西。例如，对抽样方法的研究，存货盘点要不重复、不遗漏，等等。这些东西同样是有其内在的数理逻辑的。事实上，任何一门实践性的学科，厨艺也好，审计也罢，都是以基础学科的一些知识作为基础，不断应用这些基础知识，并总结应用的技巧，从而形成了一门学科。

有人可能又会为"审计艺术论"提出新的佐证，就是那个略带神秘主义色彩的"专业判断"，英文叫作"professional judgment"。据说这种判断是只有经验丰富的审计师才会有的，而且越资深的审计师，判断越准确。这其实就是一种由经验升华而成的直觉：第一眼看到某个问题，脑海里马上形成一个解决问题的思路，但又暂时说不清楚产生这个思路的逻辑过程，只是觉得只有这样做才对。这样的"专业判断"，其实我国古代就有。宋朝欧阳修笔下的卖油翁不是说过嘛，"无他，唯手熟尔"。

## 2.4 会计师事务所与注册会计师

### 2.4.1 会计师事务所与注册会计师个人的关系

独立审计这个行业在汉语里的用词是很有意思的。从事独立审计的专业人士，小名叫审计师，大名叫"注册会计师"，听起来像是会计，再问你懂不懂会计，你还得回答"我懂，我很懂"。结果是越描越黑，让社会公众越发以为你就是那个做账的会计，还老做假账。而一群审计师组合在一起组成的事务所，叫"会计师事务所"，问问你们所做不做会计业务，很多所还会抢着回答"我们做代理记账的业务"，更让社会公众认为假账全都是你们这些专业人士做出来的。

看一看人家律师，从事的业务是与法律有关的，所以就叫"律师"，开的所，就叫"律师事务所"或者"法律事务所"，谁也不会搞错了。再看人家审计署，人家不叫自己是什么"注册会计师署"，而是就叫作"审计署"，也不会搞错了。

所以，我觉得，要让社会公众真正明白独立审计是干什么的，恐怕要先从改名开始。

以上只是开个玩笑，谈一下这个行业的一个小问题。审计这个行业，由于专业性较强，有很多一般社会公众搞不清楚的地方，很需要加强与社会公众的沟通。

就拿在审计报告上签字这件事来说吧。社会公众往往认为，能在审计报告上签字，是很有权威、很有面子的一件事。其实不然。很多事务所里，大家都不愿意签字，至少是对签字不感兴趣，以至于还要给肯在审计报告上签字的注册会计师一笔签字费。

为什么会这样呢？这就涉及会计师事务所和注册会计师个人的关系这样一个话题了。尽管审计师作为专业人士，是以个人身份出现的，但审计师要想开展审计业务，必须加入或组织一家会计师事务所，然后以事务所的名义对外承揽审计业务。

传统上的会计师事务所都是合伙制。所谓合伙制，通俗一点儿说，就是几名个体户联合起来做生意。由于是联合起来做，所以赚了钱是大家分，赔了钱也是大家担着。这个合伙制的事务所与有限责任制及股份制的公司相比，区别在哪里呢？最大的区别，就是合伙制是无限责任。个体户是无限责任，所以很多个体户无法做太大的生意，因为你的生意伙伴担心你赔不起。传统的合伙制事务所也是无限责任，这意味着一旦事务所出错了审计报告，不管是哪一名合伙人出的报告，每名合伙人都要将自己的全部身家拿出来赔偿损失。据说由于这个原因，在国外，很多会计师事务所的合伙人，都将自己家的存款和不动产登记在自己的配偶的名下。这样，一旦事务所出了什么问题，两口子可以先离婚，合伙人要拿出来赔偿损失的资产就大大减少了。这一招，就叫作"金蝉脱壳"。

因此，几名审计师只有在彼此有了充分的信任之后，才会联合起来，成立一家会计师事务所对外承接业务。如果彼此间缺乏足够的信任，这个合伙制企业是建立不起来的。

一家事务所成立以后，这几名审计师就是最初的合伙人。他们要招聘人员、培训人员、承揽业务。并不是所有在事务所工作的人员都需要是注册会计师。行政人员、后勤人员就没有必要是注册会计师。即使是做审计业务的人员，很多从事基础的现场工作的人员也不需要马上成为注册会计师，只要他们的工作是在有经验的注册会计师的指导下进行，并且工作结果经过有经验的注册会计师的审查，也是可以的。但一家事务所在最终出具任何一份审计报告之前，都必须要有至少一名合伙人审阅批准。毕竟一旦出错报告，是合伙人们在负责嘛。

随着事务所业务的扩张，最初的合伙人会扩大合伙人队伍的规模，从内部选拔一些他们信任的注册会计师，或者从外部引进一些他们信任的注册会计师，让他们成为合伙人。

看了上面的描述，我们就知道，一家事务所在某个项目上的审计质量，主要由三方面决定。一是项目工作人员，包括现场工作人员和项目负责经理的水平；二是最终审阅的合伙人的水平；三是整个事务所的项目管理和质量控制水平。在这三点里，第三点是最重要的。

审计师和律师在做业务时的一个区别是：律师出动的规模较小，人少的时候是一两个人，人多的时候也就是三四个人；审计师则采用"人多好打狼"的战术，算上项目负责的经理及合伙人，可能至少要出动四个人，十人、百人的队伍也时常会出现。所以，会计师事务所一般都要强调内部培训、工作中的配合，以及整体的质量控制。

在审计报告上签字的人，一般是最终审阅的合伙人，但也可能不是。例如，遇到一个较大的项目，或者高风险的项目，某位资深的合伙人可能就会在最终阶段提出他要再审阅一下这个项目，这是出于控制风险的考虑，但他并不一定会在审计报告上签字。这倒不是说这名资深合伙人要逃避责任，对他来说，签不签这个字，风险应该都是一样的。

所以，对于一个审计项目，签字的注册会计师往往只是在按事务所的质量控制规矩做事，而事务所的合伙人们作为一个整体，是制定质量控制规矩的，他们才是真正的应该对项目质量负责的人。注册会计师作为个人，对于一个具体项目的质量影响是有限的。

质量控制较好的事务所，会要求在报告上签字的第一注册会计师，必须是实际参与项目的合伙人。对于第二注册会计师，根据项目风险，也会有相应的级别要求，保证签字会计师有足够的时间投入到项目当中，且有足够的经验判断审计报告的潜在风险。同时，事务所也制定了意见分歧的解决途径。例如，在签字注册会计师与项目组其他成员出现意见分歧时，项目组应及时向专业技术组咨询，同时向更高级别的相关合伙人（如项目质量控制复核人、风险管理合伙人）寻求解决方案，直至形成一致的、适当的解决方案。

最后，按规定，事务所应该提取职业风险基金或购买职业责任保险。这算是最后一个兜底的保护吧。但是，提取职业风险基金，资金占用厉害，导致资金容易被挪用，且没有保险杠杆。近几年来，随着职业责任风险加速扩大显化，加上专业保险制度的不断发展，财政部在 2015 年发布了《会计师事务所职业责任保险暂行办法》，鼓励事务所购买职业保险。

### 2.4.2　会计师事务所不全是合伙制

现代的会计师事务所，在组织架构上，比以前复杂多了，早已经不再是以前简单的合伙制了。这也算是在不断发生针对会计师事务所的法律诉讼环境下的一种"物竞天择"吧。以国际四大会计师事务所为例，他们每一家都通过一系列的合同，形成了一个全球网络，但每一家在风险承担上又是彼此独立的。据说，除非是四大内部的高级合伙人，还得是专门负责这方面事务的，否则没人能搞清楚各家之间的法律关系。而即使每一家，也不再是简单的合伙制，而是一种被称作"有限责任"的合伙制，英文叫作"limited liabilities partnership"，简称"LLP"，中文叫"特殊普通合伙"，也就是一种将有限责任公司与合伙制结合起来的组织形式。

在中国，由于法律规定的原因，绝大部分会计师事务所最初设立时多采用的是有限责任公司形式，并不是合伙制形式。在这样的安排下，会计师事务所即使被处罚，也不过承担一个有限责任，只要将设立公司时的注册资本赔完就行了，伤不到合伙人个人的财富。这种制度安排与合伙制相比，似乎使得会计师事务所更容易为了利益出卖自己的独立性和公正性。因为即使失手被擒，也不一定会有伤筋动骨的影响，可能只是"牺牲我一个，幸福全家人"，连"金蝉脱壳"的计划都不必做，甚至更可能是"看成败，人生豪迈，只不过是从头再来"。如果是在合伙制下，审计师一旦出了问题，可是要倾家荡产的，很难再"豪迈"起来了。

不可否认的是，如果没有一个合理的制度安排来让中国的注册会计师们增强风险意识，中国注册会计师审计质量的提高是缺乏动力的，这也是"自然选择，适者生存"的原理在起作用。一个合理的制度安排不出现，中国的独立审计这个生态环境就容易出现"劣币驱逐良币"的"逆淘汰"现象。

中国的有关监管机构也一直在探讨会计师事务所改制的问题。2010 年，财政部开始推动大中型会计师事务所采用特殊普通合伙的组织形式。

相比于普通合伙，特殊普通合伙实现了合伙人法律责任的适度分离，避免了无过错合伙人为其他合伙人的违法行为或重大过失"买单"。曾经有个漫画试图解释这种转变：画面上，普通合伙时期的合伙人们正在努力往上拽即将跌落悬崖的一名合伙人；转为特殊普通合伙后，这种"一个人带沉一条船"的危险不存在了，其他合伙人就开始冷眼旁观失足的人了。漫画归漫画，这种改制，对于鼓励事务所稳步扩张还是有积极意义的。

相比于有限责任制，特殊普通合伙更为注重质量管控和责任约束，有利于体现注册会计师事务所注重"人合"而非"资合"的业务特性，适应大中型会计师事务所管理模式，而普通合伙则适合小型事务所。

从 2010 年至今，有限责任事务所占比逐年下降，而普通合伙或特殊普通合伙事务所占比明显上升。

大家对特殊普通合伙事务所设立条件，或其他事务所管理规定有兴趣的话，可以研读下《会计师事务所审批和监督暂行办法》（24 号令）。目前，24 号令是注册会计师行业内效力仅次于《中华人民共和国注册会计师法》的部门规章。

### 2.4.3 审计师是专业人士

在国外，传统上有三种人被认为是专业人士，英文叫作 professional。这三种人是：律师、医生和注册会计师（也就是审计师）。当然，现在很多其他行业的人也都把自己称为专业人士，甚至连玩电脑游戏的也有专业人士。

这个专业人士的说法，主要是指这个行业需要大量的专业知识和从业经验。这个说法可能起源于资本主义工业革命的时期。那个时候，你要是仍然在家种地，是不需要什么专业知识的。人人曾经是农民，人人都会种地；你要是进工厂做工，也不过是接受几天的培训就行了。你也可以参军、驾马车、做文书什么的。但不管做什么，你作为个人的可替代性是很强的，随便找个人来，培训几天就可以顶替你的工作。你即使在同一个岗位上工作了十年、二十年，你的工作经验也没有一种很明显的累积效应，可以让你的个人价值变得更高。但是，律师、医生和注册会计师这三个行业就不同了。要想从事这个行业，你首先要受几年这方面知识的教育，然后，你的从业经验也很重要，从业时间越长，一般就意味着经验越丰富，也就意味着水平越高。

做一名数学家、物理学家或者化学家又与这个专业人士不一样。二者的相同之处是都要受几年相关知识的教育，但二者的不同之处是：作为一名科学家，从业经验经常显得不那么重要。诺贝尔奖从来都不是根据谁更加德高望重来评的。伟大的爱因斯坦甚至说过"经验不过是十六岁以前的成见"这样的话。科学家和专业人士，作为人类社会精英层的两极，分别负担着创新和守成这两大任务，有点儿像中国古代"打天下"与"治天下"要靠两种思维和两类人的说法。

进入21世纪，这个专业人士的说法和分类其实已经有些过时了。随着社会分工越来越细，现在很多行业都需要有专业知识的教育和从业经验的熏陶。一百多年前，人们不认为管理一家工厂有什么专业知识，但经过泰勒等一系列管理学泰斗的努力，管理学已经成为一门显学。相信从事管理学的兄弟姐妹们完全有资格称自己是专业人士了。即使是皮肤护理，广告用词也是说"皮肤护理专家"，就是皮肤护理方面的专业人士的意思。我用百度这个专业搜索引擎搜索了一下"专业人士"这个词，结果发现，"专业人士"们在评论股票，"专业人士"们在商量足彩，"专业人士"们在测试新款汽车，"专业人士"们在推荐高考志愿，"专业人士"们在指导互联网创业。不但有"专业人士"研究齐白石画风，还有"专业人士"分析齐白石价格曲线。我们这个时代，由于信息爆炸，已经是"三百六十行，行行都有专业人士"了。这还真不是夸张，我在美国拉斯维加斯赌城就遇到过一个玩赌博游戏的专业人士，他只和专业人士玩，不和我玩，说这是行规，不能破。

不管是在过去，还是在21世纪的现在，也不管是中国古代的医生，还是西方现代的律师、医生和注册会计师，专业人士的名声都是非常重要的。一名专业人士，几乎将自己的全部精力投入到一个专业里，先经过几年专业知识的学习，然后从业并积累经验，他的从业经验有一种很明显的累积效应。而这个累积效应，直接体现在他知名度的提高、聘请他做业务的人越来越多和他收费的提高上。到了这个地步，这名专业人士的人生就进入了一种良性循环，他只要认真工作，金钱和名声就会自动增加。

一旦这名专业人士由于某件事情处理不当毁了自己的名声，不仅仅是打破了这一良性循环，更是将这种累积效应一下子清零了。而且，他可能再也无法重新进入这一专业领域，因为在这个领域里，没有人愿意再信任他。从这个角度讲，这名专业人士以往从业经验的累积效应不仅仅是被清零，还被清成负无穷大了。这意味着，这名专业人士不得不另选一个行业，重新开始自己后半辈子的人生。这样一种代价，几乎是任何一名专业人士都难以承担的。所以，专业人士在处理专业问题时，一般都非常认真、仔细和严谨，也从不撒谎。专业人士专业性的一个好的副产品就是他们严谨的职业操守。人们倾向于相信专业人士的意见，不仅仅是相信他们的专业能力，也是相信他们的职业操守。

### 2.4.4 审计费是怎么定的

审计费和任何一样商品的价格一样，需要通过"漫天要价，落地还钱"的谈判过程才能确定。这是一个基本原则，一定要牢记。

不过，理论上说，审计费是会计师事务所算出来的。怎么算的呢？

会计师事务所对于不同级别的员工都有一个费率，员工级别越高、经验越多，这个费率也就越高。这个费率是对外收费的一个基础。一般情况下，事务所是可以把这个费率表公布出去的。很多时候，这个费率与员工的工资有一定的比例关系，有兴趣了解自己所里其他人挣多少钱的审计师可以用自己所的费率表试算一下。

当会计师事务所接到一个项目，就会估计一下做这样一个项目，需要什么样级别的人和分别需要他们工作多少时间。这样一个人员和时间的预算，再搭配上费率表后，就得到了一个审计费的金额。这个金额是会计师事务所打折前的全额。一般会计师事务所把愿意按这个全额付审计费的客户看作"羊牯"。"羊牯"这个词是我从韦小宝那里学来的，意思大概是待宰的羔羊。

实际工作中，只要客户在审计费上进行一下谈判，一般会计师事务所都会在全额的基础上给出一个折扣，这个折扣可能是 10%，也可能是 30%、50%，就看双方的谈判地位、策略和技巧了。

有的事务所按照客户的资产规模及收入规模收费，这是很不科学的一种定价方法。因为审计工作量的大小，是一个多因素的结果，并不完全依赖于被审计单位的资产规模及收入规模。凭常识也可以知道，一个企业会计档案假如整齐有序的话，审计师的工作就会容易一些。除此之外，诸如企业的业务是否复杂、企业的组织架构如何，都可以间接影响到审计师的工作量。

很多时候，会计师事务所也并不是定下来审计费就不改了，因为会计师事务所总担心自己估计的工作量不准确，比如，对于企业里某些有难度的问题，自己在报价前初步了解情况时没有了解到。所以，会计师事务所一般总会提出，如果在审计过程中遇到特殊情况，会调整审计费，但会事先取得客户方面的同意。这也算是一个合情合理的要求。不过，我从来没见过会计师事务所因为客户的审计比原来估计的简单而往下调整审计费的，全都是遇到麻烦往上调整。这有点儿"赚了归自己，亏了大家摊"的味道。当然，换个角度想，审计这件事未必是"买的没有卖的精"。一个企业的业务有多复杂，一般企业自己知道得门儿清，而审计师进去前是不知道的，因此开始时低估了工作量和审计费的情况比较普遍。

这种按费率来收费的方式在国外的会计师事务所、律师事务所和咨询公司是很普遍的一种做法。有些"海归"在回国时，称自己在国外时一小时挣几百美金，忙得钱掉地上都没空捡，往往说的其实是这个费率，而并非自己真实的工资，这两者之间，是很容易就可以有十倍的差距的。

### 2.4.5 注册会计师审计的流程

独立审计一般的流程是这样的：审计师与潜在的客户接触，谈一谈要做的业务。审计师会要求客户提供一点儿初步的资料，用来判断工作的难度和风险以及工作量的大小。

这一阶段最重要的是，谈清楚工作范围。前面说过，独立审计是一种受托审计，那么，在一开始，双方就要把受的是何种托付交代清楚。这个工作范围，就是客户要购买的"产品"的"产品描述"。

根据这个工作范围，审计师一般先提交一个项目建议书。一旦客户方面认可，双方会再签一个正式的业务约定书，这就算正式确定了双方的买卖关系。

有些时候，在签订业务约定书之前，客户在洽谈业务期间提供资料时，会要求审计师签订保密协议。审计师的保密义务在业务约定书里是有明确规定的，也是审计师的职业操守之一，但是，在签订业务约定书之前，客户提供资料给审计师，有时也希望得到法律上的保护。签订保密协议的需求在客户处于日新月异、竞争白热化的行业，或者客户即将有重大的敏感的商业动作时尤为突出。一个专业的审计师，不应该在客户提出签订保密协议时，表现出闻所未闻的态度。

签订了正式的业务约定书之后，审计师就可以正式开始工作了。会计师事务所一般先安排审计人员尽量详细地了解客户的情况，并据此制定一个审计工作计划。"凡事预则立，不预则废'嘛，审计工作计划是审计工作很重要的一环。接着，一支审计队伍会被派到客户现场工作上一段时间，然后回到所里整理好工作底稿供负责项目的经理及合伙人审阅，当然，也不排除经理或合伙人到现场审阅工作底稿的情形。审计师的工作底稿是用来记录审计师工作和收集的审计证据的。在会计师事务所里，一个项目经理往往要同时负责好几个项目。合伙人更是如此。所以，项目经理和合伙人不可能常驻某一客户的工作现场来了解客户的详细情况，而是通过审阅审计队伍的工作底稿的方式来了解客户的情况，检查审计队伍的工作质量。这种审阅工作底稿的安排，也是为了借助项目经理和合伙人更为丰富的经验，以及避免出现"当局者迷，旁观者清"类型的错误。

如果项目经理及合伙人在审阅工作底稿时有疑问，就会将问题提出来，要求做现场审计的人员解答或再做一些审计工作。这个过程中，当然少不了审计师与客户就审计发现进行沟通的环节，这个沟通，既包括项目经理和现场审计人员与管理层的沟通，也包括项目合伙人与治理层的沟通。当所有的疑问都解决了，管理层也按照审计发现明确表态是否修改以及如何修改财务报表了，合伙人就可以签发审计报告了。

一个事务所里，人员结构是一种金字塔式的结构，基层工作人员多，项目经理较少，合伙人更少。一直在现场工作的，主要是基层工作人员。而这些基层工作人员做完一个项目回到办公室，也往往只是待几天，整理一下工作底稿，就又要奔赴下一个项目了。所以，在很多事务所里，基层工作人员是没有固定座位的。如果整个事务所有 100 名基层工作人员，可能只有 50 个座位。反正总有人在客户现场工作，不需要每个人都有座位。

我见过的好的事务所的管理，是使用类似旅馆登记房间的方式分配座位，将办公室里所有的座位都编上号。某位审计师今天在客户现场忙完了工作，之后要回办公室工作三天，就事先打个电话给行政人员，预订一个座位，预订三天。他甚至可以要求是靠窗或者是靠走道的座位，就像坐飞机时订座位一样。行政人员告诉他一个座位编号，他就可以在第二天直接去那个座位了。如果办公室的电话系统够先进的话，这名审计师的分机号也会自动地调整到那个座位上。三天后，当他要离开时，他可以将自己要留在办公室的东西收拾一下，装到一个箱子里交给行政人员，同时把座机电话设置为留言模式或自动转接到手机。等他下次再回到办公室的时候，他可以直接从行政人员那里将这个箱子领回来，同时用回自己的分机号。

有人可能担心，要是审计师工作都不忙的时候，比如说夏天的时候，都回到办公室，座位不够怎么办？一般解决的方法有二：

一是鼓励员工这个时期休带薪年假。审计师的工作，有忙季、淡季之分。在忙的时候，加班工作是常事；但一般会计师事务所给的带薪年假也较多，好让审计师在不忙的时候休息一下，也为事务所省出一些房租来。不过，很多审计师在休年假的时候，也并不是真休息，而是要抓紧时间准备注册会计师考试和其他一些考试，或者学习一些别的知识。

二是事务所安排员工培训和小规模的业务研讨会，把员工集中到会议室和培训教室里去。当然，事务所的合伙人们也会在这个时候积极地寻找新的项目，即使价格低一点儿也能够接受。毕竟，如果有那么多员工闲坐着，不带来任何收入而每月还要领工资，谁是老板都会心里发毛啊。所以，反过来说，站在企业的立场上，如果要找会计师事务所做一些时间要求不那么强的项目的话，不妨这个时候去谈业务，相信价格上是会有所斩获的。这也算是"反季节采购"吧。

## 2.5 业务约定书

### 2.5.1 要先签业务约定书，后干活

如果在项目快结束、整理工作底稿的时候，你发现这个项目的业务约定书还没有被客户签回，项目合伙人、项目经理和现场负责人（in-charge）只好赶紧准备业务约定书并发给客户让客户迅速签回。我妈管这种做法叫作"现上轿现扎耳朵眼"，就是老辈人说新媳妇一边上花轿一边扎耳朵眼来戴耳环扮淑女的意思。

按照严格的项目管理要求，在一个项目开工之前，一定要先签好业务约定书。业务约定书是非常重要的，它规定了双方的责任和义务。对会计师事务所来说，就是干什么样的活和拿多少钱。如果活都快干完了（即现场工作已结束），还

没跟客户约定好该干什么活和拿多少钱，照我姥爷的话说，这叫作"只管低头拉车，不管抬头看路"。

幸好即使到了这个时候，也还有补救办法，因为我们的审计报告还没出呢。所以，你可以赶紧准备业务约定书并发给客户让客户迅速签回，但要注意，业务约定书的日期最迟也要早于审计工作的最后一天，因为一般情况下，审计报告的日期是审计工作结束的那一天，总不能弄成业务约定书签定的日期还晚于审计报告日期吧。

所以，如果你是项目负责人，你可能会协助起草业务约定书，别忘了提醒合伙人和经理，这只是草稿，客户还没签回来呢。在开始项目现场工作之前，问一下经理，业务约定书签了吗？如果你是项目经理，记得在现场工作开始之前将业务约定书搞定。如果你是项目合伙人……合伙人还忘了这件事，就离出漏子不远了。

### 2.5.2　业务约定书其实是一份标准合同

审计业务约定书是什么样子的呢？

给出一个样本可能太长，也太啰嗦了，我仅仅抄审计准则及其指南里的相关要求吧。

审计业务约定条款应当包括下列主要内容：

（一）财务报表审计的目标与范围；

（二）注册会计师的责任；

（三）管理层的责任；

（四）指出用于编制财务报表所适用的财务报告编制基础；

（五）提及注册会计师拟出具的审计报告的预期形式和内容，以及对在特定情况下出具的审计报告可能不同于预期形式和内容的说明。

审计业务约定书还可能包括下列主要方面：

（1）详细说明审计工作的范围，包括提及适用的法律法规、审计准则，以及注册会计师协会发布的职业道德守则和其他公告；

（2）对审计业务结果的其他沟通形式；

（3）说明由于审计和内部控制的固有限制，即使审计工作按照审计准则的规定得到恰当的计划和执行，仍不可避免地存在某些重大错报未被发现的风险；

（4）计划和执行审计工作的安排，包括审计项目组的构成；

（5）管理层确认将提供书面声明；

（6）管理层同意向注册会计师及时提供财务报表草稿和其他所有附带信息，以使注册会计师能够按照预定的时间表完成审计工作；

（7）管理层同意告知注册会计师在审计报告日至财务报表报出日之间注意到的可能影响财务报表的事实；

（8）收费的计算基础和收费安排；

（9）管理层确认收到审计业务约定书并同意其中的条款。

如果情况需要，审计业务约定书也可列明下列内容：

（1）在某些方面对利用其他注册会计师和专家工作的安排；

（2）对审计涉及的内部审计人员和被审计单位其他员工工作的安排；

（3）在首次审计的情况下，与前任注册会计师（如存在）沟通的安排；

（4）说明对注册会计师责任可能存在的限制；

（5）注册会计师与被审计单位之间需要达成进一步协议的事项；

（6）向其他机构或人员提供审计工作底稿的义务。

业务约定书其实是一份合同。在事务所内部，业务约定书是有标准模板的。在准备业务约定书时，只要不是太特殊的项目，你只要按照标准模板做一些小的修改就可以了。

如果你学过有关商业谈判的课程就应该知道，尽管合同条款是双方共同商定的，但一些大公司都尽可能地做出一些标准合同来让对方照着签。因为大公司可以请专业人员和律师花很多时间和精力将这份标准合同的条款做得尽量保护自身利益。这样，一旦将来在合同上出现纠纷，大公司就可以占更多的优势。

这事就好像是狗打架一般都是在自己的地盘上打，不到对方狗的地盘上去。狗也追求"地利"啊，况人乎？大公司乎？

有时候，两条狗都不傻，都不想到对方狗的地盘上去打架，那会出现什么结果？就是两条狗都站在自己的地界边上，不肯冲过去打架，只是向着对方狂吠："不！我就是不过去。""不！我不签你的标准合同。要想达成协议，就按我的合同范本签！"

一般在审计行业，由于客户对于审计工作的具体内容不太熟悉，所以合同都是按照事务所的标准合同来签的，客户顶多就个别条款提出点意见。我还真遇到过一家大企业能拿出自己的用于采购服务的标准合同，要求审计师按照其标准合同签审计服务合同。你猜结果怎么着？审计师实在太担心它的标准合同里埋了太多的"雷"，可要找个律师帮审计师"探一遍雷"得多花钱啊，所以审计师干脆撤了——"不！我不签你的标准合同。要想达成协议，就按我的合同范本签！"

最后来一句免责条款：我只是追求一种不严肃的写作风格，断无将任何人或公司全方位地比喻为"狗"的意思，请勿对号入座。狗多可爱呀，很好的宠物。

### *2.5.3 业务约定书和项目建议书的区别*

我发现有些人还分不清什么是业务约定书（engagement letter），什么是项目建议书（proposal）。所以，我觉得有必要唠叨两句。

怎么说呢？项目建议书好比是你在谈恋爱时说的话，业务约定书是你结婚后打算做的事。这两者可以是天差地别的。有意思的是，在英语里，求婚就是"proposal"，而订婚就是"engagement"。

有一个老汉打算娶一个年轻点儿的老婆。媒人帮他找了一个女人。老汉就问这个女人：

"你多大了？"

"二十……"

"不像啊。"

"……八……二十八岁。"

"还是不像啊。"

这时媒人说了："她就是长得有点儿老相。"

以上就是项目建议书一般会写的内容，还包括了一点儿在客户进一步质询时对项目建议书的解释说明。

老汉半信半疑地结了婚。婚礼的晚上，老汉问这个女人："咱俩都已经结了婚了，你就给我说实话吧，你多大岁数？"

"比二十八大点儿。"

"那咱俩见面时，你咋说是二十八哩？"

"哎呀，那时候我不是想让你欢喜嘛。那时候说的不算数啦。"（这句话证明了项目建议书的内容是可以不算数的。）

以上就是业务约定书一般会写的内容。

老汉仍有些怀疑。睡到半夜，老汉去了趟厨房，回来对这个女人说："我看见一只猫在咱家厨房里偷吃盐，变成燕巴虎儿（民间口语，指蝙蝠）了。"女人笑了："我活了四十三岁了，只听说耗子会变成燕巴虎儿，头回听说猫也能变成燕巴虎儿。"

以上就是现场工作的情形。

当然，会计师事务所里的人都是专业人士，不会将项目建议书和业务约定书做得差别太大。不过，一般而言，在项目建议书这一不具备严格法律约束力的宣传性材料里，审计师可以介绍自己的经验和特长，将自己说成是一朵牡丹花都行；但到了业务约定书这一有严格法律约束力的文件里，说自己是一朵花就是欺诈行为了，要老老实实承认自己是如花。项目建议书可以长，可以短，行文比较自由，重要的是在内容中突出自身的优点。但业务约定书就是标准合同形式的法律文件了。

### 2.5.4　会计责任和审计责任的区别

在业务约定书中，一般都会谈到审计师按什么审计准则来做审计和出具报告，也会谈到被审计企业应该按什么会计准则来编制其财务报表。我就对这个做一下解释。

首先说一下会计责任和审计责任的区别。所谓会计责任，就是说企业自己要能够做出一份完整的财务报表，包括按照会计准则要求做出的各种披露和注释，并且能提供有关的总账、明细账和其他会计记录。而审计责任，指的是审计师根据企业提供的财务报表和会计记录来验证其准确性。审计师的这种"验证"工作做到什么程度，保留什么样的检查记录，是由审计准则来规定的。审计师一旦负有审计责任，就不应该再担当任何会计责任，否则就成了自己检查自己的正确性了。这种自己检查自己，从来都是"老鼠看仓，看个精光"。

理想中的审计，应该是客户将财务报表及附注都准备好，然后审计师开始审计。正因为如此，我们在前面审计意见一节（2.3.1 审计意见说了什么）中讲过："注册会计师出具的审计报告只有一两页纸，主要是审计意见……审计报告后面的财务报表及其附注等，都应该是被审计企业的作品。"现实中能这样做的客户不是太多，所以审计师只好既做裁判员，又做运动员，自己先把财务报表及附注做完，再开始审计。当然，做报表的原料都是客户的。这算不算"自己审计自己的工作"，因而违反审计师独立性呢？

美国的审计准则较早就认为这样做是违反审计师独立性的，企业自己的会计人员应该将财务报表及附注做好。中国审计准则现在也明确规定了审计师不可以承担"按照适用的会计准则编制财务报表"这一管理层职责。<sup>⊖</sup>所以，国家领导人题词的那一句"不做假账"，理论上是在提醒那些企业里做账的财务人员，而非不做账只审账的审计师。要是让我给审计师题个词，我决定学习周星驰在电影《功夫》中向功夫片前辈致敬的手法，也模仿以前的题词给审计师题一句"不做账"，以此来强调审计责任和会计责任的区别。

由此，理解审计准则和会计准则的区别就很容易了。会计准则首先是规范企业做账和出报表的，审计师也要学习会计准则，这是为了能够检查企业的会计记录。而审计准则，是规范审计师工作的。

有的企业因为海外上市的原因，要按照国际财务报告准则编制财务报表。企业事实上没有能力独立编制遵循国际财务报告准则的财务报表。但这是企业不得不完成的会计责任，企业不能一下子推给审计师就了事呀，于是，企业就按照中国会计准则的要求，套用国际财务报告准则的格式，做一份非常粗浅、漏洞百出的所谓国际财务报告准则的财务报表给审计师来审计。审计师一旦指出这里不对，那里不对，企业就可以说，那你审计师就给我做审计调整呗！这事实上是变相地将会计责任推给审计师了。遗憾的是，在现实生活中，这样的情况还不少。SEC要求，只要出现重大审计调整，就可以认为企业会计方面的内部控制有问题，就要将这一问题披露出来。这对于那些自己没有能力按照国际财务报告准则或美国

---

⊖ 《中国注册会计师职业道德守则第 4 号——审计和审阅业务对独立性的要求》（会协〔2009〕57 号）第九十九条：会计师事务所应当根据具体情况确定某项活动是否属于管理层职责。下列活动通常被视为管理层职责：（一）制定政策和战略方针；（二）指导员工的行动并对其行动负责；（三）对交易进行授权；（四）确定采纳会计师事务所或其他第三方提出的建议；（五）负责按照适用的会计准则编制财务报表；（六）负责设计、实施和维护内部控制。第一百零一条：会计师事务所承担审计客户的管理层职责，将对独立性产生非常严重的不利影响，导致没有防范措施能够将其降低至可接受的水平。这些不利影响包括因自我评价、自身利益和密切关系产生的不利影响。会计师事务所不得承担审计客户的管理层职责。

会计准则做财务报表的上市企业是一个噩耗。谋求上市的企业，若要逼审计师"编报编报，边编边报"，恐怕风险太高，可行性也不高，只能"加强内控，提升内功"。当然，"提升内功"的一个速成法，恐怕就是从事务所招聘有经验的审计师了。

作为审计师，不光要学会会计准则，还要把审计准则掌握透。审计准则里，不仅规范了审计报告的措词，还规定了其他一些业务的执行标准，例如财务报表审阅、事先约定程序的审阅等工作应该如何做和出什么样措词的报告。有了这些规定，审计师在做任何一件事时，就有章可循。在美国，法律的观念更强，成立任何一个机构都要有章、有法可循才行。例如，大名鼎鼎的 SEC，在它自己的介绍里，一上来就说 SEC 是按照美国《1933 年证券法》和《1934 年证券交易法》的规定成立的。

审计师平时做一般的业务，可能体会不到按审计准则做事、凡事有章可循的重要性。而一旦遇到特殊的业务，或者可能会跟人打官司的业务，就意识到自己做事有法可依的好处了。比如，在 2003 年年底，国家外汇管理局发文要求审计师要为被审计企业填写外汇情况表并对所填写表格发表审计意见。很多会计师事务所就照着外管局的要求做了。认真论起来，这个要求一是没有分清会计责任和审计责任（所以有必要让外管局的人也来看一看我这本书），二是所要求发表的审计意见不是审计准则任何一条规定过的，要发表这样的意见需要做什么样的检查工作，外管局没有规定，审计准则也没有规定。所以，外管局的这个文件，就是一个逻辑不严密、很难执行的文件。至于各地政府机构要求审计师出具意见的各种各样奇奇怪怪的报告，就更是没什么依法办事的精神，也没什么逻辑，纯粹是把审计师当成唐僧来欺负了。

2005 年 1 月份，中国注册会计师协会发布了《外汇收支情况表审核指导意见》。这个指导意见给出了这种审核报告的样本、审核要做的工作，等等。有了这样一个指导意见，审计师做工作，总算是有据可依了。2012 年，作为监管机构简政放权的一项落地政策，外管局仅要求外商投资企业提交经会计师事务所审核的外商投资企业外方权益确认表。2014 年年底，进一步简政放权，外方权益确认表的审核工作也不用做了，外商投资企业外方权益确认表审核报告退出历史舞台。当然，外管局鼓励企业委托会计师事务所代为填报，因为表格中的数据大部分来自财务报表，财务报表的审计还是要做的。

## 2.6 声明书

### 2.6.1 什么是"声明书"

先给出一个最简单的管理当局声明书给大家一点儿感性认识吧。

鉴于贵所审计本企业 20×5 年度财务报表的需要，尽我们所知，并在做出了必要的查询和了解后，我们确认：

1. 我们已履行某年某月某日签署的审计业务约定书中提及的责任，即根据企业会计准则的规定编制财务报表，并对财务报表进行公允反映；

2. 在做出会计估计时使用的重大假设（包括与公允价值计量相关的假设）是合理的；

3. 本企业已提供与年度财务报表审计有关的所有会计资料和其他资料；

4. 本企业已全部提供有关重要决议、合同、章程、纳税申报表等；

5. 本企业委托的审计期间发生的所有交易和事项均已记录并反映在财务报表中；

6. 本企业不存在也没有隐瞒舞弊和违反法规行为；

7. 本企业没有隐瞒或有事项、期后事项、关联方关系及其交易；

8. 本企业已如实说明影响资产或负债账面价值及分类的计划和意图。

管理当局声明书是审计师工作中一定会用到的一个东西，它是干什么用的呢？

声明书是审计师万般无奈之后的终极武器。在任何一个审计中，审计师都会对于有些科目和有些事项无法取得完全放心和满意的证据。这时，就会将这件事写在声明书里。声明书是审计师拟好了内容的一封信，这封信以客户管理层的口气向审计师赌咒发誓说这些事项都是真实、准确无误的。你看没看过美国电影里证人在法庭上作证之前宣誓说自己要讲出"truth，the whole truth，nothing but the truth"（中文大概可以翻译为"讲出事实，完整的事实，绝不说假话"），声明书跟那个是差不多的意思。

### 2.6.2 驳"声明书无用论"

我们要杜绝"声明书无用论"和"声明书万能论"两种错误倾向。声明书不是一点用处没有的，我就遇过到这样的情况：当我们把所有我们不太放心的事项放在声明书中要求客户签声明书时，客户的管理层一改先前对我们的审计敷衍了事的态度，将声明书的措词认真研究了半天，然后死活不签，一定要求将某些说法改掉才行。我们追问客户的管理层为什么这样改，管理层才开始告诉我们一些新的事情。所以，下次对于不太熟悉外部审计师的审计方法的客户，我们可以先把管理层声明书这件事向客户的管理层讲清楚。君不见，美国警察在抓人时，都会先来句著名的美年达法则"子可缄言，言则为供"<sup>⊖</sup>。

### 2.6.3 驳"声明书万能论"

反过来说，声明书也不是万能的。我见过一个经理，他一旦发现什么不好解决的问题，比如客户的存货跌价准备期末余额是 320 万元，这个减值准备是多了，还是少了，这个经理的解决之道便是把这件事写到声明书中——"我们（即客户管理层）认为，存货跌价准备期末余额是合理足够的。"一般客户都会同意

---

⊖ 为防止误导读者，以讹传讹，现将正确的说法写出来。著名的米兰达（Miranda）法则是：你有权保持沉默，否则你所说的一切，都可能作为指控你的不利证据。你有权请律师在你受审时到场。如果你请不起律师，法庭将为你指派一位。而美年达则是百事公司的一种汽水。至于这个古文版的米兰达法则，则是由网络写手马伯庸原创的。

写这句话。有了这句话，这个经理就觉得工作做到家了。在我看来，他就是受了"声明书万能论"的毒害。我曾经讽刺他说，可以把我们的审计意见也写进声明书里，只要客户管理层在声明书中说"我们认为，财务报表是真实公允的"，我们就不要做别的审计工作，可以收队回家了，审计原来这么简单啊！

可是，如果半年后，这个客户的存货跌价准备真的有问题，审计师因此上了法庭，控方律师会质问审计师："你对于存货跌价准备做了什么工作？"这位经理会拿出声明书说："看，我拿到了管理层的声明。"你猜律师会怎么说？"啊哈，我上小学的女儿也会做这件事。我想问你，你做了什么'审计'工作？"

这让我想起一个老的民间故事——一个财迷拿着所谓的"隐身草"去偷东西，被人逮着了，他还拿着"隐身草"向逮他的人说："我拿着隐身草呢，你看不见我。"

事实上，有时声明书上还真有这么一句话："尽我们所知，我们确认，财务报表是真实公允的。"可这句话并不意味着审计师可以什么都不做，这句话仅仅是用来明确管理层的会计责任的（见2.5.4 会计责任和审计责任的区别）。

说到这里，有人可能困惑了：声明书的内容与审计师做多少审计工作到底有什么互动关系呢？

### 2.6.4　不容易审计的内容才放进声明书里

我想，可以将所有审计事项大致分为"容易审计的"和"不容易审计的"。所谓"不容易审计"，是说取得恰当足够的审计证据较为困难。

哪些是"容易审计"的呢？一般来说，各类会计科目的存在性（existence）是"容易审计"的。因为：测试存在性是检查已经记在账上的东西，这个范围是已经划定的。审计师总可以通过发确认书、抽查凭证和合同、现场盘点等工作来验证会计科目的存在性。

哪些是"不容易审计"的呢？负债类科目的完整性（completeness）是"不容易审计"的。因为，测试完整性是要找到没有记在账上的东西，这个范围几乎是个无穷大。

对于"不容易审计"的项目，例如或有负债的完整性，审计师眼睛仅仅盯着账内那点东西是没有用的。因为你的目标是找出该记在账内但现在在账外的东西。有一个笑话不是说吗，酒瓶里有酒谁不会喝，酒瓶里没酒还能喝出酒来，这才叫本事呢！同样，账里记的或有负债谁不会审啊，账里没有记的或有负债你能找出来，才叫本事呢。

审计师要与企业各个方面的关键人员面谈，要了解企业的业务情况，要阅读企业的有关资料和新闻，要在出具审计报告之前，翻阅报告日期后发生的事情等。做所有这些工作，都是为了尽量扩大搜索范围，以期发现账上没有记的或有负债。当然，扩大搜索范围要注意成本效益原则，要在与这个企业最相关的方面来扩大。比如，天天晚上看新闻就不是很好的扩大搜索范围的方式，但也不能说完全无效，但天天晚上看电视剧就几乎只是在扩大无效的搜索范围了。

事实上，对于任何科目的完整性，其审计方法都是要在"成本效益"原则下尽量扩大搜索范围。做这件事，是既要有经验，还要有足够的敏感性，不能对已经出现的东西视而不见。

扯了这么远，还是要回到声明书上来。对于那些"不容易审计"的项目，可能尽管我们做了很多工作，但其效果总是不能让人非常放心。这时怎么办？我们的选择有：

- 在审计意见中保留意见或不发表意见，原因是审计范围受限。例如，如果企业有重大未决诉讼，审计师也许可以说，我无法验证诉讼赔偿可能有多少。
- 在声明书中加上一段话，让管理层做出一个保证。
- 给审计助理出 Q，"你如何保证 ××× 的完整性"，逼着他选择瞎编、哭或辞职。

通常，我会做第二种选择。

所以，如果你读一下一般的声明书模板的文字，你会发现，大部分内容都是"不容易审计"的项目。

还有一个问题是：我们在"成本效益"原则下，对于"不容易审计"和"容易审计"的项目，做多少工作是足够的，做多少是不足的，做多少又是多余的、无效率的？如何判断？

## 2.6.5 审计师要勤勉尽责到什么程度

审计师做多少工作合适呢？要是一个一般的职业，拿多少钱干多少活呗！可是审计师这个行业有其特殊性，它有"风险"。审计师做工作，第一位考虑的不是能拿多少钱，而是考虑风险能否被控制。

审计师的作用，主要就是资本市场的"看门狗"（英文叫 watch dog）。风险呢，就是被别人起诉，说你没做好"看门狗"的工作。

我们来设想一下，审计师一旦被人起诉，上了法庭，怎么样为自己辩护才能脱身呢？

既然被起诉了，肯定是人家认为，审计师该发现一些问题而没有发现。这时候，从逻辑上说，审计师可以做如下申辩：

一是贬低自己，说自己智障，所以没发现问题。这就好像很多犯罪嫌疑人都说自己是精神病一样。但这一手大概过不去，法官也好，陪审团也好，社会公众也好，很难相信能考取注册会计师执照的人是智障。

二是抬高对手，说我们已经尽力了，"不是我们不小心，实在是敌人太狡猾"。这样的说法，有点儿丢面子。不过，如果社会公众能接受这样的说法，这一个坎儿也算过去了。

怎么样才能让社会公众承认"不是审计师不小心，实在是敌人太狡猾"呢？这很大程度上取决于社会公众对审计师的期望。要是社会公众对审计师的期望是审计师个个都像 007 一样神通广大，像包拯一样铁面无私，那还真就麻烦了，"抬高对手"这一招就不灵了——你想啊，人家都把你当 007 了，还有谁比你牛啊？

所以，在美国，美国注册会计师协会给自己设定的职能之一就是多与公众交流，调整公众对审计师的期望。得不断地告诉公众：审计师也是人，不是神。按照审计准则不成文的假设前提，审计师也就是一些智商略高于社会一般水平的人，天天花大把大把的时间在财务会计和审计领域上，因此成为了专家。在执行审计项目的时候，审计师每天工作 8 ～ 10 个小时，认认真真，兢兢业业，把自己的专业知识和精力都用在工作上了。一般老百姓看了会觉得，一个孝子给爹妈干活，也不过如此了。

要是已经这样做了，仍然被人家骗，没发现问题，这也真不能怪审计师了。要是还怪审计师，他就该急了："我给亲爹妈干活，也没这么尽心过呀！还起诉我？！你不看一看，这个骗局设计得多棒啊，都赶得上《福尔摩斯探案集》的水平了。再有名的医生治病，也有治不了的啊。有本事你来做一遍这审计，我就不信你比我强！"

我估计，审计师要真那样嚷嚷出来的话，要起诉审计师的人也应该扪心自问了："这个骗局设计得确实不错，让人大开眼界，比好莱坞大片还精彩。审计师确实也做了一个正常智商和正常责任心的审计师该做的事情。我去做这个审计，估计也发现不了这个问题，可能还不如这个可怜的审计师呢。看样子，不是审计师不小心，实在是敌人太狡猾。"

不过，要是控方律师能够轻易地拆穿企业的骗术，让社会大众觉得"不过瘾，不过如此"，而审计师还能被企业蒙在鼓里的话，社会大众就会觉得："这个审计师，不是笨就是懒。天生笨或懒不是你的错，但这样子还出来混审计师这碗饭就是你的错了。那么简单的问题都发现不了，不起诉你太对不起社会了。"

## 2.7 管理建议书

### 2.7.1 什么是"管理建议书"

管理建议书（management letter）是审计师给客户提的一些建议。这些建议是审计过程中产生的。写管理建议书不是审计准则要求审计师的工作，因此这项工作属于"买一送一"里送的那个"一"。

管理建议书里写些什么呢？顾名思义，主要是管理上的一些建议。一般说来，应该是审计师发现的企业里与财务报告有关的内控制度的一些缺陷并提出建议。

首先得搞明白管理建议书是出给谁的。是给管理层的？还是给管理层上面的董事会（在某些公司治理的理论里，董事会也被看作管理层）和股东的？应该说，由于管理建议书是针对企业管理上面的漏洞提出的，它首先是出给管理层的，好让管理层能参照着采取整改措施。但是，有些管理上的漏洞，可能是管理层故意留在那里方便自己浑水摸鱼的，所以审计师提出这里有漏洞，管理层只会敷衍一下，根本不会真的改。为了防止这样的现象，一般的做法是，管理建议书也会给股东和董事会看，好让他们知道发生了什么事，以避免"老鼠看仓，看个精光"这种现象的出现。

审计师出管理建议书的目的有这么几个：

一是为了自己今后的审计工作顺利。希望客户改进内控方面的不足，从而在下次审计时，审计师能更多地依赖企业的内控制度，减少审计工作量。

二是为了让客户觉得审计师还是有价值的。如果客户觉得这些建议是有价值的，就会认为审计费花得还是值的。

三是作为一个挡箭牌，来保护审计师自己。有些事情，如果审计师已经在管理建议书上说过了，万一将来这方面出了问题，审计师可以说自己已经提醒过客户了。

由以上管理建议书的目的可以推想到，管理建议书上的东西，企业并不一定都感兴趣，都愿意照着做。审计师是尽量回避风险的，所以一些对于企业来说风险不一定很大的事，审计师也会把它写在管理建议书里。企业会对其中高风险的事情感兴趣，对于一般的东西，企业也知道管理建议书是审计师的挡箭牌，因此也就是看看而已。

## 2.7.2 管理建议书的内容是从哪里来的

"人的正确思想是从哪里来的？是从天上掉下来的吗？不是。是自己头脑里固有的吗？不是。人的正确思想，只能从社会实践中来，只能从社会的生产斗争、阶级斗争和科学实验这三项实践中来。"这是毛主席在起草《中共中央关于目前农村工作中若干问题的决定》时写的一段话。用在管理建议书上，同样适用。

管理建议书的内容是审计师自己想出来的。当然不是凭空想的，而是在做审计过程中，发现了企业的一些不足之处。

另外一个管理建议的主要来源，是审计师从企业的基层工作人员那里听来的。俗话说得好：外来的和尚好念经。对于被审计企业来说，审计师就是这个"外来的和尚"。还有一句话是这么说的：群众的眼睛是雪亮的。就是说，在一个企业里，管理上有什么样的毛病，管理层有时没看到，老百姓可能早就看得一清二楚，但管理层往往听不进老百姓的忠告和建议，也可能根本没有这样的交流渠道让基层员工反映这样的建议。所以，这种管理上的毛病就一直在那里可笑地存在着。

美国人有一幅漫画，叫"the Dilbert Principle"，中文叫"迪尔伯特原则"或者"呆伯特法则"，那里面到处都是当代公司管理的荒谬之处。

审计师在审计工作中，只要能将听到的基层员工对于企业管理的一些合理化建议过滤一下，用时髦的管理术语包装一下，写成管理建议书，包管叫好又叫座。

我以前就是这么做的。

### 2.7.3　管理建议书如何出彩

十年前，客户的整体水平，尤其是财务水平和内部管理水平还不是很高的时候，审计师在管理建议书里随便提几个非常基本的问题，就能让客户点头称是，诸如期末要及时预提已经发生但还没有支付的费用，以及小会计录入的凭证需要有人审阅之类的。

再到五年前，审计师在管理建议书里扯一扯要关注固定资产的全生命周期管理，或者要对整个公司的费用报销形成有效的闭环管理之类的和近现代管理理念沾边的话，也能把一部分客户侃晕。

但到了现在，一些服务于大型央企、跨国公司以及先进民营企业的审计师，提到管理建议书都要感叹："这简直是用绳命（网络语，同'生命'）在创作啊！"

更令人难过的是，当审计师奉上这么一份用"绳命"创作的管理建议书时，客户往往还瞧不上了。能让企业的 CFO 或 CEO 眼前一亮的建议实在是凤毛麟角，多数被认为是"找事的"或"没营养的"。

那么，咱审计师水平不够，见地不深，不写管理建议行吗？恐怕还不行。客户的想法是，你们审计师一年到头在我这蹲这么长时间，办公室你没少占用，人你没少访谈，钱你也没少收，怎么就不能给我提点有建树的建议呢？超市里买袋大米还经常送瓶油呢。

更别说，有时候企业大了，各个业务条线之间的关系比较微妙，一些企业内部难解决的问题，谁也不想捅破这层窗户纸，大家难免对花钱请来的审计师有不恰当的预期。

那么，"创作"管理建议书时，需要着重注意哪些方面才有可能既出彩又不惹事呢？

一是提出问题的角度。前面提到，管理建议书的目的，一方面是真心期望客户管理提升，为审计师自己日后开展工作提供方便；另一方面是为客户提供增值服务，让客户觉得"物有所值"。这两个动机都是很好的，但考虑到对方的接受度，审计师还是需要多从客户的角度出发去考虑问题和提出问题。

比方说，一家做电子商务的物流管理平台的公司，境内的物流订单跟踪得很及时，境外的物流状态就跟踪不到了。审计师看到这儿，心想，要是境外的物流状态也跟踪得很好，我们就可以准确地知道买家的收货时点，那样收入确认时点就好确定，审计就好做了。

但是，在管理建议书里，如果就提境外买家的收货时点不知，审计很难做，管理层是不太敏感的。假如换个角度，谈企业的管理风险、企业客户追踪订单的现实需求和客户满意度，再对比下客户的国际同行的先进经验，管理层就容易买账了。

二是描述问题的措辞。审计师作为企业的"外人"，对企业的了解总是有限的。因此，在描述问题和现状时，要本着"知之为知之，不知为不知"的态度，不要把自己的想象和道听途说当作事实，不要把话说得太满。

如果审计师实际看到的就只是一两个事例，那就如实描述这一两个事例。审计师可以深入分析这些案例背后的根源和隐患，但不能夸大成好像整个企业一年到头，就没人做对过事情一样。

经不起推敲的叙述，会降低别人对审计师的信任。再说，"忠言逆耳"，对于不好的事情，人都会本能地为自己辩解。审计师写出来的每一句话，要经得起任何人的"辩解"。

当然，为了避免提交管理建议书之后遭遇当事人"翻供"和抵触的情形，在定稿之前，审计师要考虑有计划、有层次地与相关部门不同级别的人员进行访谈，再次确认事实，认真听取当事人的意见。

需要注意的是，不能因为提个管理建议，就把某个业务部门的人彻底得罪，弄到"不能做朋友"，人家再也不支持和配合审计工作，那就得不偿失了。

总之，有问题要说，但要有理据、有策略、有技巧地说。

三是解决问题的思路。管理建议书不叫"管理问题集"，在某种程度上也意味着审计师不但要提出好问题，还要对这个问题的解决提出一些好的思路。

曾经听到客户抱怨说："你们审计师提的问题都大而空，我们没办法落地。等来年审计委员会问我们改进得怎么样了，我们怎么办？"

所以，办法要跟着问题出来，这对客户才是最有裨益的。

虽然审计师不是万能的，管理建议书本身也不是单独的服务项目，但是，如果你要提一个天马行空、暂时无解的问题，是不是可以考虑留待有点眉目的时候再提？审计师毕竟不是天才数学家，总不能留个"费马大定理"⊖给别人折腾去吧。

---

⊖ 费马大约在 1637 年阅读《算术》时，曾在书的留白处写道："将一个立方数分成两个立方数之和，或一个四次幂分成两个四次幂之和，或者一般地将一个高于二次的幂分成两个同次幂之和，这是不可能的。关于此，我确信已发现了一种美妙的证法，可惜这里空白的地方太小，写不下。"由此激发了世世代代许多数学家对这一猜想的研究，推动了数论的发展。直到 1995 年，英国数学家安德鲁·怀尔斯将"费马大定理"的证明刊登在《数学年刊》才告一段落。对这部数学传奇史有兴趣的人，可再做研究。

# 3

*Figures can talk*

# 审计的理论

## 3.1 审计的逻辑

### 3.1.1 审计工作的开始：了解企业的经营情况

我们在前面审计意见一节（2.3.1 审计意见说了什么）中讲过，"审计意见说的东西，概括起来就一句话：财务报表是真实公允的。这句话翻译得略微通俗一点儿就是：**财务数字真实准确地讲出了企业的经营情况。**"

既然审计师的任务是评价企业的财务数字是否真实准确地讲出了企业的经营情况，那么，极端地说，如果审计师像神话中那样有一个水晶球，能够通过看水晶球完全透彻地了解企业的经营情况，然后，审计师可以回过头来看一下财务报表及其注释是否符合审计师了解的情况，就可以发表审计意见了。

有了这么一个水晶球，审计师就不必再去做什么现场工作、翻什么凭证了，那多辛苦呀！可惜，现实世界中没有这么一个水晶球，审计工作还是没有什么捷径可走，只能在大体了解企业经营情况的基础上，一步一步地做内控测试，做实质性测试。

"了解企业的经营情况"既是审计工作的起点，也贯穿于审计工作全程中，更是与审计结论紧密相连，怎么估计它的重要性都不算过分。

例如，在著名的银广夏一案中，一位记者在揭露银广夏问题的报道中指出，银广夏所编造的它自己的某种特殊化工产品的生产量和出口销售量，如果倒算一下所要消耗的原材料的话，已经远远超出了目前全球这种原材料的供应量。银广夏竟然伪造了海关出口单据以支持它所编造的出口销售量。有的审计师为此总结说，下次做审计，不仅要向银行发函证，还要向海关发函证来验证海关单据的真伪。我的看法是：如果审计师仅仅这样子跟在造假者后面不断地补充自己细节测试的步骤，终是"道高一尺，魔高一丈"，是跟不上造假者的步伐的。只有从"了解企业的经营情况"出发，将企业造假后必然会出现的不合理之处识破，才是以不变应万变之策。试想，假如银广夏的审计师多了解一下企业的经营，就很可能会发现这种规模的出口销售量是不符合行业情况的，那样，不用向海关发函证也能看出问题。

再退一步说，审计师向海关发了确认书，如果海关不答复又怎么办？这不是说笑，中国人民银行曾经向各银行下发行政文件，要求各银行务必对审计师的函证予以答复。然而，当我们审计某一家银行，向中国人民银行某分行发确认书，确认该银行存放中央银行款项时，该中国人民银行分行拒绝给我们答复。我们向他们指出中国人民银行自己发给各银行的那份要求大家答复审计师函证的文件，对方竟回答说，那是约束各商业银行的，对中国人民银行自身无约束力。这绝对是一个现代版的"只许州官放火，不许百姓点灯"。

说起来，审计这个行业的一大乐趣，就是能够去不同的企业，了解不同企业的经营情况。话说一位审计师在审计客户的时候，与客户的销售部经理聊天。销售部经理说，我们做销售的，工作很有意思，**天天和不同的人打交道**。你们做审计的，工作一定很枯燥吧？这位审计师说，不，我们的工作也很有意思。我们**天天和不同的数字打交道**。

这个回答也未免搞笑了一点儿。其实，天天和数字打交道并没什么意思，但天天和数字背后的经营故事打交道就很有意思了。如果你做审计的时候，不去了解企业的经营，不仅可能影响你审计的思考和审计工作的质量，更重要的是，你的审计工作就做得太无趣了。

怎么了解企业的经营情况？方法多了——上网查、看新闻、跟客户聊天、学MBA的系统化的分析企业的方法。要强调的是，跟客户聊天不应该仅仅是跟企业的会计聊天，而更应该是跟企业的管理层、销售部、采购部、生产调度、工程师们聊天，聊一聊为什么变压器里面要装很多煤油，聊一聊羊绒为什么是从羊身上"梳"下来的，聊一聊糖尿病病人的动态血糖监测与血糖试纸的消耗情况，聊一聊电子商务发展的支付瓶颈和物流瓶颈，这些知识都可能帮助审计师更好地了解企业的经营。

除此之外，审计师还可以要求审阅企业的各种文件，例如，董事会的会议纪要、重要的管理会的会议纪要、企业的税务检查报告、企业签署的一些重要合同，等等。通过阅读这些文件，审计师也能了解企业各方面的情况。比如，董事会会议纪要提到要裁员，那么审计师就可以了解一下企业裁员的原因，以及裁员的安排是什么样的，进而考虑生产经营情况对财务报表的影响，例如，是否需要计提辞退福利和资产减值准备等。

一般索要和整理这些文件是低级别审计师的工作，但千万不要以为他们把文件要齐了，底稿号标好了，这项工作就完成了。项目上的现场负责人和审计经理，是一定要亲自看看这些重要文件的。

不过，不管哪种办法和怎么聊、怎么看文件，审计师对于企业了解的透彻程度都是有限的。也就是说，审计师对企业的了解，可能是有广度，有高度，但深度，无论怎样都是有限的。正因为如此，审计师才要运用一些其他的手段来完成审计工作，如内控测试等。

### 3.1.2　在外部审计师的眼里，内控系统是摄像机

审计师必须全面了解一家企业的经营情况，这样才能有把握地评价财务数字是否真实准确地讲出了企业的经营情况。

可是，一家企业有多个部门，一年运营300多天，审计师总不能派一批人

去，在每个部门安插上几个监视人员，天天比客户到得早走得晚，通过这种方式来深入了解企业的经营情况吧？这不成了 FBI（美国联邦调查局）了？再说了，这么做，谁付工钱呀？

审计师都是懒人，懒人总有懒办法，所以审计师决定，要想办法依赖管理层的管理机制。然后，审计师很高兴地发现，好的企业管理，有一个叫作"内部控制系统"的东西。

内控系统是什么呢？当然在学术上有多种定义和解释。我的实用主义理解是这样的，企业的内控系统好比是数学上的一一映射概念，应该能做到：所有经营上的动作，应该在财务报表上做会计处理或披露的，就会摄下来，并触发财务做出相应记录；反之，经营上的动作没有或不充分、不合标准时，财务就不会有动作。

例如，美国会计准则里，收入确认的原则之一是一般要有书面的协议。好的内控系统就会要求：一旦有书面销售协议的签署，财务部就会将这一事件记录在案，意味着就这一个销售事项，该项条件已经得到了满足。事实上，完全从管理的角度讲，由于不同销售条款可能引起的财务处理不同，在销售协议签署之前，也应有财务的审阅。

然后，当发货后，取得了对方确认收货的签字后，财务部会立即根据这一发货及对方签字的记录来核对收入确认的原则是否已经完全符合，并准备确认收入。

看过"猫和老鼠"的动画片吗？老鼠对付猫的好多机关都是这样设计的：猫碰了一个什么小东西，立即引起一串的连锁反应，最终让猫吃个大亏。内控系统有点像这种连动的机关，经营上不动，财务也不动；经营上一旦动作，财务上立即可以有相应的动作。

当然，用精确的词来说，上面说的内控系统是"与财务报告相关的内控系统"。还有一部分内控系统是为了提高经营管理的效率的，比如，对销售人员进行定期培训和考核。这样的内控，对企业仍然是必需的，但只有当它的效用体现出来时，例如，销售额上升了，财务上才会将这一效用反映出来。

还要补充说一句的是，这种将内控系统看作是摄像机的思想仅仅是外部审计师倾向于这么想。企业管理层会认为，内控系统不仅仅是一个被动的摄像机，还是一个管理工具。管理层还要通过内控系统来调控企业，保证企业按照设定的轨道运行呢。

所以，一个比较全面的概括是：在外部审计师眼中，"与财务报告相关的内控系统"就是一个摄像机，一个信息系统，它要做到真实、及时。

### 3.1.3 审计师要检查内控系统是否设计合理和运转正常

对于任何一个企业，审计师都会检查测试内控系统是否设计合理及运转正常。如果一切满意，审计师就可以依赖这个内控系统了。这种依赖并不是说审计师的审计工作到此结束了，什么都不用多做了。再好的系统也可能偶尔有漏洞，再说了，审计师测试内控系统是否运转正常用的是抽样调查的方法，抽样也可能有疏漏。因此，审计师还会做少量的实质性测试工作，主要是对每个会计科目进行一些分析性复核，以进一步确保每个数字都是合理的。

如果审计师一路检查下来，发现内控系统有设计不合理的地方，或者运转不合规定的地方，总之，有不满意的地方，审计师就不能完全依赖这个内控系统，只好多做一些实质性测试了。这会让审计师感觉很不爽。懒人以懒为天职嘛。于是，审计师决定报复：给客户提管理建议书（关于管理建议书，参见 2.7 管理建议书），越长越好！加审计费，越多越好！

客户看到了审计师的报复行动之后，开始改进自己的内部控制，这样，审计师下一年做审计时，就会爽一些了。

这就是在商业社会里奇妙的自然选择和生态平衡。好像在自然界的大草原上，屎壳郎以其他动物的排泄物为食物，从而间接地净化了大草原一样。

有时，客户看了审计师的管理建议书，觉得没什么用，也就不做什么改进，当然也拒绝提高审计费。这时，这种"生态平衡"就被打破了，其原因，要么是审计师太"事儿妈"，提的管理建议书不切实际，要么是客户太强硬。这时，审计师与客户的关系就会不太好了，好像是在大草原上，其他动物突然不排泄了，搞得屎壳郎四处忙忙碌碌，但还饥肠辘辘一样。

### 3.1.4 审计师可以怎么问问题

对于企业任何一个经营上或会计上的问题，如果审计师觉得不放心的，都不必自己想办法去证实，可以先直接问管理层，让他们拿出证据来。

最大而化之的问题，当属这样一个：你们是如何保证财务报表的准确性的？

我诚恳地建议你不要这么去问，否则挨了打不要怪我。这个问题其实也可以问，不过答案是早就有的，那就是企业已经建立了"与财务报告相关的内控系统"。问题和回答到了这个地步，审计师难以再问，只好自己想办法验证内控系统的可依赖性了。

其实，你要愿意问，仍可以问："你们自己在管理中，如何确保这一内控系统是可靠的？"这是个好问题，不会挨打的，放心问吧，不骗你。管理层的回答大体上会是有关他们的内部审计机制的。

举个具体点儿的例子。例如，如何保证期末时存货入库的正确的截止。这就可以直接问客户的管理层，你采取了什么措施保证这一点？没采取措施？当心我给你提管理建议书，甚至审计师可以说在这个领域我无法取得足够的审计证据，审计范围受限，给你出保留意见的审计报告。

当客户告诉你他采取的措施之后，你作为审计师就必须想法子去验证他的措施了。

实际生活中的客户情况是什么样子呢？

一种是客户撒谎。没办法，被你问得太急了。在审计中，不必太过担心客户骗你。客户想把谎话编圆是非常困难的，俗话说得好，"摁下葫芦起个瓢"。审计师从各个角度问问题，实际上是"乱枪打鸟"。一个傻瓜提出的问题，十个聪明人都答不过来。而且这个傻瓜只是在提问题时反应跟不上趟，他把这些回答记下来回去研究时可不算傻。

其实一个人智商越低，越觉得撒谎容易。这样的谎话也越容易被拆穿。当一个人智商高到一定程度，可以有信心骗过一批"乱枪打鸟"的审计师时，这个人最理想的赚钱方式可能就是贩毒或倒卖军火了。所以，审计师不用太担心被骗。太高明的人不屑于骗审计师，水平低的人又骗不了审计师。

另外，关于真被骗了后果如何，请参看 2.6.5 审计师要勤勉尽责到什么程度。

实际生活中的另一种情形比较让人郁闷。客户对于你提的问题，不撒谎，只会回答"我不知道"，或者"我们没有任何措施来保证"，或者东拉西扯回答一堆，其实根本与你所问的无关。

好比有个笑话说，有天花果山发生坍塌。唐僧问："死了多少猴子？"悟空答："26 个洞穴都淹了。"唐僧又问："死了多少猴子？"悟空答："有 5 000 颗桃树被淹。"唐僧再问："到底死了多少猴子啊？"悟空答："已将活的猴子安全转移。"唐僧急了："我问你到底死了多少猴子！"悟空忙拭眼泪："大家正全力以赴地抢救受伤的猴儿们。"

碰到上述情况，审计师需要平和下情绪，考虑如下选择：

- 反复再问，与客户比谁气长。
- 自己去发现客户有没有这方面的控制。罗丹说过，这世界上不缺少美，只缺少发现美的眼睛。
- 自己做实质性测试，并给客户提管理建议。

我其实挺喜欢审计师的这种问问题的特权。客户回答得好，你就从中学到了管理的知识和经验，并且可以做一些内控的测试，少做实质性测试；客户回答不上来，你就可以给他提管理建议。当然，代价是你要自己做实质性测试。不过，不问问题，你不是也要做这些实质性测试吗？

### 3.1.5　审计师怎样检查内控系统是否设计合理和运转正常

审计师怎么检查内控系统呢？说它简单也简单，说它复杂也复杂。

说它简单，是因为手法简单。首先是了解客户的内控，说白了就是跟客户聊，问问题；问完了以后，把回答记下来，整理出来，自己静下心来考虑一下，这样的内控设计有没有毛病。如果有什么毛病，都可以是管理建议书的内容。然后，再做一些询问、检查凭证等测试，来验证内控的运转是否与了解记录的情况一致。

运气好点的审计师，还能遇上比较规范的企业，本身是有成文的内控手册的。这时候，审计师应该先消化吸收这些文档再去问问题。

当然，事情总是有利有弊，这种情况下，有些客户可能会反问审计师："你问的问题，我们的手册不是写得很清楚吗？你怎么还问？"面对客户这个问题，审计师是否可以依靠个人魅力扮萌，或是倚仗个人气场耍赖，继续问呢？

我自己一般会跟客户解释，手册记录的是手册制定时的理想情况，随着时间的推移，业务可能已经发生了变化，实际操作的情况也就有所变化。而且，作为审计师，我们也需要了解控制点执行人对风险点的理解和把握情况，这是我们测试的一个环节。

说内控检查复杂，是因为这个过程对思考功力要求很高。企业的内控，往往是企业管理层经过长期的摸索逐步建立起来的。我们作为审计师，仅仅花几天或几周的时间，就要考虑清楚企业内控在设计和运转上可能的漏洞，谈何容易。要想做好我们的工作，首先我们自己心中应该有一个正确完善的内控的框架，然后才能将跟客户聊天所掌握的情况与心中正确的内控去对比，去试图发现客户的不足。如果我们自己心中并不知道什么是正确的，就很容易被客户介绍的情况带着走，根本不能发现客户的不足。

所以，审计师要想将检查内控系统的工作做好，必须先自己练好内功，熟悉什么是正确的内控制度。昔年，张三丰大师在跟着觉远和尚学九阳真经时，听过这么一句话："他强由他强，清风拂山冈；他横任他横，明月照大江。"这话是说，不管客户对自己内控的解释是什么样子的，你心中对正确内控的理解要像山冈和大江一样坚定，不能被客户介绍的情况带着走。我建议没有读过金庸先生所著的《倚天屠龙记》的审计师都读一读这一段。

形成正确的对内控的理解不是一件轻而易举的事，没有足够的经验，没有对审计的理解和对企业管理的理解，是无法形成正确的对内控的理解的。所以，一个新入行的审计人员一定要多下工夫，比如好好研读和理解 COSO 框架（见 3.3 *对企业内控的关注*），因为那个就是很科班、很学术的一个对内控的正确理解，就是"山冈"和"大江"。这样，才能争取两三年审计工作之后，开始对内控有较好的理解。

### 3.1.6 内控测试工作最重要的是逻辑要完备——要做到两个凡是

内控测试的最终目标是什么？是为了保证财务报表的正确性。也就是说，我们希望出现的理想状态是：企业的内控没有一点毛病，企业的财务报表完全是在内控的推动下产生的，因此也没有一点毛病。

要想达到这种理想状态，客户的内控就要做到两个凡是：

"凡是经营上有动作，财务上一定要有反映；凡是财务上有反映的，经营上一定要有过动作。"

这其实又是前面讲到过的——映射的思想（见 3.1.2 *在外部审计师的眼里，内控系统是摄像机*）。因为只有这样，逻辑严密性才有保证。为此，我们作为审计师，在进行内控测试的时候，就要检查客户是否做到了这两个凡是。

有一个客户，审计师对于客户的主营业务销售做了详细的内控测试。可是，若干年后，客户仍然被发现有虚增销售收入的现象。原来，客户的全部销售收入中，有30%是其他业务销售，而虚增的销售收入正是来自这个领域。很可惜的是，审计师在对销售收入做审计工作时，只是笼统地说我们已经对销售收入做过内控测试了，没有注意到那30%其他业务销售是没有经过内控测试的。结果是，审计师没有检查客户是否做到了两个凡是，客户也确实没有做到第二个凡是。对于虚增的其他业务销售收入，财务上是有反映，但经营上没有过任何动作，是虚假的。

再举一个例子：有一家企业，审计师对其存货成本核算及销售成本的流转做了详细的内控测试，觉得没问题了。可是，客户在每月末，都会做一个会计分录：借：在建工程，贷：销售成本。这其实是一个很奇怪的分录，因为它背后没有好的经营事项做支撑。可惜，审计师也没有好好检查客户是否做到了两个凡是。

所以，内控测试不仅仅要顺着看，还要倒着看。既要检查客户是否将经营上的事情该反映的都反映进财务报表了，还要翻阅一下客户的账，看一看记进账里的，是不是都是经营上发生过的事，尤其是临近关账时间做的账，即临近关账时间录入的会计分录。

### 3.1.7　审计师仍要检查每个科目的金额

审计师对于客户的内控都测试完了以后，不论内控好赖，都要对每个会计科目再做进一步的实质性测试。

关于内控测试和实质性测试的关系，简单说来，我们首先对企业的内控进行"有罪推定"，认为其内控是不好的。然后，内控测试做得越多，收集的证据就越多，越有可能证明内控是好、很好、非常好的。内控越好，下一步要做的实质性测试就可以越少。

但是，如果审计师做了上述工作，已经判断内控有效了，在此基础上，抽取有限的样本量进行实质性测试，结果却发现了较为严重的错误，这时，审计师就要反省之前关于内控有效的结论，考虑修正甚至推翻之前的关于内控有效的结论，并且要扩大实质性测试的样本量。

内控测试和实质性测试的关系是制度基础审计的一个基本问题，几乎任何一本审计教材都对此有详细论述，我就不多说了。至于什么是实质性测试，简而言之，它包括分析性复核和详细测试两类，我们在 3.2.7 审计师的"七种武器"里会讲到。

有位大师说过，会计是"分类"的艺术。其实，会计就是使用自亚里士多德时代起就使用的分类学，将不同性质的东西不断进行分类。例如，将资产分为流动资产和长期资产，再进一步分为存货、固定资产、应收账款等。亚里士多德发明的分类学的精髓就是：直接对一堆水果进行分析是很困难的，你可以将水果分成苹果和桔子后再进行分析，也可以将水果分成新鲜的和腐烂的之后再进行分析。

带着以上这些形而上的理论，我们就可以开始审计工作的实质性测试了。

当客户将资产负债表、利润表给我们时，我们看到了每个一级科目的余额。例如，应收账款的余额是 530 万元人民币。但这还不太够，我们希望见到更明细的资料。

于是，我们找客户要明细资料。客户将应收账款的明细表（按不同销售客户的名称）给了我们。现在，我们可以考虑进行下一步的工作了。

其实，就像前面我们举的关于水果的例子，对于一堆水果，既可以分成苹果和桔子，也可以分成新鲜的和腐烂的，还可以分成有核的和无核的。怎么分，全看你要进行什么样的分析。对于应收账款的明细，既可以是按不同销售客户的名称，也可以是按不同产品，还可以是按不同的账龄。常规的做法是首先拿到按不同销售客户名称的应收账款明细，因为这是最自然的一种分类方法，也是被审计企业最经常使用的一种分类方法。推而广之，我们在任何时候做任何分析，都应该首先使用被审计企业已经在使用的方法。因为只有这样，才能更顺畅地与客户沟通。在此基础上，再进一步使用一些新颖的分析角度。

审计工作的下一步是对这个明细表做测试。这种测试可以是对每一个明细数字都做测试，如果预计个数太多，则可以考虑抽查的办法。

再举一个特殊一些的例子来说明一下这种"分类"和"明细表"的思路。

在审计应交增值税这个科目的时候，审计师一般是将应交增值税期末余额分解成：

$$
\boxed{\text{应交增值税期初余额}} + \boxed{\text{当期增值税销项金额}} - \boxed{\text{当期增值税进项金额}} - \boxed{\text{当期增值税实际支付金额}} + \boxed{\text{当期增值税进项转出金额}}
$$
$$
=
$$
$$
\boxed{\text{应交增值税期末余额}}
$$

然后，审计师不是直接去验证期末余额，而是对销项金额、进项金额等分别做验证。只要这个公式里等号左边的每一项都验证过了，应交增值税的期末余额就应该没什么问题了。当然，严格说起来，在做完上述验证之后，审计师仍要了解一下这个余额代表了什么含义，比如说，这个余额究竟是代表了几个月的应交未交增值税？

这个例子说明，所谓进行"分类"和取得"明细"，本质上是在进行一种"代入"法的转换。在这个例子里，不是在"分类"或取得"明细"，而是通过一个等式来做"代入"法的转换，将我们对这个余额要做的审计工作，转换成对一些更明细的或者更具体的项目要做的审计工作。

### 3.1.8  做实质性测试时，审计逻辑链条要严密

我们要注意审计时逻辑链条的严密性。这既是指内控测试时的两个凡是（见3.1.6 内控测试工作最重要的是逻辑要完备 —— 要做到两个凡是），也是指检查每个科目余额的实质性测试。在检查每个科目余额的过程中，我们先将验证总资产余额这个问题转换成了验证每项资产的余额，也就是资产类的每个一级科目。我

们接着将验证某个一级科目的余额转换成了对其明细表做验证。至此，逻辑链条是严密不间断的。但是，当我们要用抽查的方法验证明细表的时候，我们就有了一个逻辑链条断裂的风险。因为，抽查就意味着有些查，有些不查。

我曾经做过一个项目，在那个项目上我负责固定资产。固定资产余额有50亿元。我进行了大量的抽查工作，将50亿元中的40亿元的固定资产都看过了。我觉得我怎么着没有功劳也有苦劳吧，就在工作底稿上骄傲地写下了抽查覆盖率达80%这样一句话。合伙人看过后，批评我说，这句话是在告诉别人，你还有20%，即高达10亿元的固定资产没有看过，没有取得任何审计证据。

这就是审计逻辑链条的断裂。要想不让它断裂，怎么做？将那10亿元固定资产也都看过？那可是海量的工作啊，要知道，在社会学和统计学里都有一个"80∶20原则"，用在这上面，就是说，前20%的大额的固定资产占了整体金额的80%，就是40亿元。后面别看只有10亿元，在个数上可是整体的80%呀。要真这么做的话，我可就是"我以我血补天裂"[⊖]了。此招不可行。

可行的办法是，将抽查的方法科学化，使得抽查的结果是对总体的一个测试和描述。例如，采用符合数理统计原理的抽查方法，并将样本的误差推算到总体上去。这就可以避免逻辑链条的断裂。有关抽查所允许的方法，也是一般审计理论都有的东西，我就不废话了。对此有兴趣的人可以看一下4.2.6 *怎样选择函证的样本*。

那么，这个审计的逻辑链条延伸到何处是个尽头呢？延伸到最原始证据，尤其是第三方证据。比如，第三方的确认函、第三方签字的收货单，等等。

如果审计师对于审计链条的断裂这个问题不敏感，客户就有可能在这里钻空子。据小道消息说，在美国世通公司的会计造假过程中，其中一幕是这样的：审计师检查了固定资产的明细及固定资产购买入账的内控过程，都没有问题。但是，

---

⊖ 改自鲁迅的《自题小像》：灵台无计逃神矢，风雨如磐暗故园。寄意寒星荃不察，我以我血荐轩辕。

由于固定资产的明细是在电脑屏幕上显示的，审计师没有把全部明细都打印出来看一看合计数是否与总账金额相等，审计师以为电脑程序自然能保证总账数是由明细加总出来的，可惜这不是事实。总账数比固定资产明细数的合计多出来一块，那就是不应该资本化的电缆租赁费。而审计师未能发现这一点。在这里，由于审计师没有特别关注审计逻辑链条的完整性，就被客户欺骗了。俗话说得好："苍蝇不叮无缝的蛋。"当审计师的逻辑链条不严密的时候，也就是心怀不轨者有机可乘的时候。

审计师的逻辑链条，还经常"断链"在循环引用上。有一个项目，审计师为了验证销售收入总额是合理的，就分别取得每类商品的销售单价和销售数量，通过计算得到销售总额，与账面上的金额进行核对。这个基本思路是很好的，就是没想到，计算结果居然对得分文不差。太完美的，难免让人觉得不真实。

审计经理在推敲审计底稿时发现，财务报表上的销售收入，是从财务系统的销售模块直接导入的。审计师计算用的销售数量，也是从销售模块提取的，而计算所用的销售单价，虽然是由业务部门提供的，但究其来源，其实是销售模块里每类商品的销售收入合计数除以销售数量得到的平均单价。审计师费了半天劲，兜了个圈子，本质上是验证了销售模块的基本运算规则没有问题。这种"鸡生蛋，蛋生鸡"的验算过程，本身是没多大意义的。

在上面这个例子里，如果销售单价取自合同约定的销售价格，而销售数量取自客户发回的收货确认的汇总，或是预算部门的年度预算，就会是逻辑比较顺畅的合理性测试过程。

前面说的，是审计师"无心之过"导致的逻辑缺少。下面要说的，则是"睁只眼，闭只眼"导致的没逻辑，更是要杜绝的。比方说，一个公司的资金经常大进大出，银行存款余额变动比较剧烈。审计师在测算其银行存款利息是否准确时，先是取了年初和年末的余额平均，作为平均存款余额乘以利率，发现计算出来的利息和账上金额相差很远。于是，审计师想说，再做精细点，把每月末的余额拿来平均，再算，还是差比较远。接着，审计师灵机一动，那就把每季末的余额拿来平均，试着算一个平均余额。这下好了，算出来的利息对得不错啊，就它了。请你认真想一想，这么对上就一定没问题了吗？这种审计底稿表面上做漂亮了，但由于内在的逻辑有问题，审计风险依然存在。

### 3.1.9　做好审计抽样不容易

审计抽样技术应用太广泛了，做函证、查凭证，几乎所有的审计测试，都要通过抽样来决定测试的具体对象。所以，为了满足对此理论感兴趣的人的需求，我将自己的理解写出来。

最根本的问题：什么是审计抽样？

国际审计准则里说，选取总体里的某些东西做审计测试时，有三种选法。一是全选（简直是废话），二是选取特殊的，三是审计抽样。

要是做了一，我也没啥要说的了。

要是做二，那么这个"特殊的"得有个能写得出来的客观标准，然后按这个标准从总体里选。比如，标准为金额是整万元的等。这个标准当然应该和你做审计测试的目的有一定关联。

做完了二，对于不符合标准的那部分，相当于没有经过任何审计测试，仍然要想个法子做测试，除非其总额／性质已经很不重要了。这个要想的法子，往往还是"审计抽样"，只不过是总体比原来缩水了而已。

#### 1. 抽样的目的

抽样的目的一般是两种之一：要么是测试内控的执行是否好，要么是实质性测试抽查细节。也有个别抽样是"以一博二"的双重目的抽样，如审计师监督存货盘点时的抽样。

目的不同，样本选取方法就不一样，对于抽样发现的偏差，态度和处理方法也就不同。

测试内控执行是否好的抽样，每一个样本得到的结论就是简单的"Yes"或者"No"，不要去谈金额大小。另外，一般是抽样 20 ～ 30 个，这是由数理统计里的正态分布和置信区间等理论计算决定的。

如果是实质性测试的抽样，就和金额有一定关系了。因为，一般实质性测试的抽样，要能够用样本的误差来推算总体的误差，而不仅仅是发现一个个体有问题就只对那一个个体做解释或做审计调整。

有一个原则要记住，抽样从来都不能彻底解决某个科目是否低估（under-statement）的问题，即使双向抽样也不行。因为不管怎么抽样，都是有总体存在，才能在总体的范围内抽样。监督存货盘点时的双向抽样，只不过是有两个总体而已。一个是账上的存货，一个是仓库里的存货。如果客户有一个仓库是在外面租的且没告诉你，你还是没办法。

## 2. 定义抽样单元

抽样单元是构成审计对象总体的单位项目，也就是每个个体。它可以是凭证，可以是每个客户的余额，可以是每张发票。若干抽样单元合在一起，就构成了总体。比如，对于应收款的期末余额这个总体，它是由每个客户的余额构成的，也可以看作是由每个客户尚未付款的发票汇总而成的。如果将应收款期末余额看作是由历年借方发生额和历年贷方发生额相减的结果，则总体就变成了两个，一个是历年的借方发生额，一个是历年的贷方发生额。前者的个体可能就是历年记录的每笔收入，后者的个体可能就是历年记录的每笔收款。

抽样单元好比是物理学中的"质子、中子、电子"，是不可再分的。对一个抽样单元，你的审计测试要么做了，要么没做，不存在做一半的情况。

例如，将应收款的期末余额看作是总体，将每个客户的余额看作是抽样单元时，对于某客户余额，要么发函证，要么不发。或者要么全部做凭证检查，要么不做。这个"全部做凭证检查"也不好做的，因为一个客户的余额可能是历年借贷累计下来的，就算假设期初数是已审计数字没问题了，当年的借贷都查一遍也不容易。变通的办法就是将这个客户的余额看作是一个总体，做"二次抽样"后再做审计测试，"二次抽样"要遵守的抽样规则是一样的。

### 3. 每个样本都有机会被抽到及统计抽样和非统计抽样

抽样的一个基本原则是每个抽样单元都要有机会被抽到，但机会并不一定非得是均等的。

如果是测试内控为目的的抽样，则每个个体的机会一般应该均等，因为每个个体出错所代表的审计风险是一样大的。风险相同，则被抽中的机会就应该相同。

如果是实质性测试目的的抽样，一般是以金额为标准。金额的误差大小与审计风险的大小成正比。因此，从统计学角度讲，一张金额为 10 万元的发票和一张金额为 1 万元的发票，前者被抽到的机会应该正好 10 倍于后者。

如果你的抽样机制能够确保这一点，这种抽样方法就被称作统计抽样，因为它能公平地让每 1 元金额被抽到的机会都完全相等。注意，这里的抽样单元是每一张发票，但由于测试的是总体的金额，所以，真正意义上的个体其实不是发票，是每 1 元金额。让每 1 元金额有平等的机会被抽样抽到，是真正的公平；让每张发票机会均等，并不是真正的公平。这就好像是股份有限公司的股东是按人头表决还是按股权表决一样。

但一般的抽样方法都做不到这么科学精确，所以，一般的抽样方法都是非统计抽样。并不是说你的抽样方法是随机的，并且用了一些理论和工具就是统计抽样了，真正要看的，是你的抽样方法的结果是不是真正公平。

从数理统计的角度讲，抽样都是为了通过样本的情况估计总体的情况。为了达到同样的估计精确程度，统计抽样所需的样本量可以比非统计抽样的样本量少 1/3 左右。

我们一般都只能用非统计抽样。统计抽样一般要有真正懂数理统计的人来设计抽样方法。

### 4. 分层

即使在非统计抽样里，我们也可以尽量模拟统计抽样的一些手法，来减少要做的样本量。最经典的手法就是"分层"。

所谓"分层"，是将总体分成几层，也就是把一个大的总体分成几个小的总体。在每一层内部，风险水平较为接近；层与层之间，风险水平有一定差距。然后，在每层里再进行抽样。这样，在风险高的层里，样本量多一些；在风险低的层里，样本量少一些。

以上是理论。举个例子。对管理费用的存在性做检查凭证测试，要抽样决定查哪些凭证。管理费用凭证上的金额可能小到10元，大到10万元。金额不同，代表了风险不同。所以，我们可以将10～1 000元的凭证划为第1层，1 001～10 000元的划为第2层，10 001～100 000元的划为第3层，然后对每一层分别抽样。比如，第1层抽2个，第2层抽6个，第3层抽15个。或者，总的样本个数是30个的话，肯定要将其中的15～20个分给第3层，再将5～10个分给第2层，剩下的0～5个分给第1层。

具体怎么算样本个数，每个会计师事务所应该有自己的规定。具体如何分层，每个会计师事务所往往也有自己的指导性原则。

### 5. 由样本误差估计总体误差

抽样出来了，审计测试也做完了，就要能够由样本误差来估计总体的误差。最简单的估计方法就是同比放大来估计。

比如，对于一个测试内控的抽样（一般别谈金额），对于这个控制点，本年共有1万个控制次数，我们抽了30个做测试，其中有1次是内控失效的。则可以推算，1 万次里有 333 次是内控失效的。

再如，对于检查管理费用的存在性，管理费用总金额是 500 万元。抽了 25 个凭证，样本总金额是 75 万元，发现误差是 5 000 元。则可以估计管理费用总体的误差是 3.33 万元。精确的说法是：我们有 ××% 的把握认为，管理费用总体的金额估计在 [500−3.33，500＋3.33] 万元的区间里。

这个估计方法绝对是科学的方法，但你要是打算据此给客户做个管理费用 3.33 万元的审计调整，客户可能要跟你急。毕竟，客户里明白数理统计和概率论的人不会太多，审计师亦然。所以，一般没人像我说的这么做。

### 6. 总体中的"坏点"

"坏点"是数理统计上的一个说法，意思是一些表现特殊，不大符合一般统计规律的个体。对于这些"坏点"，比如金额超大的凭证，在审计抽样时，应该先挑选它们逐一进行单独测试，有调整就做调整。然后将它们从总体里刨除，再对修正后的较小的总体做抽样。

### 7. 其他问题

主要的理论问题我已经讲了，其他具体问题每个会计师事务所一般都有自己的规定。比如，如果某些样本出现了较大误差怎么办？是否扩大样本量？扩大多少？找不到所抽选的凭证怎么算？等等。这些不是理论问题，是实务操作问题，你按照自己所的规定来就好了。

## 3.2 审计的思考方法

### 3.2.1 公众对审计的期望

理论上说，审计师要保证每一个科目的 CEAVOP，即完整性（completeness）、存在性（existence）、准确性（accuracy）、估值（valuation）、权属（ownership and obligation）、表达与披露（presentation and disclosure）。[注]

所有以上的属性都是从财务报表出发来谈的，即报表上已经记录的是否完整、是否存在。这两个属性是很好理解的。

至于准确性，理解起来是很奇怪的。何为不准确？不是多了，就是少了。那不就是完整性或存在性的问题吗？我个人是有点儿搞不懂这个逻辑。不过，有一种说法是，准确性仅运用于特定科目的特定内容。例如，存货的成本核算，这主要是一个计算，所以完整性或存在性都有点儿不太搭界，因此用准确性比较合适；再如收入确认时用完工百分比法时的估计，这也是一个计算，也是准确性的问题。可能某些估计的或有负债，如计提产品质量保证，也算是准确性范畴的吧。

估值，主要指各项资产的估值，即减值准备是否合适。要扩大点范围说，还包括长期负债是否已经折现。

权属，这在资产，指实质上的所有权；在负债，指是否是企业自己的责任；在费用，则指费用是否是恰当的。在负债这里，似乎又跟完整性及准确性有点重复。一般权属不是一个很要紧的问题，除了个别的项目，比如融资租赁等。

表达与披露：这个很清楚。就是该流动的项目不要放到长期里，该与收入对冲的，不要记进费用里，该有注释的要有。

CEAVOP 是审计考虑的一个非常重要的出发点。有些审计师说，已经学了一

---

[注] 这个东西，术语叫作"管理当局对会计报表的认定"，英文叫作"financial statements assertions"，是审计理论中很重要的一个概念。根据《中国注册会计师审计准则第 1211 号——通过了解被审计单位及其环境识别和评估重大错报风险（2010）》，注册会计师在考虑可能发生的潜在错报的不同类型时运用的认定，分为以下三类并可能采取以下形式：（1）关于所审计期间各类交易和事项的认定：①发生；②完整性；③准确性；④截止；⑤分类。（2）关于期末账户余额的认定：①存在；②权利和义务；③完整性；④计价和分摊。（3）与列报和披露相关的认定：①发生以及权利和义务；②完整性；③分类和可理解性；④准确性和计价。从内容的实质上说，这与上述 CEAVOP 没太大差别。

些审计步骤，但自己做项目时心里没底，不知道做了这些步骤是不是就完整了，这就是没学会从 CEAVOP 出发，考虑和设计审计步骤。如果你的审计步骤能覆盖所有的 CEAVOP，那你的步骤就是完整的。

在实际工作中，对于每一个科目，都会有一些工作的侧重点，用不着平均使用火力。一般来说，

- 资产类着重看存在性。
- 负债类着重看完整性。
- 收入类着重看完整性。
- 费用类着重看存在性。
也就是说，
- 资产别高估。
- 负债别低估。
- 收入别记少了。
- 费用别记多了。

这样，既照顾股东对净资产的稳健性要求，又照顾税务上对不要隐藏利润的要求。

有人会问了，资产类的完整性，或者说资产被低估就不管了？这倒不必操心，借贷记账法天然保证了将两头都控制住了。如果资产被低估，由于"有借必有贷，借贷必相等"，必然有另一项资产被高估，或者一项负债被低估，或者一项收入被记少了，或者一项费用被记多了。而这几个"或者"，都是我们工作的侧重点，会被其他科目的审计工作拾起来的。

这只是一个简单的理论。在实践中，审计师会尽量往稳健的方向走。也就是说，审计师会自然而然倾向于"资产别高估，负债别低估"。对于收入，则有点儿矛盾的心态，既不想出现"少记收入"而引发的"小金库"和税务上可能的麻烦，也担心收入虚增欺骗股东。

这个非常基础的理论，是基于对公众期望的一个判断。在今天，审计师发现很多企业有虚增收入的倾向，审计重点也在慢慢地变化，目前对收入的存在性及准确性有更多的关注，即收入确认的原则是否得到了很好的遵守。再有，当前社会公众对于上市公司资产的安全性关注增多，例如某上市公司未经全体股东批准就将一笔资金交给了自己的母公司——第一大股东。由于这种关注，审计师对于资产的保全这一领域，以及有关交易是否经过恰当授权，也越来越重视。

## 3.2.2 审计思考的关键——预期

我们审计师根据对于被审计企业业务的理解，以及我们对于被审计企业与其供应商和其销售客户的关系、其生产过程的理解等，会在看到客户财务报表之前，先形成一些想法。例如，收入应该有一定的增长，维修费除以固定资产的比例会略微下降，其他负债中应该有关于质量保证的预提，等等。然后，在实际对每一个科目做工作时，我们来检查我们的预期与实际是否吻合，并不断根据在工作过程中了解到的新情况调整更新我们的预期。

例如，一般企业都会有应收账款，这是司空见惯的事。这就是我们的预期。但肯德基能有应收账款吗？反正我去肯德基的时候，他们从来不让我欠账，不知道谁有那么大的脸面能赊账吃鸡腿堡。即使由于团购网站和银行积分兑换等原因，存在对某些企业发生应收账款的可能性，肯德基大额的应收账款就不符合我们的预期，而我们的预期又是由我们对客户业务的理解产生的。

审计师的思考能力和经验最终凝聚成的，就是这一个"预期"。这个预期，就是我们认为企业的经营故事应该怎样体现在财务报表上，因为财务报表就是用会计语言在讲企业的经营故事（见 2.3.1 审计意见说了什么）。

我去做过一个羊绒衫厂的 12 月底的存货盘点。当我们将盘点结果汇总出来给合伙人看的时候，不出 10 分钟，合伙人就说，这个结果有错误，不可能有这么多原羊绒。所谓原羊绒，就是直接从牧民那里收购来的牧民直接从羊身上采下来的（事实上是拿梳子梳下来的）羊绒。我们本着对合伙人的崇拜，复查了整个盘点记录，发现有不少洗净绒被误记成了原绒，这主要是我们做具体工作的审计师不太熟悉客户的业务流程，不知道洗净绒与原绒尽管都是麻袋装着，但是成本是大不同的。

我们问合伙人为什么能不到 10 分钟就看出这个问题。他的解释是这样的。原来，羊绒都是在夏天天热时才能从羊身上梳下来的。也是，天不热，谁也不会把自己的贴身小棉袄脱了呀。所以，到了差不多九十月份，原羊绒就收不到了。收来的原绒，混杂着各种杂质，包括羊的汗渍、泥土等，如果不尽快将原绒洗一遍形成洗净绒，放的时间长了，这些原绒就会发霉腐烂。所以，一个羊绒衫厂，到了年底的时候，一般都没有多少原绒了，因为已经洗得差不多了。基于同样的道理，羊绒衫厂的洗绒机的处理能力，往往是半年就能将全年生产要用的原绒洗完，洗不完原绒就坏了。所以，洗绒机往往是下半年忙、上半年闲。

由于上述对企业业务的理解，一个好的审计师的预期就是，原绒在年底的余额应该很小或者为零。如果不是零，肯定有很特殊的原因，例如地球变暖什么的。

在做审计时，审计师会对很多数字的性质，也就是这个数字背后代表了什么含义，进行详细了解。在做这种了解的时候，并不简单地由于这个数字小就跳过去不做了解，因为只有了解了这个数字的性质，才能形成审计师的预期。有的时候，了解了性质，审计师的预期就是这个金额不会太大，而账上也是如此，这时审计师就可以将其略过，进行其他的审计步骤了；也有的时候，在了解了性质之后，审计师的预期是这个金额应该较大，而账上显示的金额却很小，这时审计师就会继续跟进下去。

有很多时候，审计师翻看被审计企业的原始凭证这一审计步骤，不单纯是一个检查记账有没有记错的测试手段。通过看这些原始凭证，审计师可以更好地了解这个科目的具体核算内容，得到更多的感性认识，这也有助于审计师更好地形成对这个科目的预期。

### 3.2.3　审计师要独立思考，要比客户想得深远

审计最难做的，是想到客户该做而没有做的东西，而不是仅仅跟在客户身后。所以，一个好的审计师，会计水平要高于客户才行。

例如：在租赁准则中，要求企业考虑经营租赁和融资租赁，还要求企业将经营租赁整个租赁期内的费用按直线法摊销，而不是当期支付多少就计入损益多少。

很多客户并不是这样做的。他们仅仅简单地将实际支付的租赁费计入损益中。如果我们不动脑子，仅仅做一些低层次的核对原始发票、稍高一点层次的与租赁合同核对及与去年的租赁费做对比这样的工作，可能觉得一切都合理。

只有当我们自己先对租赁费的会计处理做到心中有数，才能想到客户可能忽略了经营租赁和融资租赁的差利，客户可能忘了将经营租赁整个租赁期内的费用按直线法摊销这些问题。

另外一个实例是有关收入确认的。在中国，制造业的客户最多，一般的收入确认原则都很简单，即按发货确认。我们在审计中，经常将这一收入确认原则当成是一种默认值，很少再去对此提出异议。

有一个客户是经营加油站的。我们的工作底稿上也将客户加油（即发货）当作是默认的收入确认方式。因此，在工作底稿上，几乎没有对客户收入确认的会计政策的讨论。

为什么我们总强调要了解客户的业务？因为只有了解了客户的业务，才能想到更多的会计方面的问题。这是一个加油站，不管在中国还是在世界其他地方，加油站都有以下经营方式：

- 不仅加油，还开一个小卖部，卖一些零食和润滑油等。这些东西可能是自己采购来做销售，也可能是代销。该客户如何确认这个小卖部的收入，按代销确认，确认代销手续费还是销售收入和成本，就都是要讨论的问题。

- 先将加油卡卖给别人，以后刷卡加油。对于 VIP 和一次充值较多的人，可能有优惠或打折，或积分奖励计划。收入确认是在充值时还是在刷卡加油时，加油卡有无有效期，如果过了有效期是否就不退钱了？这些优惠、打折和积分奖励计划如何记账，是记促销费用，还是作为变相降价，因此要冲减收入？

所有以上这些问题，都是当客户是一个加油站时要考虑的。客户的会计是做制造业出身的，从来没有想过这么"复杂"的事，所以他把账记得无比简单，就跟收付实现制差不多。如果我们审计师的头脑也那么简单，只会跟在客户后面想事情，客户想不到的，我们就想不到，那就太失职了。

远古时有两个原始人做游戏，比谁说的数字大。第一个说"一"，第二个说"二"，第一个又说"三"。第二个想了半天说："你赢了。"原始人简单的脑子怎么也想不出比"三"还大的数字，所有比"三"大的数字只能用"很多"来描述。如果客户思维简单，审计师也跟着思维简单，就跟这两个原始人差不多了。

有人说审计师没有想象力。请再看一下上面加油站那个例子，那些想法，可得是既有常识，又有想象力才行。

### 3.2.4　审计师要考虑任何事情的合理性

举个例子讲一下这个道理。

说到验证一个科目的存在性（E），一般的审计方法就是发确认书，看合同和发票等原始凭证。但是，也不是见到合同和发票就万事大吉的。这就是审计和会计的区别了，会计讲究原始单据的齐全，所以只要单据齐全就行了；审计要比会计多想一层，关注的不仅仅是一个单据齐全，还要考虑其合理性。

我曾经跟着一个经理去做审计。有一次他让我去看一看一项固定资产的原始单据。我去查了一下发票，是德国一个公司开给这个中国公司的，是一辆大众的辉腾，价值 35 万元人民币整。我看过了发票，核对了固定资产明细账，一切满意地回去向经理汇报去了。经理一听就笑了，说："我给你 35 万元人民币，你给我再买一辆辉腾回来。"我这才意识到：

- 辉腾怎么能价格这么低？这毕竟不是迈腾，也不是帕萨特。经理还说，辉腾号称是大众的顶级车，绝大多数部件都是手工打造的，而且是和宾利共线生产的。
- 我看的那张德国公司开给中国公司的发票，为什么是用中文写的？还是人民币价格，不是美元或马克价格。
- 如果是进口轿车，为什么完全没有海关关税支付或免税的任何记录？

这一圈问题问下来，才知道，这一切都是伪造的。

所以，说到底，审计意见是**财务数字真实准确地讲出了企业的经营情况**。为了能保证这一点，审计师必须考虑一件事情的合理性，不能仅仅是形式上手续完备就行。

陆游说："汝果欲学诗，功夫在诗外。"审计师要做好审计，很多时候应用的不单是会计知识和审计理论。

### 3.2.5　审计中的实质重于形式

有一个打趣的说法："会计，就是用无比模糊的过程，得到无比精确的结果。"这在某种程度上，说明了会计判断的重要性。与此相对应，在审计过程中，审计师也少不了专业判断。越是复杂的经济事项，越需要进行专门的分析与判断。

在做出专业判断时，大家经常提到的一句话，就是"实质重于形式"。在贯彻实质重于形式的原则时，我个人认为，主要有两点需要把握。

一是审计师需要有包容的心、开放的态度，去充分理解客户的业务实质。

有人调侃说，中关村创业大街的英文名 innoway 不是 innovation way 的意思，而是 in no way，走投无路的人才来创业。我就想，客户有些时候，是不是也走投无路才不愿意对审计师说实话呢？

有些事情，可能乍一看在准则里找不到很好的依据，但综合分析下来，才发现其实原则上是说得通的，是有理可据的。虽然事实纷繁复杂，过程中又涉及各种判断和权衡，沟通成本比较高，但审计师只有很好地跟客户沟通，才能够理解和把握业务的实质，获得各方面充分的证据，做出正确的专业判断。

我个人认为，虽然对于客户不恰当的会计处理，审计师应该坚持自己的原则，但是，在一些创新业务模式或复杂事项上，审计师如果封闭自己，"一根筋"地认为客户一定走不通某种会计处理，拒绝有建设性的对话，是很容易把客户逼上绝路的，无形中也提高了自己的审计风险。所谓"官逼民反，民不得不反"，审计师一味拿着准则这个大棒子去敲打客户，是会逼得客户向你撒谎的。

二是审计师要能够透过现象看本质。一项交易的经济实质，与合同体现形式并非总是相一致的。审计师需要根据交易的经济实质，依据准则内涵，去判断客户的会计处理是否恰当。具体例子参见后面的内容，如 4.1.7 理财产品算银行存款吗。

## 3.2.6　审计师总是在"抓大放小"吗

我有一次做审计时，碰上一个会计，他跟我说："你们审计的人水平不行，我们公司领导经常多报销餐费，你们从来看不出来。"

我只好给他解释，这些东西，和整个公司的资产或者收入相比，所占比例太小，审计师做审计时，是有一个重要性水平做衡量尺度的，太小的数字我们审计师不操心，因为审计意见是说**财务数字真实准确地讲出了企业的经营情况**，只要这个大方向没错就行了。

打个比方说，我打算请你吃顿饭，估计要花 100 元左右，你问我兜里有多少钱，可我搞不准是 620 元还是 630 元了，于是，我对你说，也就是 600 元出头吧。在这种情况下，你能说，我说的数字不真实准确吗？就算差了一点，对于请你吃顿饭这事，又有什么影响呢？

可是，如果是我要给我老婆买件衣服，导购小姐在旁边说："先生，这衣服打5折，很值的，原价1 260元：现在现金支付的话，只卖630元，给您太太来一件吧。"老婆深情款款地看着我，问我："你带了多少钱？"可我搞不准是620元还是630元了，于是我笑笑说："也就是600元出头吧。"在这种情况下，我的数字差一点儿，可就直接影响夫妻感情了。

所以，审计内容的重要性，术语叫作"审计的重要性水平"，这个东西也不是个死的，没有特殊情况的时候，审计师是在"抓大放小"；但是，当某个数字正处在临界点，将要出现"量变引起质变"的时候，再小的数字也不能放过了。关键就是这个"质"变。也就是说，审计师真正关注的，是这个"质"是否受到了影响。

### 3.2.7　审计师的"七种武器"

在这里简单汇总一下审计的基本方法，就好像打游戏的时候你要先检查一下自己的武器库一样。现在让我们来看一看审计师的"七种武器"⊖。

如果是对内控进行测试，也就是系统测试，可以有实时实地观察、询问、交叉互证式询问、查看历史记录、重新执行等方法。

实质性测试（substantive test）包括分析性复核（analytical review）和详细测试（test of details）。

分析性复核包括三种方法，最有效的无非是合理性测试（reasonableness test），其次是比率分析（ratic analysis）和时间趋势分析（trend analysis）。做分析性复核最重要的是两点：

- 不要只算出数字和北率等，要有解释。

---

⊖ 按照古龙的武侠小说所言，"七种武器"明着是指长生剑、孔雀翎、碧玉刀、多情环、拳头、离别钩、霸王枪，实际是指微笑、信心、诚实、仇恨、勇气、亲情、不放弃。我也记不得这许多了，不过好像是古龙从来没有写清楚过。话说回来，像微笑、信心、诚实、勇气这些武器，我觉得审计师在工作中还真应该多用一用。

- 解释的各种原因要尽量能定量分析，不要只是做定性分析，泛泛而谈是不够的。你想啊，天气预报都由过去的"晴转多云，有时有小雨"改成了现在的"降水概率30%"了，我们的分析也应该更多地做定量分析。

而详细测试的方法主要是发确认书、现场盘点、询问、查看并核对原始记录等。

由上面的汇总可知，固定模式的审计方法并不多。做不了几个项目你就都尝试过了。但如何将这些方法用得有效和到位，并且将你的思考反映出来，是要下工夫的。武侠小说中经常有这样的描述：寻常的一招"黑虎掏心"，在他手里使出来竟显得如此威风凛凛……我们使用审计方法，也应该奔着这个境界去才是。

举个例子：确认书一般都是用在银行和往来账上，但有一次，审计师竟然对销售收入做了确认，因为这家企业仅有一个客户。

所以，基本功就这么几手，但耍得好不好就看你自己的道行了。戏法人人会变，各有巧妙不同。

那么，面对一个具体的会计科目，应该如何思考采用哪种测试方法呢？

首先，当然是从完整性、存在性、准确性、估值、权属、表达与披露（即"CEAVOP"，有关CEAVOP的说明见3.2.1公众对审计的期望）出发，看我们要达到什么样的目的。根据这一目的，才能取舍我们要采用的测试方法。

其次，我们也要考虑成本效益原则。这是审计时经常要考虑的一个因素。有的测试方法，效果显著，但可能要花较多的时间；而另一个测试方法，可能很快就能做完，但效果不一定很明显。这时，审计师就要判断采取什么样的方法。例如，某笔其他应收款金额不是很大，审计师询问了客户这笔应收款产生的原因，得到了一个听起来合理的解释，与审计师从其他方面得到的信息也吻合。这时，审计师还一定坚持要发确认书吗？答案是不一定，取决于审计师的综合考虑，看这个项目金额的大小、客户解释的合理程度等。但如果这笔其他应收款金额很大，那么，即使客户的解释非常合理，为安全起见，审计师可能仍然要发确认书。

### 3.2.8  对会计分录的筛查

实际上，对会计分录的筛查，在审计过程中往往是反舞弊测试的一个必要审计程序。<sup>⊖</sup>对会计分录的筛查，很多时候需要用到计算机辅助审计手段，参见3.6.1 IT 审计师的作用。

这里讨论的会计分录，包括企业日常记账过程中做出的会计分录，以及编制财务报表过程中做出的调整，如合并调整和重分类调整。

一个企业不论通过什么方式对财务数据"做手脚"，最终目的还是想要在财务报表上"有所作为"，因此折腾到最后，都免不了落在会计分录上。因此，筛选出异常的会计分录，对识别舞弊十分有帮助。

在实务中，这个重要的审计程序，有时会被做得流于形式。因为它不涉及某个具体科目，有点"有枣没枣打一竿"的意思。一些审计师，往往在项目快结束时，才想起来这张工作底稿还没编呢，于是赶紧照着去年或别的项目的底稿，"照猫画虎"地草草做下了事。

从套路上讲，对会计分录的筛查，首先需要询问会计人员："你觉得你们公司这个期间的会计分录有不恰当或异常处理吗？"如果赶上哪个了解底细又愿意"自曝家丑"的会计人员，线索就有了。但这种"瞎猫撞上死老鼠"的概率是很低的。

紧接着，审计师理论上要提取审计期间所有的会计分录，按照一定的标准进行排查。提取所有的会计分录既是一项体力活，也是一项技术活。每当我认真和客户沟通这个需求时，问题总是层出不穷。注意，我说的是"认真"，也就是说，

---

⊖ 《中国注册会计师审计准则第 1141 号——财务报表审计中与舞弊相关的责任》第三十三条规定：无论对管理层凌驾于控制之上的风险的评估结果如何，注册会计师都应当设计和实施审计程序，用以：（1）测试日常会计核算过程中做出的会计分录以及编制财务报表过程中做出的其他调整是否适当……

审计师是认真的，客户也是当真的。如果客户随随便便导出成千上万行会计分录给审计师，审计师糊里糊涂拿回去就做测试，问题反倒简单了，这就是我前面说的"流于形式"的表现之一。

当大家认真来讨论"所有的会计分录"这个问题时，首先就需要界定哪些分录是审计师想要的。审计师怎么知道，取得的这些分录就是所有想要的分录？

其实，要想做好对会计分录筛查这个工作，也需要审计师对企业的与财务报表相关的内控系统有很深刻的理解，这样才能真正做好。各位可以参考一下3.3对企业内控的关注。

当我和客户讨论需求时，一般把会计分录分为三类，区别对待：

（1）标准会计分录。

这类会计分录用于记录日常经营活动或经常性的会计估计，通常是由基层会计人员做出或会计系统自动生成。如有 ERP 系统的制造型企业，它的原材料采购和领用，或者是电信企业的基础通信收入。

这类会计分录的数据量可能相当惊人，但这些分录与基础业务息息相关，往往依赖系统，在这方面"动手脚"的成本比较大。所以，如果一个企业的内部控制还行的话，我可能不会要求提取这类分录，或只是提取某个特定期间，如季度末、年末，或是若干高风险科目相关的分录。

（2）非标准会计分录。

这类会计分录用于记录日常经营活动之外的事项或异常交易，可能包括特殊资产减值准备的计提、期末对促销费用的计提或对某个非常规合同的收入确认等。

非标准会计分录一般由管理层授意，直接手工录入在总账层面，可能涉及任何报表项目。

对于这类分录，我一般会要求全部提取。但是，和不同的企业提需求时，可能会遇到千奇百怪的困难，只能"见招拆招"了。

（3）其他调整。

其他调整包括为编制合并财务报表而做出的重分类调整分录和抵销分录等。

这部分会计分录的量不大，但出错的可能性大，一般就要来逐条审阅了。

那么，怎么保证客户提供的分录是完整的呢？第一个境界，是把我们得到的分录进行加总，和我们在客户的财务系统界面上看到的加总数进行核对；第二个境界，通过计算机辅助审计手段，监督并分析客户导出分录的过程和内在逻辑，保证导出的分录是完整的。

取得了会计分录之后，下一步就是按一定的标准<sup>⊖</sup>筛选出"可疑"分录。下面举几个例子看看通常的"套路"及其可能"流于形式"的原因：

（1）尾数是"000"或"999"的分录。

审计师做某企业的审计时，年年按这种标准筛出来的分录不少，审计师一条条去翻凭证看时，发现都是银行存款到期支取或转存，别的异常倒也没有发现。

因为做的时间长了，客户也知道审计师的工作模式，有次忍不住打趣说："其实我们和你们审计师打交道也不是一天两天了，真要造假，非搞那么整吗？为什么不弄个'666'或'888'图个吉利呢？"

不是说这种方法一定不管用，但也要看情况。比如对于这种"老油条"的客

---

⊖ 《中国注册会计师审计准则第1141号——财务报表审计中与舞弊相关的责任》应用指南第43（4）条提到：不恰当的会计分录或其他调整通常具有独特的识别特征。这类特征可能包括：（1）分录记录到不相关、异常或很少使用的账号；（2）分录由平时不负责做出会计分录的人员做出；（3）分录在期末或结账过程中编制，且没有或只有很少的解释或描述；（4）分录在编制财务报表之前或编制过程中编制且没有账户编号；（5）分录金额为约整数或尾数一致。

户，可能效果就不是很好。

（2）在周末或晚上10点之后录入的分录。

每次我和客户谈这种标准筛出来的一堆分录，要求客户提供原始凭证并解释原因时，他们都哭笑不得。人家说了，我们这儿天天加班，你也不是没看见。我平日里文山会海，也就周末和夜里能安安静静做几笔账，怎么就舞弊了呢？要不您跟我们领导提提建议，禁止我们加班？

所以，了解客户的工作方式，挖掘其真正的异常状态是关键。

（3）财务总监亲自录入的分录。

这类分录，我看到的就是两个极端。一方面，在大企业里，我从来没见过。我猜想真要折腾点什么，财务总监也会跟"小兵"借个账号用吧。另一方面，小企业挺常见。财务总监免不了自己上手做账，恨不得每一笔总账分录都是他做的。

不过，作为一种常规程序，大家一般安全起见，还是要做这个测试的，只是不能过于倚仗它。

从上面的分析可以看到，如果审计师没有从企业自身特点出发，而是简单用"套路"去筛选分录，是很难发现问题的。不动脑筋的分录筛选，经常筛出一堆冗余信息，白白耗费掉审计师自己的精力，于事无补。

### 3.2.9　审计师怎么看附注披露得够不够好

大家知道，财务报表除了资产负债表、利润表、所有者权益变动表和现金流量表等主表之外，还有财务报表附注。在实务中，审计师需要评估的，不单是会计科目的确认和计量是否准确，还要评估信息披露是否准确和充分。

财务报表附注主要包括对上述主表所列示项目的文字描述或明细资料，比如收入确认的会计政策和收入分类明细等；也包括未能在这些主表中列示项目的说明，如金融工具的风险分析和敏感性分析，关联方关系及其交易，或有事项和资产负债表日后非调整事项等。

随着经济环境的复杂化以及公众对相关信息要求的提高，附注在整个报告体系中的地位日益突出。近几年，证监会等监管部门日益关注财务报表披露缺乏针对性和不够具体的问题。中国财政部 2014 年颁布的企业会计准则，也新增了对企业管理资本、公允价值计量、设定受益计划精算假设和敏感性分析等一系列披露要求。

如果一个企业披露自己的收入确认原则是"本公司在同时满足下列条件时，确认销售商品收入：（一）企业已将商品所有权上的主要风险和报酬转移给购货方；（二）企业既没有保留通常与所有权相联系的继续管理权，也没有对已售出的商品实施有效控制；（三）收入的金额能够可靠地计量；（四）相关的经济利益很可能流入企业"，审计师怎么看呢？

表面上看，它说得没错，基本照抄企业会计准则的原话。但其实，这个企业存在销售商品同时提供劳务的收入分摊问题，以及技术授权使用费用是一次性确认收入还是分期确认收入等相对复杂的实务判断。在这种情况下，企业应考虑做一些个性化的具体描述，以帮助投资者了解这个企业的收入确认具体如何把握，和同行业其他企业是否具有可比性等。

从原则上来说，财务报表应该包括所有重要到会影响理性阅读者做出判断的财务事实。举例来说，一个企业的固定资产，客户在做了减值测试之后，认为暂时不用计提减值准备，前提是，做减值测试时，用了 10% 的折现率。而一旦折现率变成 10.5%，就需要计提金额较大的减值准备。审计师扪心自问：如果你们家所有的资金都买了这家企业的股票，你想不想知道这个信息？如果答案是肯定的，那么，这个信息就很可能需要披露。

好了，那如果审计师摸着良心认为应该披露的信息，客户又坚持不肯披露，怎么办呢？客户说："我又没做错什么、说错什么！主表是对的吧？只不过有些话我不想在附注里说那么明白，你就因此给我出非标准的审计意见吗？"

这就好比有人跟你讨论"爱你够不够多，对你够不够好，可以要求不要不在乎"一样，是比较难缠的问题，虽然会计准则和审计准则⊖对披露问题都分别给出了一些规范和审计指引。

从某种意义上说，个性化的审计报告（见 2.3.3 审计报告的个性化变革）可以帮助解决这个难题。审计师可以在专业判断的基础上，通过个性化的审计报告，让公众对企业财务报表的实际情况多一些了解。这个意思是说，你客户不愿意在附注里面披露，这个附注是你的，我没办法，但我审计师可以在我自己的个性化报告里面写出来。你有你的一亩三分地，我也有我的发声渠道。

### 3.2.10  审计也是一个系统工程

会计系统是一个完整的信息系统，各个科目之间存在着相互作用和勾稽关系。很多时候，审计正是利用这一点，由一个突破口拽出一连串的问题。所以，我在 3.1.4 审计师可以怎么问问题里说过，审计师以"乱枪打鸟"的方式来问问题，往往能将客户的骗局拆穿。

但是，一般一个审计队伍出去，少则两三个人，多则可以有十几个人甚至上百个人。审计工作是分工合作的，在实际工作中，由于时间紧或其他原因导致每个人所掌握的客户信息是局部的、零散的，审计队伍内部的信息沟通和共享也是随机的、任意性较强的。在这种情况下，就有可能导致在现场审计时某个人掌握了一个非常重要的信息，但由于这个信息本身对其所审计的内容没有影响，而他又不知道这个信息对于另外一个人的重要性，最后这个信息被忽视了。那么，如何加强项目成员间及时而有效的沟通呢？如何能使一个审计小组的工作成为一个首尾连贯的逻辑整体呢？

---

⊖  例如《中国注册会计师审计准则第 1321 号——审计会计估计（包括公允价值会计估计）和相关披露》及其应用指南，就对会计估计的披露提出了审计指引。

上面提出的问题其实就是如何把整个审计队伍捏合成一个多手多脚但有一个统一大脑的怪物。解决之道有这么几点：

- 期待人类的大脑能彼此联网。也许会计师事务所的合伙人应该为这类科研项目投点儿资，支持一下，也算是审计业特别用得着的一种高新科技嘛。
- 每个人都按照事先培训过的标准化的方式工作，这样可以有助于每个人判断自己掌握的信息对别人用处大不大。
- 整个队伍内部气氛融洽，正式的和非正式的沟通较多、较容易，加强沟通。
- 项目现场负责人可以通过每天开总结会的方式把大家的信息聚拢到一起。
- 项目现场负责人主动去了解不同人遇到的主要事件和主要问题，这样项目负责人可以在自己脑子里将所有的资料整理到一起，并判断是否有必要将某些资料和信息共享。
- 通过项目现场负责人、项目经理和合伙人的三级工作底稿复核制度，由项目现场负责人、项目经理和合伙人把握全局。

下面这个例子，就说明了有用的审计信息是零零星星被发现的，而且很容易被忽视。这个项目的审计师们，在审计一家准备上市的民营企业时，分别发现了以下现象。单独看好像也不是什么大事，客户也都能给出看似合理的解释，但当大家合起来推敲之后，才发现这些异常其实揭示了造假的"冰山一角"。

- 做现金科目的审计师甲发现，现金盘点表显示，2013 年 12 月 31 日的现金余额为 100 多万元，而 2014 年 12 月 31 日的现金余额仅几万元。客户解释，过去企业备有较多现金供业务发展所需，现在现金管理比较严格了。
- 做应付账款科目的审计师乙发现，应付账款的账簿似乎有重新装订的痕迹，客户解释为了妥善管理账簿，重新装订了翻阅过程中出现松散的凭证。

- 做收入科目的审计师丙发现，相比于其他没有上市的民营企业，该企业最近 3 年的收入凭证整理得相当规整，每张凭证后面均附有金额准确的增值税专用发票。客户解释，他们一直有上市规划，因此注重合规经营，未曾通过少开、迟开发票来偷税漏税。

- 负责收发询证函的审计师丁接到快递员电话说，当邮件送到目的地时，被告知那里没有邮件所列收件人。快递员通过手机联系到收件人，收件人要求把邮件送到另一个地址，快递员因此要求加收快递费。客户解释说，这是由于供应商搬家了，通讯地址没有及时更新。

在我们后面谈到反舞弊审计（见 3.7.2 如何发现舞弊的蛛丝马迹）时，会具体分析这些异常是如何被串成一个完整的故事的。在这里，大家需要先记住，审计过程中发现的任何可疑情况，哪怕只是直觉上觉得不对劲，即使得到客户的初步解释，还是需要在团队中进行分享，与更高级别的人讨论一下比较稳妥，切忌自己默默消化，"大事化小，小事化了"。

## 3.3　对企业内控的关注

### 3.3.1　什么是 COSO

提到内控，就很难不涉及 COSO。在内控领域，COSO 框架<sup>⊖</sup>是被广泛接受的一个框架，无论是企业制定内部控制体系，或是企业自我评价内控有效性，还是审计师评价企业内控有效性，COSO 框架都是一个很好的依据。

这个 COSO 框架是个什么东西呢？打个比方说，它就像是医院里医生用的那个视力表。你能看到这一行，嗯，你的视力达到了 5.0。COSO 这个框架里面写

---

⊖ 美国反虚假财务报告委员会的发起组织委员会（The Committee of Sponsoring Organizations of the Treadway Commission，简称 COSO 委员会）于 1992 年 9 月发布了《内部控制整体框架》，并在 2013 年 5 月 14 日公布了新版《内部控制整体框架》[Internal Control - Integrated Framework（2013 Framework）]，简称 2013 COSO 框架。

了一堆企业内控应该做的东西。任何人都可以拿着这个 COSO 框架来核对某一家企业做到了哪些，没做到哪些，从而判断企业内控水平的高低。

当然，就像人们测视力一样，以前用 1.0、1.5、2.0 那种标尺的视力表，现在用 4.5、5.0、5.2 这样标尺的视力表，这个表不是唯一的。除了 COSO 框架，也有别的内部控制框架，但要求的内容，其实大同小异。COSO 框架做的宣传推广工作最多，所以被接受程度最广泛。

COSO 包括控制环境、风险评估、控制活动、信息与沟通，以及监督活动五项内部控制要素。这个五要素，就好像人家问你地球上有几大洲、几大洋一样，是必须要记住的，我就最爱让面试者回答 COSO 五要素是什么。

下面，我想通过曾经轰动一时的，X 银行员工私售理财产品，导致客户损失上亿的一个事件，来简单说明下什么是 COSO 五要素。

这个事件大概是这样的："Y 财富"系列理财产品共发行了四期股权投资计划，四期产品每期募集金额在 4 500 万元左右，宣称有 11%～13% 的预期收益率，自然人投资人认购金额门槛为 50 万元。临近 2012 年年底，在第一期理财产品即将到期的情况下，投资者发现理财经理已经被开除，到期的理财产品本息无法偿还，而其他三期理财产品前景也并不乐观。

银行方面解释，该产品是银行员工 Z 私自介绍给客户的，银行完全不知情。Z 为 X 银行某支行的高级理财经理。

Z 随即喊冤。Z 家人接受采访时声称，如果没有支行行长的允许，Z 必不敢销售这样一款产品达半年之久，这就算不是支行行为，也是集体行为。

投资人则质疑说，按理银行员工不允许从事与本职工作无关的其他金融工作，更不允许在办公场所推销与所在银行毫无关系的产品。但是，在如此长的时间内，大量客户在 X 银行贵宾室签了与 X 银行没有任何关系的合同，居然没有引起管理人员的注意。并且在 Z 的陪同下，多人通过银行柜台将大量款项转到同一账户，经办的柜员并未遵循可疑交易监控的工作原则向领导汇报。

当我看到这个案例的时候，脑海里浮现的 COSO 五要素是这样的：

（1）控制环境。

银行对理财产品管理混乱，为员工非法代销理财产品提供了便利。此外，银行对于员工的职业道德修养的培养力度不够，导致员工将自身利益置于客户利益之上。

（2）风险评估。

银行相关风险管理部门未能及时对理财产品销售流程中存在的风险进行识别与充分评估，致使风险防范工作无法与实际业务流程相匹配。

（3）控制活动。

银行对于营业网点办公室使用及工作期间内员工的行为，尤其是有权限与客户进行直接接触的一线员工的行为未能严格控制，导致支行理财经理可以堂而皇之地在贵宾室内与客户签订不合规的理财产品合同。

（4）信息与沟通。

银行未能确保员工履行理财产品风险告知义务，导致客户在对理财产品风险理解有误的情况下签订合同。

客户签订理财产品合同后，在理财经理的陪同下，在银行柜台进行资金划转。经办人员及管理人员未能及时针对可疑交易提出恰当的风险提示。

（5）内部监督。

分行层面对支行营业行为的监督失效，支行管理层对下属营业人员的监督失效。

银行定期对员工合规性进行检查的内部审计，未能及时发现员工的违规操作。

内控和 COSO 框架这个话题，与企业经营管理是密切相关的。本书主要还是讲审计，就不过多去谈企业经营管理了。

### 3.3.2　内控测试的注意事项

控制，一般分为企业层面控制和流程层面控制。通俗来讲，企业层面控制，是要保证企业各个流程层面的控制得以有效运行，是较高级别的控制，是"控制的控制"。例如，人力资源总监审阅财务总监的资质，以及企业对财务总监进行商业道德和公司章程的宣讲，都是企业层面的控制，是为了保证企业招到合适的财务总监，保证其能够很好地履行本职工作。而财务总监审批固定资产的采购并监控固定资产及时入账，是流程层面的控制，是为了保证固定资产的采购对公司是必需的，价钱是合理的，入账是准确的。

那么，COSO 五要素是属于哪一个层面的呢？其实五要素那种划分和两层面这种划分，是不同的分类法。比如在风险评估这个要素里面的一些做法，像管理层成立了一个风险评估委员会并且定期开会，就是一个企业层面的控制；而风险评估有个打分机制、有个审核机制，这个就是流程层面的控制了。笼统来说，在控制环境、风险评估这两个要素里面，企业层面控制相对多一些；在控制活动那个要素里面，就绝对是流程层面控制特别多了。

审计师一般会运用自上而下的分析方法，对企业层面控制和流程层面控制分层次进行测试。测试的方法包括询问适当人员、观察经营活动、检查相关文件以及重新执行等程序。这方面的理论知识，大家可以翻阅教材进行学习。

关于内控测试，审计师容易犯的一个错误，是只追求形式上的完美，不注重实质的控制效果。比方说，有一个内控，要求财务总监每月末将固定资产账户余额与总账进行核对，并在凭证上签字。审计师在做这个内控测试时，如果只看财务总监有没有签字，而不看财务总监实质上有没有完成好核对工作，是不对的。审计师还应该看看那个月末，固定资产账户余额与总账是不是对得上。如果实际上差异很大，财务总监还签字，并且什么说明都没有，这个内控是有问题的。

前面说的这个内控，它的精确度是比较容易把握的，就是把数对上就行。还有一种内控，需要审计师多动脑筋，多问多看。例如，一个内控要求财务总监每月将固定资产余额与预算和前期余额进行比较，分析变动的合理性，并在报告上签字。现在大家知道了，只看财务总监有没有签字是不对的。但是，如果审计师看到固定资产余额比预算增加80%，财务总监在报告上简单写了个"差异在可接受范围"并签字，这个内控算做好了吗？我觉得不是的。理想情况下，企业对财务总监的审阅工作，应该有一个定量的要求，比如固定资产余额与预算相比，相差超过5%以上时，需要详细分析和记录原因。如果财务总监自己都觉得审阅可以是很随意的，差异很大时也可以想都不想就放过去，那这个审阅工作，等于没人好好做。

审计师容易走的另一个极端，是过分追求形式。举例来说，一个互联网企业，公司认为自己的使命就是缔造信任，让天下没有难做的生意。公司对员工的管理，也是追求教育在先，充分信任，有错必诛。具体来说，公司员工在报销时，只需自己在系统里提交报销金额和相关凭证，系统会把这个报销信息发给相应的主管人员，如果主管人员在3天之内没有提出异议，这个报销就默认被批准了。实际上，相关主管人员出于信任，也很少去看员工的报销，往往系统自动就批了。但是，公司有自己的稽核部门，会定期抽查员工报销，一旦查到故意提交不实报销的行为，便对报销的员工严惩不贷。我们审计师在看到这个情况时，往往非常纠结。因为在费用报销过程中，没有相应主管人员的审阅和签字，这个报销就完成了，这对吗？报销流程的控制存在吗？有效吗？我个人觉得，这需要综合考虑企业的实际情况，不可一概而论。

### 3.3.3　所有企业都要做内控审计吗

讲到这里，大家对于内控测试应该有了一些基本认识，那么，内控测试等于内控审计吗？是所有企业都要做内控审计吗？

答案是否定的。根据不同国家的要求，上市公司可能需要就本企业内部控制的有效性进行自我评价，披露年度自我评价结果，并聘请审计师对财务报告内部控制进行审计，出具审计意见。但非上市公司可能就没有内控审计方面的要求。所以，内控审计是一项专门的业务，一般情况下，审计师需要就内控审计单独与客户签订业务约定书。

如果审计师对一个企业既做财务报表审计，又做内控审计，一般称为"整合审计"（integrated audit）。

审计师针对内控有效性出具的意见，通常称为内控审计意见。之所以不在前面2.3.1 审计意见说了什么里探讨这个问题，主要是考虑本书是以财务报表审计为主线进行讨论的。

如果一个企业不是上市公司，那么，审计师对它的审计，很可能就只是财务报表审计，而不包含专门的内控审计。审计师虽然会了解企业的内控情况，并在认为必要的情况下，做一些内控测试，但并非一定要做内控测试。换句话说，如果审计师判断企业的内控很不完善，完全可以直接做实质性测试。

我曾经遇到一位国内民营企业的CFO，曾经是美国某上市公司的CFO，他在与审计师沟通时，对于审计师没有做内控测试表示出强烈的不满。他说，他以前所在的美国上市公司的审计师，是会对企业的内部控制做详细测试的，这种测试涵盖了所有与财务报告相关的重大科目，并逐一与客户沟通内控测试发现的例外（exception）或缺陷（deficiency）。

但其实，这家民营企业的客户只聘请审计师做财务报表审计，审计师判断内控很不好，并不打算依赖内控测试的结果减少实质性测试，因此直接做了实质性测试。

遇到这种情况，审计师应该跟客户解释一下内控测试与财务报表审计的关系，以及出具内控审计意见是一个专门的鉴证业务，以免造成不必要的误会。

与财务报表审计意见类似，内控审计意见一般也分为无保留意见、带强调事项段的无保留意见、否定意见和无法表示意见。否定意见一般对应内部控制存在重大缺陷的情况，而无法表示意见则针对审计范围受到限制的情形。

一个企业内控的有效性，与其财务报表的准确性存在一定的联系，但又不是必然的关系。

一方面，一个企业的内控好，其财务报表的准确性就相对有保障，但也不排除出现例外的情形。比方说，会计老王所在的公司，内控很好，老王也一直兢兢业业，按规矩办事。但某天他生病了，状态不好，在做账时，错把一个100万的数，做成了200万。负责审核他工作成果的老张，不巧那阵子家里出事了，也有点恍惚，没看出这个错。这样，一个平时有良好内控的企业，就可能编制出错误的财务报表。那么，审计师会因为发现财务报表的错误，就认定内部控制一定存在重大缺陷吗？这其实是一个需要综合考量的问题，我并不打算在这里展开，简单来说，首先要判断出错的原因，是偶发事件还是频发事件？其次判断错误的性质，从定性和定量的角度分别进行分析。

另一方面，一个内控一团糟，甚至没什么内控的企业，其财务报表的准确性就很难得到保证。但如果这家企业的业务比较简单，做账的人又比较规矩，企业的财务报表还是有可能编对的。这就好比门口的小卖部，全部现金交易，店主一个人自己进货自己卖，自己收钱自己做账，没什么"不相容职务分工"，也没人帮他检查记账结果。他在认真、守信的情况下，是可以自己把账记得清清楚楚，对得分毫不差的；但如果他算不明白，或存有别的想法，那可就是一笔糊涂账了。因此，一个企业不能因为它的财务报表实际上没有出现重大错报，就认为它的内控一定没问题。

总而言之，做财务报表审计，可能会涉及内控测试，但内控审计，本身是一个相对独立的"课题"。在整合审计过程中，审计师要综合考虑实质性测试和内控测试的发现，不可以割裂地看待问题。

### 3.3.4 什么是"常规交易""非常规交易"和"会计估计"

我刚开始做审计时，审计理论讲的是"制度基础审计"（system-based audit）。这一理论将企业的全部业务交易分为"常规交易"（routine transactions）和"非常规交易"（non-routine transactions）两大类。

"常规交易"对应的是可以机械处理的会计事项，这些会计处理由基层工作人员就可完成。如果设计好了记账规则，这些基层工作人员在不懂什么是"借""贷"的情况下，就可以将明细账巨处理好，只需要最后由一个总账会计或会计经理来做试算平衡表和做报表就可以。甚至，在 ERP 系统里，这个借贷分录会由于系统里的某些业务动作而自动触发。例如，在一个制造企业里，对于货物销售及应收账款的记录，就是一项常规交易。

"非常规交易"仍是企业实际发生的交易，但它发生的次数不多，或者 / 而且性质特殊，最好由资深人员来直接进行"借""贷"的会计处理。例如，在一个业务稳定的企业里，固定资产的采购可能不是经常发生的，因此，固定资产采购就是一项非常规交易。

除上述两类外，还有一类是"会计估计"（accounting estimate）。这是一个会计事项，而不是企业的实际业务交易。这指的就是提取坏账准备、资产减值准备、或有负债等。在企业里，这是一定要由会计经理及其以上级别来直接处理的。

在英国和美国的簿记体系（bookkeeping system）里，"常规交易"是在明细账里记录的，记账人员往往只受过职业中专类型的培训，不懂"借""贷"，但很守规矩。他们的职业中专教育里也给他们强调按规矩办事。在这个层次的记账，是没有国内所谓的记账凭证的，直接按原始凭证记入明细账，工作人员不涉及任何"借""贷"。每个期末，将明细账的数字汇总记入总账。

例如，一个负责记存货明细账的职员小牛所收到的工作指示就是见到仓库保管员开来的入库单就增加存货明细账中的存货数量，见到开来的出库单就减少存货明细账中的存货数量。而另一个记应付账款的职员小杨，则见到仓库保管员开来的入库单就与采购部联系，搞清楚这是哪家供应商及多少钱之后，就增加应付账款明细账中的应付这个供应商的货款；当见到出纳传来的银行付款单时，就减少应付账款明细账中相应的供应商的货款。到了期末，小牛会将这一期存货明细账增加了多少，又减少了多少，做一个加总，然后将这个加总数登记到存货总账上。由于存货明细账和存货总账都有上期期末的余额，加上当期的增加金额，减掉当期的减少金额，存货总账上也就有了当期期末的余额。

所以，可以看到，所有的"常规交易"的借贷分录都是最常见的。比如，借：存货，贷：应付账款；借：应收账款，贷：销售收入。而且每一个这种交易的支撑文件都是最普通的，如入库单、出库单、银行水单等。如果都是常规交易的话，是不可能出现奇怪的借贷分录的，比如像"借：在建工程，贷：应收账款"这样的分录是不可能出现的。

这些"常规交易"是最符合我前面说过的"一一映射"的内控的思想的（详见 3.1.2 在外部审计师的眼里，内控系统是摄像机和 3.1.6 内控测试工作最重要的是逻辑要完备——要做到两个凡是）。只要设计得完善一些，这些"常规交易"完全可以由机器人来完成。事实上，如上所述，在 ERP 系统完备的企业，这些借贷分录是由系统自动生成的。

在英国和美国的簿记体系里，"非常规交易"则往往是直接在总账里进行核算的，"会计估计"更是必然在总账直接核算。也就是说，如果财务经理老马觉得明细账记得不准确、不完整，他不能直接改明细账，而且前面提到的小牛和小杨在中专里所受的职业教育也要求他们恪守自己的职业道德，不能允许别人改他们的明细账。所以，财务经理老马只能自己直接在总账层面做一个借贷分录，并将这个分录直接记入总账，将总账的余额做了修改。

比如，7月31日是个周六，财务人员都不上班。可是，有个客户急着要一批货，销售部只好打电话叫仓库保管员来开了门，将一批货运出去。到了下个星期一，8月2日，财务经理老马知道了这事，就要把这笔发货记到7月份的销售收入中去。可是，小牛不肯改存货明细账，小杨也不肯改应收账款的明细账，还有另一个职员小朱也不想动销售收入和销售成本的明细账。结果，老马只能自己在7月份的总账里做一笔"借：应收账款，贷：销售收入"，同时"借：销售成本，贷：存货"。同时，在8月份的总账层面，还得将这笔分录冲回，并要求小牛、小杨和小朱将这笔交易记进8月份的明细账里。这就是老马处理一项"非常规交易"的做法。

另外，当财务经理老马打算对存货提取减值准备时，他会发现，不管是小牛、小杨还是小朱，都根本没有保存这样一份减值准备的明细账。老马只能将计算好的减值准备的金额直接在总账层面做一个分录记进去了事。

这样安排的结果，是经常在总账和明细账之间有调节项目。这样安排的好处，是各司其职，管理层可以将更多时间放在审阅这些调节项目上。而且，任何调账事项，一般都只能在总账层面做，这样任何调账就都会反映在这些总账、明细账之间的调节项目上。这种安排，其实也是"分类"思想的应用（见3.1.7 *审计师仍要检查每个科目的金额*）。就是说，将最机械化的业务归成一类，将需要人工干预的业务和会计处理归成另一类，然后分而治之。

以上算是讲清楚"制度基础审计"和"风险导向审计"（risk-oriented audit/risk-based audit）之前的背景介绍。

### 3.3.5 风险导向审计比制度基础审计多了什么

"制度基础审计"认为，对于与"常规交易"相联系的会计事项的审计必然是先评价及测试其内部控制制度，然后考虑是否可以依赖企业自己的内控制度来做下一步的实质性测试。而对于与"非常规交易"相联系的会计事项和"会计估计"，企业不一定有很好的内部控制，因此可以直接采用实质性测试，这包括分析性复核与详细测试。

由上可知，"制度基础审计"的一个重要基础是在簿记体系中将"常规交易""非常规交易"和"会计估计"有效区分开。美国、英国等国的簿记体系确实是这么做的（见 3.3.4 什么是"常规交易""非常规交易"和"会计估计"），但国内目前的簿记体系是这么做的吗？就我翻看过的国内企业的账本而言，那些"银收""银付""现收""现付"凭证也许能算是"常规交易"，但那些"转"字号凭证可就包罗万象了。而且，如果发现以前的一笔账记错了，只要做一个"转"字号凭证，由领导签字（甚至没有领导签字）就行了。审计师查账的时候要翻查所有这样的"转"字号凭证实在太花时间了。

我目前还想不好，在国内的簿记体系下，如何将"制度基础审计"有效并有效率地贯彻下去。

这几年，到处都在讲审计要转向"风险导向审计"了。我将有关这两者的教材做了一个比较，发现大部分是相同的。最大的不同主要是：

- 在"风险导向审计"的理论里，不仅要求对于"常规交易"要先评价及测试企业的内控制度，对于"非常规交易"和"会计估计"，也强调企业必然应该在这些领域有自己的内部控制，尤其是在"会计估计"领域。那么，我们对于这些会计事项，也要测试其内部控制制度，而不是按照"制度基础审计"说的，可以直接做实质性测试。也就是说，在"风险导向审计"的理论里，不管是"常规交易""非常规交易"还是"会计估计"，都要先了解、评价及测试企业的内部控制制度。

  比如，对于存货跌价准备，企业应该不仅仅是每年年末让财务经理算一个数放进去了事，而是平时就有对存货水平和种类的监控措施，并且，在财务经理算完了存货跌价准备的金额后，企业自己也应该有审核机制来保证他算的与实际情况较接近。审计师的工作，应该是首先看企业的这些控制措施，而不是直接验算企业财务经理算的存货跌价准备对不对。

打个比方说，以前中国很多单位没有专门的机制和部门来查腐败分子，党的书记只好自己盯着，发现一个就让公安来抓一个；后来就成立了纪检监察部门，由他们来查处腐败分子。党的书记就更多地盯着纪检监察部门是不是有效工作了。

- 所谓"风险导向审计"的"风险"二字，指企业的"经营风险"和企业的"财务报表错报风险"。不是所有的"经营风险"都能导致"财务报表错报风险"。有的经营风险，如销售队伍不稳定，太容易被竞争对手挖墙脚，这固然是企业管理者很头疼的事，但对于审计师和财务报表而言，不存在记错账的问题，就没有财务报表错报风险。对于这些与"财务报表错报风险"无关的"经营风险"，审计师不再进一步关注。关于这一点，我猜可能是审计师和管理咨询公司的一个不同之处。

"风险导向审计"的理论认为，任何一个"会计估计"都必然与一个"经营风险"相关联。例如，坏账准备与企业的客户信用风险相关联。反过来说，企业的任何一个"经营风险"，只要与财务数字有关系，企业都必然应该将这一风险量化（根据发生的概率和金额影响的大小），并将这一量化结果以恰当方式反映在资产负债表中。实在不能量化的，要进行适当披露。这就是为什么在"风险导向审计"的理论中，往往用"会计估计和披露"这个词组，而不是只说"会计估计"的原因。

考虑到现代企业经营环境的复杂多变，"风险导向审计"理论既要求企业的财务报表全面反映企业在历史上已形成的经营成果，又要求量化及披露企业的经营风险（这些风险在未来可能变成真正的损失，从而影响经营成果）。

那么，实践当中怎么做呢？举个例子：以前，我去看一个企业的应收账款坏账准备，是要企业提供应收账款账龄等资料，然后先自己做分析，再与销售人员谈各个余额收回的可能性高低，最后形成一个我认为适当的坏账准备期末余额数字，并与企业的财务经理讨论我的计算过程以取得他的认可。这就是我自己重新算一遍应收账款坏账准备，典型的实质性测试的路数。

现在呢，我要让企业的财务经理给我介绍他每个月末/季度末计提坏账准备的过程（注意：这就是在了解企业自己的内控制度）。他会告诉我，他如何向销售人员采集数据，如何计算，采用什么样的百分比，等等。我还要让销售部或信用控制部给我介绍他们如何管理客户的信用风险。经过一些这方面的内控测试的工作，如果一切都很规范，很大程度上我可以说，这个企业的坏账准备的数字没有大问题。这时候，我可能并没有自己做太多的独立分析。

上面这个例子是比较理想的例子，我也只是偶尔能遇到这样的客户。多数客户是一问坏账准备怎么算的这种问题就乱扯，我还是只好回归到"制度基础审计"下的实质性测试中。

另外一个按照"风险导向审计"的要求要做的事情是，在了解了企业的业务之后，撇开一切报表和数字，静下心来想一下，这个企业可能有哪些经营风险（对于一个制造企业，我一般是从六字真言"人财物、产供销"这几方面去考虑企业可能的经营风险）。由于这些经营风险，企业应该有哪些"会计估计和披露"？企业是不是已经做了这些"会计估计和披露"？我觉得这也是比"制度基础审计"考虑问题更全面的地方。

以上所谈，更多的是理论和理想主义。要付诸实践，还要看审计师自己对于理论的把握和变通能力，以及客户的基础工作水平。但是，如果审计师自己连什么是正确的都不知道，"变通"也就无从谈起了。

### 3.3.6　经营控制与财务报表控制

在这里介绍一下两个新的概念：经营控制和财务报表控制。这两个概念可能会随着美国萨班斯法 404 条款[一]的执行，越来越流行。

经营控制和财务报表控制都是企业的内部控制环节。所谓经营控制，是企业管理层用来理顺企业经营的一些控制点。例如，管理层要求所有的采购都要从至少三家设备供应商的报价里选择一个最合理的报价；管理层要求每笔超过万元的固定资产采购都要由总经理批准才行；管理层要求每次发货销售后，都要取得对方签字的发货单。这些，都是一个企业的经营控制。

而财务报表控制呢，也是由管理层设立的、用来保证财务报表正确的控制点。例如，管理层要求在每一期期末编制银行存款余额调节表[二]。管理层要求原材料入库单的一联要在同一天内传给会计做账，等等。一般而言，经营控制点和财务报表控制点是不重复的，但也会有例外。比如，企业期末做存货和固定资产盘点，就可以既是一个经营控制点，也是一个财务报表控制点。

企业可以有非常多的经营控制点，有大的，有小的。企业也会有很多的财务报表控制点。但相对来说，财务报表控制点的数量是有限的。经营控制点效果的好坏，也会影响财务报表控制点的效果。我们大概可以这样来考虑：一个经营上的事项，必然要有某种经营控制点来规范约束它。经过了这一经营控制点的控制，这一经营上的事项就是对企业有积极的经济利益的。但这一经营上的事项及其带来的经济利益要想合理准确地反映在企业的财务报表上，则要经过财务报表控制点的处理。

举个例子来说明一下：一家企业为了防止存货的积压，严格执行按订单生产，并且按照复杂的 MRP（material requirement planning，物料需求计划）来采购

---

[一] 针对安然等公司会计造假案件所暴露的会计、审计、公司治理、证券监管等问题，美国国会做出了迅速反应，制定了《萨班斯—奥克斯利法案》，简称《萨班斯法》。法案对会计行业的监管、审计独立性、财务信息披露、公司责任、证券分析师行为、证券交易委员会的权利和职责、违法违规行为的法律责任等方面进行了重大改革和重新规范。《萨班斯法》中的 404 条款主要是对于公司的内部控制的规定。

[二] 银行存款余额调节表是为了核对本单位与银行双方存款账面余额而编制的列示双方未达账项的一种表，通常于月终接到银行对账单后编制。

原材料。这些，就都是经营控制点。而财务报表上对于这一事项最关心的，则是存货跌价准备的计算和提取是否准确。所以，企业管理层会在每年年末，根据生产计划预测一下存货的使用情况，并对可能积压的存货计算并提取存货跌价准备。这就是一个财务报表控制点。这个财务报表控制点是否执行得有效，一定程度上要看企业的经营控制点执行的效果如何。假如企业的经营控制点执行得很好，那企业的存货也就不会有太多的积压；这样，即使财务报表控制点执行得不是太好也没关系，因为存货跌价准备的金额不会太大，有误差也差不了多少。反之，如果企业的经营控制点执行得不好，企业的存货积压可能很多，那么，企业的财务报表控制点就必须执行得很有效，才能产生一个相对准确的存货跌价准备。在确保企业财务报表准确性方面，企业的经营控制点和财务报表控制点，有这么一点玩跷跷板的意思。

这种把企业的控制点分类成"经营控制"和"财务报表控制"的分类法，是"风险导向审计"理论的一部分。我们在前面说过，"风险导向审计"的"风险"二字，指企业的"经营风险"和企业的"财务报表错报风险"。这里的"经营风险"，正好可以由"经营控制"来处理；而"财务报表错报风险"，则是由"财务报表控制"来减小或消除的。

这样一个分类方法，有助于我们透彻地理解很多东西。例如，为什么国内很多民营企业听起来控制得很好，经营得也很好，但财务数字乱得一团糟？表面上说来，是民营企业的老板不重视财务，但认真论起来，这样的企业，经营控制可能是设计和执行得颇为到位的，但财务报表控制，就设计和执行得很差了。

这样一个分类方法，也为审计师按照"风险导向审计"开展工作指出了更清晰的方向。审计师在做审计工作时，首先要关注的应该是财务报表控制点。而这也恰恰是美国的萨班斯法 404 条款要求审计师关注的东西。至于那些经营控制点，则是每个企业"仁者见仁，智者见智"，连美国证监会都觉得很难做出硬性的规定。但这也并不是说审计师就不管这些经营控制点了，只要这些经营控制点的结果能够间接影响到财务报表的准确性，审计师就可能要关注这些经营控制点。

# 3.4 工作底稿

## 3.4.1 写工作底稿也有理论吗

没有理论指导的实践是盲目的。据说，一只待在笼子外面的黑猩猩在够不着笼子里面的香蕉时，会自己去找一根带钩的棍子来。因为黑猩猩已经总结出了一个理论：带钩的棍子够香蕉较为容易。你比黑猩猩要强吧？当然，据说人和黑猩猩在 DNA 上只有约 0.6% 的差距，所以也不能保证所有的人都比黑猩猩强。

要声明的是，这些关于工作底稿的理论其实算不得什么理论，只是一些实践经验的概括和总结，要照理工科的话说，也就是"经验公式"级别的，连推论或定理都算不上。

之所以要写这些所谓的工作底稿的理论，是因为我发现很多审计师都在互相抄袭一些工作底稿范本的固定格式。如此下去，工作底稿会变得像八股文一样僵化，我们审计的思考就会被这种僵化的表达方式束缚住了。我觉得，写工作底稿应该像散文写作一样，是"形散而神不散"，这样才能将我们的审计思考很好地表达出来。

## 3.4.2 写内控测试的工作底稿要注意的问题

内控测试（也称系统测试）的工作底稿主要分为两类：一是对企业内控的描述，二是我们做的测试。

对企业内控描述的工作底稿在实践中不是很统一。有人愿意用文字叙述，有人愿意用表格，有人愿意画流程图。文字叙述有时会不简洁，流程图则会过于简单，表格有时又太僵化。总之，见仁见智吧。不过，关于内控描述，不管用什么形式，要注意以下几点：

- 尽量使用客户的名词来指称客户的表格、制度等。如果你为了让合伙人看起来容易，可以加上一个注释。但如果你在工作底稿上不用客户的名词，几天或几星期以后，你自己都会忘了客户如何称呼这些东西。这时，你或者你的帮手再想跟客户沟通，就很困难了。

- 少用被动语态。一定要写出来是什么人、什么部门在执行这一项工作，而不要仅仅描述工作是如何进行的。这是内控中很重要的一环，因为"职责分离"本身就是内控的一项要求。所以，审计师有必要对任何内控环节都弄清是谁在执行内控。

- 要先了解一项业务的全貌，并将这种了解写成一个背景介绍，然后再描述内控。例如，要写关于客户对外付款的内控制度，就要先了解客户有哪几种对外付款方式。可能有现金、支票、电汇、网上银行等方式。然后，具体谈每种方式的内控是什么样子的。我就遇到过一个企业，其 80% 的付款已经是通过电汇和网上银行来做了，而审计师写的内控描述还只谈支票付款。这就是不了解全貌的坏处。将一项业务的全貌写成背景介绍还有一个好处，就是让审阅者更好地了解环境是什么样子的。

至于在内控测试中如何用工作底稿表述我们做的测试，这主要视乎做的是什么样的测试，很难一概论之。可以参看下面对于实质性测试的工作底稿的讨论。

### 3.4.3　实质性测试的工作底稿分几类

实质性测试中，工作底稿可以概括成三大类：

- 主表（lead schedule），一般每个一级科目对应一个主表。标准格式是先有一个明细数据汇总表，并附有很多注释，一般会有调整前和调整后数字，以及什么样的调整。所写的注释是从 CEAVOP（有关 CEAVOP 的说明见 3.2.1 公众对审计的期望）及客户背景等全方位论述对这个科目所做的工作及这个科目的合理性。最后，在主表结束时，要有一个结论，即关于这个一级科目的余额是否真实合理的结论。详见表 3-1。

表 3-1

ABC 公司                                                                          G2

审计年度：2014 年 12 月 31 日                                      审计师：卜嘉璋

其他应收款                                                          工作底稿时间：2015.2.25

| | | 2014.12.31 | 2013.12.31 β | 变化 金额 | 百分比 |
|---|---|---|---|---|---|
| 员工预借款 | 注释 2 ⤬ | 15 324 | 30 198 | （14 874） | （−49%） |
| 押金 | 注释 3 | 330 000 | 420 000 | （90 000） | （−21%） |
| 应收保险公司 | 注释 4 | 100 000 | 100 000 | − | 0% |
| 出借股东 | G2-1 | C1 528 733 | 528 733 | 1 000 000 | 189% |
| 出口退税 | K1-3 | 4 200 150 | 2 510 000 | 1 690 150 | 67% |
| 其他 | 注释 5 | 450 000 | 532 | 449 468 | 84 486% |
| 合计 | | 6 624 207 | 3 589 463 | 3 034 744 | 85% |
| 审计调整 2 | K1-3 | （1 500 000） | | | |
| 审计调整 5 | G2-1 | （1 528 733） | | | |
| 调整后数字 | | 3 595 474 | 3 589 463 | 6 011 | 0% |

⤬    与明细账核对无误

∠    与总账核对无误

β    与去年工作底稿核对无误

∧    纵向计算复核无误

C    已发出确认书

⦸    确认书已收回

注释：

1    [ 如果需要的话，一般介绍 ]

     [ 按照调整后数字，其他应收款的余额今年比去年基本相同，原因是……]

     [ 我们统一考虑了其他应收款的可收回性问题。我们检查了期后收款的情况……]

2    员工预借款……

3    押金的性质是……  我们检查了……

4    应收保险公司的性质是……  我们检查了……

5    ……有关检查凭证的工作请见 G2-2，我们的检查未发现任何问题。

结论：  我们未发现其他应收款余额有重大错误。

- 辅表（sub-schedules）。一个主表可以下辖几个辅表，辅表下面还可以再有辅表。标准格式是有一个明细数据表，并有一些注释，一般只是客户的数字，不会有调整前和调整后数字。注释是针对辅表所载数字进行一些解释，不一定非常全面。详见表3-2。

表 3-2

ABC 公司                                                                          G2-1

审计年度：2014 年 12 月 31 日                                             审计师：卜嘉璋

其他应收款——出借股东                                          工作底稿时间：2015.2.24

|  | 2014.12.31 |  |
|---|---|---|
| 上年借出未还 | β | 528 733 |
| 资金拆借（2014.4） | ✗ | 600 000 |
| 代垫设备款（2014.8） | ✗ | 400 000 |
| 合计 |  | 1 528 733 G2 ∧ |

| ✗ | 与明细账核对无误 |
|---|---|
| β | 与去年工作底稿核对无误 |
| ∧ | 纵向计算复核无误 |

注释：

1　这些款项的性质是……我们与客户的总经理讨论了……
　　我们取得了公司和该股东就净额结算部分应收、应付账款的协议，见工作底稿
　　G2-1-1，据此判断应收款项对应的收款权利已经终止……
　　因此，我们建议如下审计调整：
　　审计调整 5
　　借：其他应付款　　　　　　1 528 733　　　　　J3
　　　　贷：其他应收款　　　　（1528 733）　　　G2

　　调整说明：将与股东的资金往来……

- 专门记录所做的某项测试的工作底稿（audit test work paper）。它不一定有数据表，但一般会要求写出测试的目的、方法及逻辑、测试总体的范围、抽样方法、检查的结果等。按照中国审计准则的要求，还要明细列出所选取的样本，以便后来人可以重新测试。详见表3-3。

表 3-3

| ABC 公司 | | | | G2-2 |
| 审计年度：2014 年 12 月 31 日 | | | | 审计师：卜嘉璋 |
| 其他应收款——其他 检查凭证测试 | | | | 工作底稿时间：2015.2.27 |

测试目的： 验证其他应收款——其他的存在性。

测试方法： 抽样检查原始凭证。

测试总体： 其他应收款——其他（余额为人民币 450 000 元）明细中的每一个项目。
明细见 G2-2-1。

抽样方法： 按一定标准选择特殊的项目。标准为金额大于人民币 5 万元。

选取的样本和检查情况：

| 序号 | 凭证号 | 金额 | 对存在性有无疑问 |
| --- | --- | --- | --- |
| 1 | 030912 | 60 000 | 多付电力公司款，下月收回。存在性无疑问。 |
| 2 | 031220 | 100 000 | …… |
| 3 | 030105 | 98 000 | …… |
| 4 | 030520 | 78 436 | …… |

检查结果： 所检查的样本并未发现存在性的问题。

如果工作中发现审计调整，可能是在辅表中详细写出原因和所做的检查，也可能是在测试工作底稿中写，有时也会在主表里写。

### 3.4.4 准备工作底稿的目的是什么

准备工作底稿的三个目的是：

- 对上，为了让经理及合伙人审阅。也就是说，将客户的不规范的信息、支离破碎的信息整理成一个逻辑体系，让经理及合伙人可以在很短的时间内理解全貌，找出问题。这就要求写得简洁。

- 对同级，一旦别人继续跟进，或明年再做这个项目，可以从工作底稿里找到足够的可以借鉴的资料，如和销售部某人的谈话，等等。这就要求写清楚细节。这在中国尤其突出。因为在美国，客户的会计质量好一些，因此，客户提供的原始资料与最终工作底稿的数据格式差别不太大，细节少一些，后人仍可以做下去；在中国，如果客户的会计质量不太好，客户提供的原始资料与最终工作底稿的数据格式差别就会很大，这种中间处理过程的细节写少了，后人就很难跟进了。

● 对外，作为一个证据的记录。虽然审计协议上一般会约定，审计师的工作底稿是会计师事务所的财产，但审计师的工作底稿会被法律或行业监管要求检查。审计师不能简单以"保护委托人的隐私"为由拒绝接受检查，换句话说，审计师不是完全站在公司一头的，最终审计师是为社会公众服务的，但又是由公司买单。"谁是审计师的客户？"这是有关这个行业的哲学问题。

话说回来，由于工作底稿有对外这一用途，所以书写上就要注意论述全面和前后一致，不能偏激。要掌握分寸，注意哪些该写，哪些不该写。

### 3.4.5　工作底稿索引是一个树状结构

工作底稿的索引，或者用土一点儿的说法——编号，是一个树状结构。打个比方说，就像生物学上的"界、门、纲、目、科、属、种"一样。比如，人就属于动物界—脊索动物门—哺乳纲—灵长目—人科—人属—智人种，而黑猩猩就属于动物界—脊索动物门—哺乳纲—灵长目—人科—黑猩猩属—黑猩猩种。同样的道理，比方说，我们将与损益相关的工作底稿都定为 D 类，将与长期资产相关的工作底稿都定为 E 类，则固定资产的主表就是 E1，好比是长期资产就是华山剑派，E1 就是华山大弟子令狐冲。在建工程的主表是 E2，好比 E2 就是华山派二弟子劳德诺一样。无形资产是 E3。而新增固定资产明细就是 E1-1，好比是大弟子令狐冲的外套，我们针对某些新增固定资产项目所做的测试的工作底稿的编号可以进一步是 E1-1-1，好比是令狐冲外套上的一个扣子，以此类推。<sup>⊖</sup>

---

⊖　注意，这里的 D、E 的规定只是打比方，不同的事务所习惯是不同的，不要以为这是审计准则的规定。

### 3.4.6 写工作底稿时要学会自顶而下的思考方式

实质性测试的工作底稿格式及其索引方式暗示出，这是一种自顶而下（top-down）的思考方式。这是做事情时很重要的思考方式。英文里面另有一个词是 big picture（中文直译作"大画面"），表达的也是相近的意思，就是说你只有先有了大局感，再往里补细节，才能做好工作，而不能"只管低头拉车，不管抬头看路"。

可以这样说，只要你在商业世界里，几乎不管做任何事情，你都要遵循这种方式。例如，稍微长一点的报告（超过 10 页的），就应该有一个内容概要（executive summary）。这样做是为了让阅读者能够迅速了解你想表达的内容的全局，然后阅读者可以挑自己感兴趣的部分再详细读。再如，在每个审计的工作底稿里，都应该有一份审计现场工作的总结，这个总结一般有 10 ～ 20 页，主要概括了客户的情况、现场工作的要点和主要发现。准备这么一个总结的主要目的，就是为了让项目经理及合伙人在审阅工作底稿时能够迅速了解整个审计的情况。

有一个说法，同样画一个人，有的画家是先详细画人的脸，再画身体，最后画完了仍然可以不失比例、栩栩如生；有的画家是先粗线条地勾勒出人的形状，然后一步一步地补细节。作为画家，两种方式的选择都行，没有对错之分，"不管白猫黑猫，抓住耗子就是好猫"呗。但是，在商业世界里，做审计也好，做其他工作也罢，正确选择只能是第二种，即先画轮廓，再补细节。

所以，审计工作，时间预算是十天就有十天的做法，时间预算是一天就有一天的做法。不管时间预算是长是短，工作都可以做，区别只是最终的平均风险水平高或低。工作方法都是先看一下全局，判断一下风险最大的地方在哪里，然后先做那个领域。那个领域做到一定程度，风险不那么高了，就停下来，转而处理下一个高风险的领域。从准备工作底稿的顺序上来说，就是先准备整体趋势变动分析，其次是纳入审计范围的部分的主表，如 D1、E1、E2、K1 什么的，然后再准备 D1-1、E1-3 之类的辅表。

套用同样的思路，由于工作底稿的目的有对上、对同级和对外三方面，为了兼顾这三方面的考虑，可以先将一个简明扼要的汇总写在前面，方便"对上"的审阅；同时，将对同级要交代的细节可以作为附注或补充说明写在后面，这样，既不妨碍"对上"的审阅，又满足了"对同级"的目的。

同样，工作底稿中除了有每个科目的具体工作底稿以外，还有审计调整清单、审计调整试算平衡表（adjusted trial balance）等一些汇总所发现问题的底稿。这些底稿，其信息来源都是具体的工作底稿，但准备这样一个汇总，也是为了方便掌握全局。好的项目负责人为了能够随时掌握全局，往往不是在工作快结束时才准备审计调整清单、审计调整试算平衡表等这些汇总的底稿，而是从现场工作一开始就准备这样的底稿并随时更新，以便动态掌握全局。这也是一种自顶而下的思考方法的体现。

我认为，从写作风格来说，工作底稿应该要追求一种"简茂⊖之美"，即"守简致茂"。

### 3.4.7　审计符号、注释和工作底稿相互索引

工作底稿里写些什么呢？

首先当然是一些表格和数字。再就应该是，也只能是审计师所做的工作。有三种表达所做的工作的方法，分别是：审计符号、注释及工作底稿相互索引。

审计符号是对通用工作的浓缩。例如，一般对每个合计数字都要检查其加总是否正确，那么"对加总进行核查"这项通用的工作就被简化成一个审计符号了，跟速记符号似的；审计工作中对很多数字都要核对到总账或明细账，"核对到总账"及"核对到明细账"这两项通用的工作就被简化成两个审计符号了。"函证"一般也有审计符号。而如果某项工作仅仅是在特定场合才要做，就不会使用审计符号，

---

⊖　简茂，简单的茂密。林曦（林糊糊）在暄桐教室的中医讲座提过这个词，并谈到守简致茂及守茂致简的区别。有兴趣的人，可以去听网上的相关讲座，也可以看看《三联生活周刊》对林曦的采访稿。

而仅仅是加一个注释，说明具体做了什么工作。

如果一个事务所内部有一些通用的审计符号，那大家就直接用好了，除了在进所培训时讲一讲以外，谁也不用特意去说明，好像计算机编程里的全局变量一样；但如果只是某一个项目上用到的审计符号，就要在这个项目的工作底稿的开始，做一个"图例"去说明一下；有时，是某个科目才用到的审计符号，就会在这部分工作底稿前面做个"图例"来说明。

当然，审计符号的标注不是为了好看，一旦标上这个符号，就代表你做了这个工作。由于工作底稿的电子化，不少审计符号是在拷贝前一年工作底稿时它就在的，不像以前纸质工作底稿年代，需要重新进行手工标注。

曾经看过某些工作底稿，上面明明标了"核对到总账"的符号，但其实根本对不上，就是因为准备底稿的人对这个符号不敏感，这个符号不是他做完相应的工作打上去的，而是从去年的文件拷贝过来的。

注释是最直接的，它将做的工作讲出来。至于怎样写注释，下一部分将会讨论。

工作底稿的互相索引也是很重要的。这种索引相当于不言自明地表达了这样一个意思——"我已经核对了这两个数字，它们是一致的"，很多时候，这种索引还同时表达了第二个意思——"针对这个数字所做的工作在另外一张工作底稿上"。所以，如果审计师针对某个数字做了很多工作，要展开比较多的讨论，为了避免写一个太长的注释，和同一张工作底稿里的其他注释混在一起显得条理不清楚且重点不突出，可以先新开一个辅表，再通过工作底稿互相索引的方式将所做的工作间接表达出来。

要注意的是，不是所有的工作底稿互相索引都含有第二层意思，即"针对这个数字所做的工作在另外一张工作底稿上"。有不少时候，它仅仅是将在不同工作底稿上的两个数字进行核对的意思。

关于工作底稿的互相索引，要避免几个问题：

一是不要过度索引，也不要索引不够。索引不够当然是不好的，但有时也会出现索引过度。比如企业的销售收入，在很多工作底稿上，都会引用这个数字进行一些分析，这时，就用不着每次都做互相索引。否则，销售收入那张底稿岂不是满纸都是索引号了？当然，不做索引并不意味着不去核查数字的准确性。

二是两个审计师不要互相只做索引，谁也不做测试工作。我就见过这样的情况，甲觉得利息费用的合理性测试应该归乙做，因为乙是做贷款的；乙觉得应该甲做这个工作，因为甲是负责财务费用这部分的。但两个人都知道应该做互相索引以证明"这个数字我们互相核对过了"。结果是甲和乙的工作底稿上利息费用这个数字都出现了，而且彼此索引过了，但谁也没有做测试工作，都以为自己在自己的工作底稿上做了这个互相索引后，就意味着将工作转嫁给另外一张工作底稿了。这是"踢皮球"的做法。

三是假索引，数字根本对不上。这一般都是由于两个审计师都比较懒，坐在座位上谁也懒得站起来去看一眼对方的工作底稿，只是说一句"我跟你对这个数了，没问题吧？""没问题。"结果两个人说的不是一回事，不是一个数。

### 3.4.8　在工作底稿里写什么样的注释和怎么写

刚开始做审计工作的审计师，对于在工作底稿里写注释，感觉是很困难的一件事。一是不知道什么该写，什么不该写；二是不知道怎么写。

工作底稿里的注释就是要把你的思考过程和所做的工作表达出来。当然这种表达是要有技巧的，不是写成个流水账就行的。所以，关于写什么和不写什么，可以注意以下几点：

- 要写一些背景介绍，方便阅读者理解；但不写在这个项目上大家都知道的东西（public domain knowledge）和常识性的东西（common sense）。什么才算大家都知道的东西呢？这就要求你先读一下合伙人和经理发出的审计计划之类的东西了。那里面提到的东西就算是大家都知道的东西。另外，就只好凭经验积累了。

- 要写热点问题。什么是热点问题？审计计划中提到的关键问题是热点问题，再就是凭经验积累来掌握哪些是热点。例如，收入确认作为一个热点问题，从 2000 年开始，已经热了十几年了，恐怕还会热下去。

- 写注释时要先推想一般人对这个科目的预期。这个预期是建立在对于客户业务了解的基础上的。关于预期的讨论，可以看 3.2.2 审计思考的关键——预期。注释里可以简单谈一下我们的预期是什么，以及这个科目的余额是否符合我们的预期，如果不符合，又有哪些解释。

- 要从 CEAVOP（见 3.2.1 公众对审计的期望）各个角度谈我们的思考和所做的工作，不要仅仅简单地想起什么写什么。

那么，怎么写呢？

不要讲故事。讲故事讲究的是埋伏笔、抖包袱、移步换景等手法，最忌开门见山、平铺直叙、一句话说出结尾。我们有的审计师写注释，倒也不是特意要讲故事，但总愿意把自己如何费尽千辛万苦挖出来真相的全过程来个"经典重放"，害得审阅的经理及合伙人花了很多时间读他写的"心路历程"，最后来一句感叹："剥了这么多张纸，原来就写了两个字——挠挠。"不知道我在说什么的人，建议去听一下民间笑话或已故马三立老先生的相声。

既然不能讲故事，那应该怎么写呢？反过来就差不多对了。也就是说，要开门见山、平铺直叙、一句话说出结尾。我的意思是说，要先对一个事件有一个说明，然后定性，提出自己的判断和是否要调整，这个数字是否正确，这就够了。

怎么样能写好注释呢？这很难完全依赖理论，肯定要审计师在实践中不断漠索，这样才能写得更好。

### 3.4.9 用表格来说明问题是一种有条理的思考方法的体现

有这样一个问题，说某家旅馆今天有 20 个房间有旅客住，其中 100 元每天的房间有 8 间，150 元每天的房间有 7 间，200 元每天的房间有 5 间，请问这家旅馆今天的收入是多少？

这是一个很简单的题目。其要点不在于答案，而在于如何表达你的计算过程。我曾经拿着这个问题在近百名大学毕业生的教室里发问，得到的计算过程的表达方式全都是这样的：

$$100 \times 8 + 150 \times 7 + 200 \times 5 = 2\,850（元）$$

这不是一个令人高兴的结果。更好的表达方式是这样的（见表 3-4）。

谁都能看出来，这种表达方式体现了一种数据库结构，而且非常利于另外一个人来复查整个计算过程。审计师在工作底稿里，要善于使用这样的表达方式。

表　3-4

| 房间单价（元） | 房间数量 | 收入（元） |
| --- | --- | --- |
| A | B | C=A×B |
| 100 | 8 | 800 |
| 150 | 7 | 1 050 |
| 200 | 5 | 1 000 |
| 合计 | | 2 850 |

不过，这也不能怪那些大学生，我随便在互联网上找了一段新闻，是这么写的：

中国互联网络信息中心（CNNIC）今日（2015 年 2 月 3 日）发布《第 35 次中国互联网络发展状况统计报告》（以下简称《报告》）。《报告》中指出，截至 2014 年 12 月，我国网络购物用户规模达到 3.61 亿，较 2013 年年底增加 5 953 万人，增长率为 19.7%；我国网民使用网络购物的比例从 48.9% 提升至 55.7%。另外，团购用户规模持续增加，增速甚至超过网购总用户增长速度。截至 2014 年 12 月，我国团购用户规模达到 1.73 亿，较 2013 年年底增加 3 200 万人，增长率为 22.7%。与 2013 年 12 月底相比，我国网民使用团购的比例从 22.8% 提升至 26.6%。

纵观 2014 年我国网络购物市场，主要呈现出普及化、全球化、移动化的发展趋势。具体而言，网购群体主流年龄跨度增大，向全民扩散。CNNIC 数据显示，2014 年最主流网购用户（20 ～ 29 岁网购人群）规模同比增长

23.7%，10～20 岁网购人群用户规模同比增长 10.4%，50 岁及以上网购人群用户规模同比增长 33.2%。

跨境 B2C 业务的开启彰显中国网络零售全球化发展趋势。随着中国消费者对海外优质商品的旺盛需求，中国制造在海外市场的畅销，以及跨境支付体验的不断完善，2014 年跨境 B2C 业务在天猫、京东、苏宁等各大网络零售平台上线。阿里数据显示，"双十一"期间，217 个国家和地区在阿里巴巴平台上进行交易。至此，跨境电商在中国进入全球化大众消费时代。

手机网购激发移动环境下消费，引领网络购物发展。2014 年手机购物市场发展迅速。**CNNIC 数据显示，2014 年我国手机网络购物用户规模达到 2.36 亿，增长率为 63.5%，是网络购物市场整体用户规模增长速度的 3.2 倍，手机购物的使用比例提升了 13.5 个百分点，达到 42.4%。**CNNIC 研究显示，手机购物并非 PC 贩物的替代，而是在移动环境下产生增量消费，并且重塑线下商业形态促成交易，从而推动网络购物移动化发展趋势。⊖

这一段文字，就是典型的可以改造成一个表格的文字叙述，我把上面加粗的文字整理成下面这个表格（见表 3-5）。

表　3-5

| | 2014 年 | 2013 年 | 增长率 / 增长百分点 |
|---|---|---|---|
| 网络购物用户规模 | 3.61 亿 | 3.0147 亿 | 19.7% |
| 网民使用网络购物的比例 | 55.7% | 48.9% | 6.8% |
| 团购用户规模 | 1.73 亿 | 1.41 亿 | 22.7% |
| 网民使用团购的比例 | 26.6% | 22.8% | 3.8% |
| 手机网络购物用户规模 | 2.36 亿 | 1.443 亿 | 63.5% |
| 手机购物的使用比例 | 42.4% | 28.9% | 13.5% |

注：手机网络购物用户规模的增长速度是网络购物用户规模增长速度的 3.2 倍。

我自己试着将上面的文字叙述用表格表达了一下，发现这样做的好处真是多，不仅能够给读者提供更详细、更丰富的信息，而且表达上也更清楚了。

---

⊖　资料来源：http://tech.qq.com/a/20150203/051713.htm。

另外，我还发现，上面这段文字中，2014 年的网络用户规模，其数据精确到百万（亿的小数点后两位），而网络用户规模的增加数，其位数精确到万，这其实是有点"不对称"的。所以，对数字敏感的人看表 3-5 时，就会觉得缺乏一点"美感"了。但如果我把 2013 年的网络用户购物规模四舍五入到 3.01 亿，则增长比率就变成 19.9% 而不是 19.7% 了，这就跟原文对不上了。同样，看"手机网络购物用户规模"那一行，也有类似的问题。

上文中，虽然记者没有给出网民的规模，但是，从 2014 年网络购物用户规模及网民使用网络购物的比例，是可以推算出 2014 年网民规模为 3.61 ÷ 55.7% ＝ 6.48 亿的。同时，从 2014 年团购用户规模及网民使用团购的比例，又可以推算出 2014 年网民规模为 1.73 ÷ 26.6% ＝ 6.50 亿。前后得出的网民规模是有点出入的。用同样的方法分别去计算 2013 年网民规模，也同样对不上，差得还多一些。

我承认我是有点无聊了，但请相信我，一位负责任的审计合伙人，在审阅工作底稿时，比这更"火眼金睛"的招数都有。虽然大家都理解，这很可能是计算过程对数据的四舍五入造成的，但如果作为审计工作底稿或者财务报告，前后左右的数据还是要勾稽无误才好。

引申一点讲，当你用 Excel 电子表格列示一张底稿时，如果显示的位数是小数点后两位，那么，请确保参与计算的数字也都是四舍五入到小数点后两位，否则，在你的工作底稿里，就可能会出现诸如 4.52＋5.47 ＝ 10.00 的低级错误。原因可能就是因为 4.52 那个数，其实是 4.524，而 5.47 那个数，其实是 5.473。

话说回来，其实不仅仅是中国的记者很少用表格表达这些数字而宁愿用文字叙述，外国的记者也一样。你要是看《华尔街日报》的第一版，也经常有一大段文字是在讨论某些数字的。甚至连很多企业递交给美国证监会的上市文件里，也时常会用大段文字来描述一些数字。

我猜记者愿意用文字来表达这些数字是为了口头报道的方便。口头报道是一种单一维度的线性的信息输出，很难把一个二维的表格念出来。但写工作底稿和出报纸杂志，信息输出是一种两维的平面方式的，用表格来表达就是一种更清楚也更有效率的方式。

记者当然可以有他们的自由来选择他们喜欢的表达方式，但审计师为了让自己的思路尽量清楚，也为了让自己的工作能够让别人，例如合伙人，审阅起来简单易懂，还是用表格来表述自己的思路为好。

商业世界中的一个基本原则是"客户的时间是宝贵的"。为了能在几秒钟内让别人、让客户明白你的意思，你必须要多花几个小时的时间，想出最简洁明快的表达方式，让别人，哪怕这个人智商只有50，也能一下子就明白你的意思。这个原则的存在，是因为你要从别人那里赚钱或者取得资源。麦肯锡咨询公司不是提倡一个"电梯"法则嘛，就是说如果你不能在乘电梯的时间里说服对方，你就别费劲了，你永远无法说服对方，因为即使对方坐下来和你开会，他真正集中精力听你讲的时间也不会超过这个乘电梯的时间。

### 3.4.10　工作底稿的归档要求

关于审计工作底稿，最后要提醒大家的，是底稿的归档要求。

首先，要做到全面归档。在会计师事务所组织的内部质量检查，或是监管部门组织的检查中，审计师最经常遇到的一种情形，就是工作底稿缺失。例如，审计师就某个进行中的法律诉讼是否需要计提预计负债的问题，与管理层进行访谈，并书面询问了律师意见，随后经过项目组内部讨论，认可了客户无须计提预计负债的判断。

但是，审计师只把访谈的内容以及内部讨论分析的过程，记录在自己的笔记本里；对于取得的律师回函，也只是看一眼就丢到一边，没有将形成的工作底稿进行归档。

在这种情况下，即使检查时审计师能够提供当时自己在笔记本上记录的手稿，也能找出当时被丢到一边的律师函，其可信度也会受到严重怀疑。况且，从原则上讲，在工作底稿归档的时限内，没有记录归档的审计程序，就等于没有做。

同时，所谓全面归档，还包括对于审计过程中取得的、支持不同结论的审计证据都要归档，并记录审计师分析与判断的过程。千万不可以只挑选能支持某个结论的审计证据，而对其他"不利"的审计证据视而不见，不做分析与记录。

其次，要做到及时归档。不同国家的审计准则，对审计底稿的归档有不同的时间要求。现阶段，美国上市公司的审计底稿，一般要求在出具审计意见的 45 天内存档；而中国的审计准则，则要求在 60 天内归档。各个会计师事务所还可能有自己更为保守的存档时间要求。一旦过了规定的工作底稿归档时间，一般不能再动底稿。如遇到特殊情形，审计师有合理原因需要修改或增减工作底稿的，需要记录修改事由，并经过一定的审批流程。

审计师要保证自己在出具审计报告之前，所有重要的工作底稿均已完成，并经过恰当级别的审阅和签字。一个项目组为了完成这个目标，除了项目经理要惦记并张罗这件事之外，每个成员都有责任保证自己负责的底稿及时得到审阅和归档，同时互相提醒和督促其他团队成员尽快完成其审阅工作或意见反馈工作。

最后，审计师要确保在审计准则规定的时间内，完成所有工作底稿的归档工作。

现在，一些会计师事务所已经实现了工作底稿的电子化管理。电子工作底稿的上传和审阅时间是由系统自动记录的，并有严格的控制程序，保证在工作底稿定稿及关闭后，不能再被修改。这也对审计师及时存档工作底稿提出了更大的挑战。

# 3.5 审计项目的风险控制

## 3.5.1 做审计好像找对象

审计师真能把企业可能的欺骗行为都找出来吗？

- 能，如果时间足够的话。这是一句正确的废话，审计师永远在"成本"和"效益"之间进行抉择，什么时候时间足够过？
- 不能。俗话说得好，"常在江湖飘，谁能不挨刀""猎犬终须山上丧，将军最后阵中亡"……

那岂不是早晚要出事，横竖是个死？

不会的。《孙子兵法》有云："百战百胜，非善之善者也；不战而屈人之兵，善之善者也。故上兵伐谋，其次伐交，其次伐兵，其下攻城。"

这句话用在审计上，就是说，指望通过辛辛苦苦的审计现场工作来解决项目的风险，是属于"其次伐兵"或者"其下攻城"范畴的，不得不做，但做得好，也不过是好勇斗狠之徒，"非善之善者也"。

高明的审计应该是，从一开始接一个新客户时，就将高风险排除掉。这样等到了审计师要做审计现场工作时，已经不会有大的风险了，现场工作仅仅是为了防止意外，以及控制一些剩余的风险。

所以，在审计一开始接一个新客户时，就好像青年男女找对象一样，是要看顺了眼才往下谈的，毕竟是终身大事嘛。审计师都好比是老实巴交的孩子，总想找个踏实的人过一辈子，听到企业的管理层在吹嘘什么把"苏联的导弹转卖给伊拉克"之类的壮举就害怕。有时一个企业明明也不错，但其经营理念可能过于激进，不符合某个会计师事务所的品位或智商水平，审计师也会退出这个游戏。就好像找对象时要找个门当户对的一样，否则将来共同生活时没有共同语言啊。

有一个会计师事务所的合伙人是这么评价审计师接错了客户的：结了婚，才发现双方不合适。婚姻的基础是互相信任。现在，我们不能互相信任，只好离婚了。

据报道，中国的离婚率超过 25%，美国的离婚率超过 50%。如果审计师和审计客户的关系真像婚姻一样的话，这个数字会让所有审计师都得心脏病的。

也许对于审计师和审计客户来说，"结婚率"低，"离婚率"才能低吧。

### 3.5.2　审计师做审计时要怀疑一切吗

审计师做现场审计的时候，有一个心态问题：

- 假设客户是诚实的，然后去找证明客户确实诚实的证据。
- 怀疑客户在欺骗你，然后去找客户不诚实的证据。找不到，就证明客户没有欺骗你，是诚实的。

应该说，在安然事件以前，审计师们倾向于第一种心态，连美国注册会计师协会的一个实务指南也是这么承认的。就是说，审计师对客户，是"信"字当头，"疑"在其中。

安然事件以后，各国的监管都严了，审计师的心态也变了，变成第二种心态了。美国注册会计师协会的一个实务指南也进行了相应的调整。这个时候，是一种"客户就是我们的敌人"的心态。

关于这两种心态的转变，有人打过这么一个比方：以前的审计师，是资本市场的看门狗。看门狗的工作比较简单，只要守在门口，感觉到有什么风吹草动时叫上两下子提醒主人就行了，所以，以前美国的报纸批评审计师工作不尽责时会用比喻的方法说"看门狗没有叫"。现在不行了，审计师要转型成猎狗才行。猎狗要做什么样的工作啊？就是不仅仅守在门口，还要积极地在屋里屋外、房前院后四处嗅、四处找，找不到可疑之处不肯罢休。

但是，审计师仍然不可能因为怀疑客户就对什么都做检查，因为审计业务的

"成本效益"原则决定了审计师的时间永远是很有限的，审计师必须将时间首先花在那些客户最可能有心或无心犯错误的地方。

另外，审计师在现场工作时，也不能把客户想象得太可怕。如果审计师把一个客户想象得什么都可能做假的话，最理性的选择就应该是不接这个客户了，而不是继续做审计现场工作。

所以，如果一个客户可能会做一些很险恶的欺诈舞弊行为的话，审计师就最好别接这个客户。所要接的客户有没有做这种错事的素质，是应该在接新客户的时候就看出来并排除掉这种风险的（见 3.5.1 做审计好像找对象）。到了审计现场工作的阶段，审计师不应该再在这个领域太用力了，而应该主要关注那些常规的可能出错的领域。

审计师还应该多学习一点儿辩证法，应该认识到：绝对真理是不存在的，绝对的真相也是没有的。审计二作有点儿像历史学家或考古学家做的事情，总是在挖以前的东西。哪个历史学家也不敢说他就弄清楚杨贵妃是怎么死的了，哪个考古学家也不敢说他就弄清楚恐龙是怎么灭亡的了，因为太多的东西已经淹没在历史的尘埃中。同样，对于很多事情，审计师可能永远无法找到绝对的证据，只能是尽量多地找一些佐证的证据，然后根据这些佐证的证据判断财务报表出错的概率有多大。说到底，审计的风险是不可能完全消除的，只是概率大小而已。

审计的这种柔软的不确定性可能是那些脑子一根筋的人最受不了的，他们觉得自己作为审计师，能够像推土机一样将一切推得落花流水、一马平川，让他们接受不确定性的存在，比在老鼠屁眼上塞一粒黄豆还让他们难受。有时我们应该很庆幸这种人是在做审计而不是在做历史研究，否则，他们非得把唐明皇的尸首挖出来拷打不可："你说，你到底有没有真的赐死杨贵妃？"听听，像不像在问客户："你说，你到底有没有少记应付账款？"

综上所述，对我们的标题所提出的问题的回答就是：

审计师可以在做审计时怀疑一切，但不能因此而违背"成本效益"原则，像个偏执狂一样去检查客户。在判断接不接一个新客户的时候，审计师们可以天马行空地去恶意地猜想客户可能有什么问题；到了审计现场工作的时候，审计师就要认识到，这个客户已经经过了本所接纳新客户的审查，应该假设它具备了基本的素质，所以审计师要保持一种相对平和的心态去看待客户。

"怀疑一切"并不意味着"打倒一切"或要"查清一切"。伟大的怀疑主义者休谟说过，你永远无法知道太阳明天是否依然升起。

### 3.5.3　舞弊审计与传统审计

审计师做审计，是为了发现欺诈舞弊的行为吗？

这个问题很难直接回答"是"或者"不是"。要说审计师做审计的目的，还是要看一看审计意见说了什么。为了能发表那样的审计意见，审计师就要找出各种问题，而这个"各种问题"，它包括了欺诈舞弊，也包括了企业各种由于能力限制造成的无心之失。所以说，审计师做审计，是要发现欺诈舞弊行为，但更要发现各种其他的差错。

但是，现在的审计方法，好像不擅长发现欺诈舞弊行为。为什么这么说呢？

我们先看一下现在的审计方法大体上是什么样子的：先是检查企业的内控系统，看其是否设计良好并且运转可靠。如果是这样，太好了，可以做少量实质性测试工作，例如抽查凭证什么的，然后说，我们审计师做了测试，结论是大体上信赖企业自己的内控。我们做的实质性测试也没发现问题，所以企业的财务报表是真实公允的。

如果不幸，审计师觉得企业的内控系统不好，审计师就会做大量的实质性测试工作，然后才敢发表审计意见。真正出现这样的情况很少，因为这样的企业多半是有问题的企业，审计师可能做了一半审计就不敢再做了。

这样的审计方法，对于发现企业的无心之失，还是比较有效的。尽管是抽样审计，但建立在现代数理统计理论基础上的抽样也不是白给的，审计师经常觉得自己一抓一个准，总能在抽样时抽到有问题的东西，这其实不是审计师多么神奇，而是数学的力量。

但是，这样的审计方法，对于发现企业的欺诈舞弊行为，是不太灵光的。企业的欺诈舞弊行为，凭我的经验就可以知道，主要发生在一把手身上。2015 年，中央纪律检查委员会第五次全体会议提出，加强对地市县的巡视，盯住"一把手"和班子成员。由此可见，我的经验没错。

一把手容易违法犯罪，当然也容易搞欺诈舞弊。那么，这对我们的审计方法有什么影响呢？

前面谈的审计方法是从企业的内控入手来做审计的。这也是现代审计方法的一个特点。可是，企业内控失效的两大原因就是内部串通和管理层越权。所谓内部串通，就是本来内控制度中这两个人应该是互相监督的，但这两个人串通一气，表面上看内控制度还是好好的，但已经起不到该起的作用了；所谓管理层越权，就是管理层自己不按内控制度来办事，当企业内部的有关人员要监督他时就利用职权让这种监督失效。企业里最常见的例子就是：某领导不能自己批准自己的餐费，于是，他就让部下以他们的名义来报销餐费，自己来批准，这事实上就是一种管理层越权。

内部串通和管理层越权都会导致内控制度表面上看起来还是好好的，但已经起不到该起的作用了。在这种情况下，审计师仍从企业的内控入手，就很容易受骗，难以发现问题。而欺诈舞弊，往往是由管理层，尤其是一把手，以管理层越权的方式来操作的，审计师从内控入手看这家企业，很可能看不出多少问题。然后审计师做的实质性测试又不多，不一定能揪出狐狸的尾巴。所以说，现在的审计方法，不擅长发现欺诈舞弊行为。

那么，要想很好地发现欺诈舞弊行为，要对现在的审计方法做什么改良呢？

一是更深入地分析管理层可能进行欺诈舞弊行为的动机和方向，公安局破案最讲究作案动机，这几乎是破案的第一步。

二是熟悉各种欺诈舞弊行为的手法，从而设计有针对性的测试手段。

三是执行更多的实质性测试，而不能再简单地依赖和相信企业的内控。

可是，独立审计并不是为了发现欺诈舞弊行为而出现的。所以，现在有人提出来，独立审计要分成两种：一种是常规的传统的审计；一种是舞弊审计，是主要为发现欺诈舞弊行为而做的审计。这两者之间不需要有太明显的界线，只是工作的侧重点不一样。审计师在对客户进行了足够的研究、决定接受这个客户之后，可以先按常规的传统的审计方法来做审计。一旦常规的传统的审计方法发现了较多的疑点，审计师就要启动舞弊审计的程序，开始进行舞弊审计。

不过，舞弊审计应该如何做呢？舞弊审计与传统的审计在做法上有哪些不同呢？这个领域就是审计的一个崭新领域了，还需要各国的审计师不断积累经验提出新的审计方法。我们后面在 3.7 反舞弊审计进一步展开讨论。

目前一些大型会计师事务所里，可能有专门涉及舞弊审计的专家小组，有的叫法证小组（forensic team），见 3.6.2 税务师、评估师和反舞弊调查专家。

想想就知道，从原来对审计师的要求是看门狗，叫一叫就行，转变到今天要求审计师做猎狗，要能够主动发现问题和解决问题，审计师也需要时间才能逐渐发展出配套的灵敏的嗅觉和尖利的牙齿来武装自己。

### 3.5.4 审计师发现了舞弊怎么办

审计师如果在审计过程中，真的发现了舞弊行为，审计师会怎么做呢？

一般在事务所内部都会做这样的培训。审计师会被要求一切行动如常，不要打草惊蛇，要装作若无其事。但是，这一舞弊的问题会在事务所内部，迅速报告给资深的合伙人及在这方面有经验的人，例如事务所内部的律师这样的人，来研究如何处理这样的事情。

所以，企业管理层可能还以为自己做的事情没有被审计师发现，一切都按计划进行呢。殊不知，审计师可能早已经发现问题了，只是正在内部研究如何解决问题。

审计师发现舞弊行为另外一个常见的渠道，不是通过审计现场工作发现问题，而是有知情人告密。这一渠道发现问题的比例之高可能超出了很多人的想象。仅就我个人听到过的和经历过的舞弊行为被发现的情况来说，有三四成是来自知情人告密。这些知情人可能是已经离职的以前的高管，因为与仍在位的管理层理念不一致而辞职了；也可能是现在的一个小职员，无意中知道了一些秘密。这些知情人，平时是不会有任何动作的，往往是在审计师进行现场工作的时候才会突然抛出一些猛料给审计师。当然，也有不少时候，他们抛出的信息其实不准确，或者无足轻重。但也有时候，他们真的会扔出重磅炸弹来。对于有心进行欺诈舞弊行为的人来说，这倒真是"要想人不知，除非己莫为"啊。

会计师事务所对于发现的舞弊行为，最可能的处理方法是与企业管理层开会，暗示企业管理层将有关问题讲清楚。如果不能得到管理层的坦诚交流，会计师事务所一般的选择就是：第一步，将该收的审计费收到手；第二步，撤队伍，终止审计。

一家企业如果被审计师无故踹了，就比较麻烦了。按照审计准则的规定，不管哪一家会计师事务所再来接着审计这家企业，都要与前任审计师沟通清楚前任离开的原因。如果一家企业找不到可以给它出"干净"审计意见的审计师，社会公众就有理由怀疑这家企业有问题了。这是审计这个行业淘汰劣质企业的机制。

### 3.5.5  数字分析中的班福定律

这是一个比较违背人的直觉的定律，但越是这样的东西，在检查舞弊时往往越有用。

先说一下什么是班福定律。班福（F. Benford）是 20 世纪 20 年代在美国 GE 工作的一个数学家。他最先发现了这样一个规律：在一个不规则数列里，首位数是 1 的概率为 Lg 2/1，即约为 30%；首位数是 2 的概率为 Lg 3/2，即约为 18%……以此类推，首位数是 9 的概率则为 Lg 10/9，即约为 4.6%。

关于这一定律自然是有一些证明和讨论的，有兴趣的人可以自己查资料。大概说来，它的原理类似这样一个故事：曾经有人做了大量名人的统计来论证作为长子或者长女成为成功人士的概率超过 40%，而次子或次女成为成功人士的概率就只有 20% 多。于是有人从营养学、胎教、心理学等多个角度论述这一结果的原因。我还曾经拿这一论点在我弟弟面前显摆过，好像自己口袋里装了很多钱似的。后来有人指出，这根本就是一个无聊的统计。如果一个家庭有一个孩子，这个孩子必然是长子或者长女；当一个家庭有两个孩子，这个家庭里才既有长子或者长女，也有次子或者次女。所以，人类当中，是长子或者长女的概率就超过了其他的几种情况。在这样的情况下，如果长子或者长女成功的概率还和别的情况的概率一样，就只能反向证明长子或者长女的平均智力低下，幸好不是这样的统计结果。

同样，在我们平时接触的数据里，虽然理论上说大小没有限制，但实际上，总是有一定限制的。例如，一家企业的费用报销金额，一般不会超过其当年的收入数字。考虑到其收入增长的速率一般不超过 30%，其费用报销金额一般也不会超过去年销售收入的 130%。既然这样，在我们平时接触的数据里，其首位数字是"1"的可能性就会大一些。试想想看，假如一组数据的大小一般不超过 25 000，那么，从 1 到 9 999 这一区间，首位数是"1""2"……"9"的可能性是一样的，但从 10 000 到 19 999，首位数全是"1"，而从 20 000 到 25 000，首位数都是"2"。显然，首位数字是"1"和"2"的概率就比首位数字是其他数字的概率要大了。

当然，关于这一定律，有更详细的论证，我们就不多谈了。当我看到这一定律的时候，最让我震惊的，是我想到的它的实际应用的广泛性和有效性。

我首先做的，是找出一家企业的应收账款明细，然后用这个定律进行分析，结果是这样的（见表 3-6）。

表 3-6

| 首位数字 | 按照班福定律要求的分布 | 样本的分布 |
|---|---|---|
| 1 | 30.10% | 32.60% |
| 2 | 17.60% | 15.30% |
| 3 | 12.50% | 9.50% |
| 4 | 9.70% | 8.90% |
| 5 | 7.90% | 6.80% |
| 6 | 6.70% | 12.60% |
| 7 | 5.80% | 4.70% |
| 8 | 5.10% | 4.70% |
| 9 | 4.60% | 4.70% |

可以说，除了"6"这个数字表现有点儿异常，其他数字的表现很符合班福定律的预测。

如果做审计时用上了这一分析，下一步的审计工作也就挺有重点了。着重查一下那些首位数字为"6"的应收账款余额，方法可以是查凭证，也可以是发确认书什么的。

同样，这一定律也可以使用在应付账款的明细上，可以使用在费用报销的金额上，可以使用在固定资产的明细上……它几乎可以使用在任何数据上，它简直是造假舞弊者的一个噩梦。

我们凭借常识很容易知道，一个企业的财务数字里，不应该有太多的整数，不应该有太多的"10、15、25……"这些我们知道，很多造假舞弊者也知道。于是，造假舞弊者就尽量避开这些陷阱。现在，我们还知道了这个班福定律。而这个定律是如此有效，以至于即使造假舞弊者知道这一定律，他也很难以一种有效的手段来避开这一陷阱。造假舞弊者要有电影《偷天陷阱》里凯瑟琳·泽塔－琼斯扮演的保险调查员的光栅探测器的技巧，才可能避过这一定律的探测。

应该说，审计师发现某一组数据不符合这一定律，并不能就此断定这组数据有问题，审计师只能说这组数据出问题的概率比较大。然后，审计师就可以将自己关注的重点移到这组数据上来。这样，审计的效率会大大提高，而造假舞弊者的工作难度会大大增强，因为人为制造出来的数字很难符合班福定律的要求。审计人员只要有智慧的大脑，加上电脑帮助做数据分析，就很容易发现人为的痕迹。

### 3.5.6　审计师做审计时有秘密武器吗

审计师做审计时有秘密武器吗？

对这个问题最感兴趣的人，除了看侦探小说看得精神出了问题的人，就是想作奸犯科的人。试想想看，如果知道了审计师的秘密武器，就能避开审计师的检查，这不就安全多了？就好像美国的 NMD（国家导弹防御系统）一样，想着别人的导弹都打不着我，有多好。

以我的经验而论，审计师是没有什么秘密武器的。

上面讲的班福定律算是一个秘密武器吗？其实不算。这种数据分析的技巧，还有其他几种，例如数字频率系数测试、重复数字测试等，是很多审计软件都有的。这些测试方法的好处是，它们是建立在数理统计的基础之上的，即使想搞舞弊行为的人知道了，也很难提出好的应对措施。

审计师的审计方法，大而化之地说，就是从各个方面收集信息，再从各个角度来分析这些信息，在这样的一通"乱枪打鸟"之下，被审计单位要是有错误和舞弊的话，很难躲得过去。对于这样的审计方法，我还见到过一个比喻，叫作"乱刀切瓜"。只要瓜里藏的错误和舞弊坏蛋足够大（这就是审计的重要性水平，见 3.2.6 审计师总是在"抓大放小"吗），审计师从不同的角度、不同的方向来切瓜，我左切，我右切，我切切切，不怕切不着你小样儿的。如果仍然无法发现错误和舞弊，而审计师又尽了最大的职业谨慎，那审计师也不会有太大责任的。

正因为审计师没有什么秘密武器，只有这种坚持不懈的蓝领工人的"切切切"，我才可以在这里聊一聊审计，而不怕有心人听走什么秘密，因为实在是没有什么秘密可以被听走。

审计师所有的，就是一些常识、思考能力和经验。将这三者放在一起不停地、勤奋地搅拌，就是审计师凭之以发现问题的武器了。

### 3.5.7　审计师发现前期差错怎么办

前面讲了不少注意事项，都是希望审计师可以把控好审计质量，保证自己审计过的财务报表不出什么大娄子。但是，在实际工作中，审计师还是有可能遇到经过审计的财务报表依然存在差错的情况。

有错怎么办呢？俗话说得好，"知错能改，善莫大焉。"所以，那种认为"已经出过的报告绝对不能改"的想法是不对的。但是，那种以为随意地就可以改来改去的想法，也是不对的。

既然可以改，那么，具体怎么改呢？如果因为实际情况的制约改不了，怎么办呢？

首先，审计师需要再三推敲，确定这是一个错，千万不要像考试时最后一分钟查卷子那样，慌里慌张地把对的给改错了。

那种涉及复杂会计判断的例子，我们就不在这里分析了。在这里想提醒大家的是，要分清楚会计估计变更与会计差错。

通俗地说，会计估计变更是随着时间推移，原来不清楚、不确定的事情变得清晰了，因此得出新的结论。而会计差错则是基于原有的事实，在当初本该得出正确结论的情况下，却得出了错误的结论。

例如，2014 年年底，A 企业有一笔账龄 2 年以上的应收账款，虽然业务部门没有放弃对这笔账款的催收，但是，根据以往经验以及欠款方 B 企业资不抵债的财务状况，A 企业认为自己能够收回这笔钱的希望比较渺茫，因此全额计提了坏账准备。但是，到了 2015 年，B 企业的母公司出于战略上的考虑，决定大力扶持 B 企业。同时，由于 B 企业需要 A 企业提供某种替代性很小的原材料，因此，B 企业首先归还了过去的欠款，并继续向 A 企业采购原材料。在这种情况下，上述账龄超过 2 年的应收账款自然无须再计提坏账准备。坏账准备的这个变动，是基于 2015 年发生的新情况，因此属于会计估计变更，而非会计差错。

在新的中国企业会计准则下，企业一般不会因为所得税汇算清缴差异而调整年初未分配利润。但如果企业在 2014 年度的汇算清缴中，被查出有意偷税漏税而导致汇算清缴差异，则属于前期差错。因为企业本来具有足够的信息，可以将 2014 年年底的应交税金做对，但它自己却蓄意做错，企图逃税。

其次，审计师需要判断，这个差错，从定性和定量的角度来看，算不算重大差错。如果不是重大的会计差错，不会影响投资人对企业财务状况和经营成果的判断，那就赶紧麻利儿地在当期财务报表里改过来就好了。

即使有些差错，严格来说需要调整前期的利润和本年的年初未分配利润，但因为不重大，都可以改在今年的财务报表里。一般情况下，改了就改了，基本也不用多说什么，因为说了也没人在意，不重大嘛。

如果初步分析认为确实是差错，而且是重大前期差错，审计师要分清楚，这份有错的报告是自己所在的会计师事务所审计的，还是其他事务所审计的，以及这份报告的用途，是上市公司的年报，还是小型非上市公司供管理层内部参考的报告。这两个因素主要是用来判断改错成本以及需要沟通汇报的层级，包括是否需要和相关监管部门或前任审计师进行沟通。

一般来说，会计师事务所都有自己的内部风险管控流程。如果审计师相信"出事了，出大事了"，请记得第一时间跟自己的项目经理和项目合伙人汇报，毕竟"天塌下来有高个子顶着"比较稳妥。

据我所知，有的会计师事务所就规定，所有涉及重大前期差错更正的报告，都要经事务所内部技术部门审阅。在这个审阅过程中，往往还有"二次纠错"的过程。所以，大家对于前期差错更正，一定要谨慎对待。

如果错误的事实是确定的，影响也是重大的，但由于条件制约，无法追溯前期历史数据，不知道怎么改能改对，或者客户出于种种原因，坚持不肯更正，那么，审计师就要考虑在审计意见上有所反映了。

总结一下，就是说，先要确定是个错误，不要谎报军情；然后看事情大小、性质如何，看看能不能找个辙对付过去。最后，除非是自欺欺人，否则没什么好理由了，那就要有担当，不能怂，和上下左右的相关人员沟通之后，拿出正确的解决办法。

### 3.5.8 特殊编制基础的报告怎么出

我们常见的财务报表都是遵循某个会计准则的，如国际财务报告准则或中国企业会计准则等。相应地，这种财务报表也是规规矩矩地按照会计准则来的，资产负债表、利润表等主表一个也不少，而且，该有合并报表就有合并报表。

那么，如果客户出于某些特殊的原因，打算编制一些比较个性的报表，例如，只有资产负债表，别的利润表、现金流量表等一概不要；或者，不打算声称自己遵循某个会计准则，只打算说明遵循集团会计政策，也不关心集团会计政策怎么来的、对不对，诸如这种情况，审计师可以出具审计意见吗？

答案是可以考虑。我们一般称这种报告为特殊编制基础的报告。在商讨业务约定书时，审计师需要充分考虑客户对财务报表的特殊安排、财务报表的用途，以及审计风险等因素。

如果经过风险评估，审计师认为这个特殊编制基础的报告可以审，则一般会要求管理层在编制财务报表时，写清楚自己的特殊性。

以仍主要遵循中国企业会计准则的财务报表为例，特殊编制基础的财务报表，在它的编制基础里一般会涉及如下内容：

（1）说明目的及限定用途。例如，"本财务报表仅为本公司母公司进行集团重组之目的而编制，并仅供本公司及本公司母公司就上述目的而使用。"

（2）交代特殊事项，也就是偏离准则的部分，比如少张表，比如没披露某些重要信息，比如没按准则规定进行会计处理等。例如，"本财务报表只列示 2014 年 12 月 31 日的资产负债表，2014 年度的利润表、现金流量表、股东权益变动表以及财务报表附注，不列示比较数据。本财务报表不是一份完整的财务报表，也不包含一份完整财务报表所应披露的所有会计政策及附注。"

如果应用一些特殊的会计政策，或者特定的假设，也在此说明。例如，"本公司依据 ×× 规定，根据 ×× 提取期货风险准备金。计提的期货风险准备金计入当期损益，并相应计入负债。"或者，"根据相关税法规定，本模拟报告主体与 ×× 公司汇总缴纳企业所得税，×× 公司为汇总纳税主体。在编制本模拟财务报表时，假设本模拟报告主体为独立纳税主体，确认相关所得税费用。由于本模拟报告主体不具有独立的法人地位，企业会计准则中有关实收资本、资本公积、盈余公积和利润分配的会计处理要求不适用于本模拟财务报表。"

（3）最后告诉使用者，这份报表除了上述事项外，到底遵循的是什么公认会计原则。例如，"除上述事项外，本财务报表根据以下附注 Y 中所述的会计政策编制。这些会计政策符合财政部颁布的企业会计准则的要求。"

审计师一般会在审计意见里提示，这是一份特殊编制基础的报告。例如，"我们认为，贵公司财务报表在所有重大方面按照附注 X 所述的编制基础编制。"

同时，审计报告会增加"强调事项"和"编制基础以及对分发和使用的限制"的内容。例如，"我们提醒财务报表使用者关注附注 X 对编制基础的说明。贵公司财务报表仅供贵公司管理层使用。除此之外，本报告不应被任何其他人士所依赖用于任何其他目的。我们对任何其他人士使用本报告产生的一切后果概不承担任何责任或义务。未经本所的事先书面同意，不得披露、提及或引用本报告的全部或部分内容。上述内容不影响已发表的审计意见。"

### 3.5.9 审计师如何跟"前任"进行沟通

熟悉"我的前任是极品"这个微博账号，或是《我的极品是前任》这个系列片的人，看到这个标题时，可能容易想多了……在这里，其实我们想讨论的，是前后任审计师之间的交接和沟通问题。

估计有人会觉得，这个话题离自己很遥远，整个职业生涯都难得遇上一回吧。其实未必。

在国内外重大财务舞弊和审计失败案件频发的背景下，大家一般认为，会计师事务所任期过长，独立性会被削弱。所谓"吃人的嘴短，拿人的手软"，长期战略合作下来，会计师事务所和企业日久生情，容易变成"一根绳上的蚂蚱"，审计意见也就不可信了。

审计轮换制在国际上早有惯例。美国在 2002 年安然事件之后就规定，合伙人为同一上市公司连续提供审计服务不得超过 5 年，这是就审计师个人层面的一个轮换规定。

在我国，财政部 2010 年规定，国有金融企业必须每 3 年通过招标等方式重新甄选一次会计师事务所，并且连续聘用同一会计师事务所年限不得超过 5 年。<sup>⊖</sup>随后，财政部和国资委又进一步明确提出，负责央企审计的会计师事务所

---

⊖ 《金融企业选聘会计师事务所招标管理办法（试行）》（财金〔2010〕169 号）第二十九条规定：金融企业连续聘用同一会计师事务所（包括该事务所的相关成员单位）原则上不超过 5 年。连续聘用会计师事务所的起始年限从该会计师事务所实际承担金融企业财务报告审计业务的当年开始计算。截至 2010 年 12 月 31 日，如果金融企业连续聘用同一会计师事务所年限已经达到或超过 5 年的，最长可延缓 3 年更换，但连续聘用年限最长不得超过 10 年。

应每 5 年轮换一次，最长不能超过 10 年。<sup>⊖</sup>至 2012 年年底，四大国有银行和石油业、电信业、航空业等"巨无霸"央企都经历了审计师重新招投标。这种是涉及会计师事务所层面的轮换了。

此外，在这个日新月异的世界，企业为了配合自己上市或退市等需求，也会主动更换会计师事务所。

所以，即使你是一个初级审计人员，也很可能在某天突然被派去查阅另一家会计师事务所的审计底稿，或者监督别人来看自己项目上的底稿。这时候，你该怎么做呢？这就是前后任审计师沟通的话题之一。

前后任审计师之间的沟通，一般分为如下三个阶段。

### 1. 正式换任之前，要多问

在接受委托前，后任审计师应当咨询前任审计师，以决定是否接受委托。经典的咨询内容包括：是否发现管理层存在诚信问题，是否与管理层在重大会计、审计问题上存在意见分歧，是否关注到管理层舞弊、违反法规行为和内部控制的重大缺陷等。

即便企业委托新的审计师对已经审过的财务报表重新进行审计，新一任的审计师也需要就上述问题咨询前任审计师，不能以为自己反正要全盘重审就没事了。

这个沟通，其实是给审计师一个机会，向自己的前任去了解聘用自己的企业

---

⊖ 《关于会计师事务所承担中央企业财务决算审计有关问题的通知》（财会〔2011〕24 号）规定：会计师事务所连续承担同一家中央企业财务决算审计业务应不少于 2 年，不超过 5 年；进入全国会计师事务所综合评价排名前 15 位且审计质量优良的会计师事务所，经相关企业申请、国资委核准，可适当延长审计年限，但连续审计年限应不超过 8 年。经财政部、证监会审核推荐从事 H 股企业审计且已经完成特殊普通合伙转制的大型会计师事务所，连续审计年限达到上述规定的，经相关企业申请、国资委核准，可自完成转制工商登记当年起延缓 2 年轮换，但连续审计年限最长不超过 10 年。超过上述审计年限规定的，企业应当予以轮换。中外合作会计师事务所完成特殊普通合伙转制的情况由财政部认定，认定结果抄送国资委。会计师事务所连续审计年限按上述规定可以超过 5 年的，应当自第 6 起更换审计项目合伙人和签字注册会计师。

是否存在诚信等方面的"硬伤",而不是只听企业的一面之词。

## 2. 换任过程中，继续多问、多看（包括手抄和拍照），甚至做"影子审计"

如果决定接受委托，后任审计师需要根据情况决定是否进一步就具体问题与前任进行沟通。这种沟通可以是电话询问、见面会谈、发放审计问卷，以及查阅工作底稿等方式。

而前任往往也有权利根据情况决定是否接受后任审计师的上述请求。其中，是否接受对方查阅、复印或摘录工作底稿，是一个比较敏感的问题。在这方面，其实没有什么特别的硬性规定，大家本着"业界良心"进行操作，有时候，也取决于被审计企业推动的力度。

在实际操作层面，如果前任审计师决定配合后任审计师提出的上述需求，需要从被审计企业获取一份授权函，确保自己和后任的沟通是经过管理层授权的，管理层日后不会用保密协议来说事。同时，前任审计师还需从后任审计师那里获取一份免责函以保护自己，一般会要求后任发誓不会将获得的信息用于其他目的，不会对外评价自己的所见所闻等。

在查阅底稿时，前任审计师有时会要求只许看，不许抄；或者"善良"一点的，要求可以手抄，不许拍照。关于这些规定，我没有考究到什么特别的依据，还是那句话，"业界良心"吧。所以，后任审计师需要派出机灵一点的人去看底稿。这个，你懂的。

对于大型企业，查阅底稿有时并不能很好地满足后任审计师对于期初数审计的质量和效率要求，这时，大家可能采用的一个步骤叫"影子审计"（shadow audit）。关于影子审计，我没有找到太多理论探讨。实务做法是，假设前任审计师最后一年审计的是 2015 年的财务报表，则由前任主审 2015 年财务报表，而后任审计师虽然不参与具体审核，但会通过参加一些重要的沟通会，观察前任审得如何，判断自己在审计 2016 年财务报表的期初数时，可以在多大程度上"依赖"前任对 2015 年财务报表做出的审计结论。

为了表达的形象性，前面用到"依赖"这个词，其实并不严密。作为后任，审计师应该明白，无论自己实际如何借鉴和利用前任的工作，法律上，都应当对自己的审计结论负责。后任审计师不应在审计报告中表明，其审计意见全部或部分地依赖前任审计师的审计报告或工作。

**3. 后任审计发现前任问题时，这个事情就比较敏感了**

后任审计师如果发现前任审计过的财务报表可能存在重大错报，应该通知被审计企业告知前任审计师，安排三方会谈。如果管理层拒绝告知前任，或前任拒绝参加会谈，或者大家谈得不欢而散，后任审计师需要考虑对审计意见和审计业务的潜在影响，严重时，考虑是否解除业务约定。

通过前面关于前后任沟通问题的讨论，大家是不是还感觉出一些作为审计师的危机感？通过换任，有些原来只有客户和自己知道的"黑匣子"问题，不知道哪一天就会完全暴露在另一家会计师事务所面前。自己出过的报告，要经得起"同行相轻"的推敲也不是那么容易啊。为了捍卫专业权威和行业地位，大家还是需要非常踏实地做好审计工作的。

### 3.5.10  集团审计师与组成部分审计师的合作

前面 3.2.10 审计也是一个系统工程里提过，一个项目组多则十几人，甚至上百人，这种上百人的队伍，一般出现在大型企业的集团财务报表审计中。

集团财务报表，是指包括一个以上组成部分财务信息的财务报表。那么，什么是组成部分？如何识别组成部分呢？举例来说，有些集团的组成部分由组织结构决定，包括母公司、子公司、合营企业以及联营企业等，或者集团本部和分支机构。有些集团的组成部分，则由不同职能部门、生产过程或者地区等构成。

由于一个集团包含多个组成部分，审计工作难以由一个项目组独立完成，或者有时候集团层面聘请的审计师，不同于其组成部分聘请的审计师，就需要集团审计师和组成部分审计师之间进行分工合作。

集团财务报表的审计，由集团审计师牵头。关于集团审计师的职责，审计准则有很详细的规定，我不打算在这里重复，只想提两个注意事项。

- 一是集团审计师需要合理配置资源。俗话说，"好钢用在刀刃上"，一个集团如果在国内 31 个省市有子公司，在海外还有 5 个办事处，这些子公司和办事处的财务报表，并非平均花力气去审是最好的。如果不是平均花力气审那么重点审哪些好呢？就挑风景秀丽的省份和没去过的国家可以吗？

要回答这个问题，集团审计师首先需要区分几个不同层次的组成部分。

从大类上，所有组成部分可以分为重要组成部分和非重要组成部分。根据企业的情况，一般会按照资产、负债、现金流量、利润总额或营业收入等基准，乘以 15% 等百分比，挑选重要组成部分。确定基准和应用于该基准的百分比属于专业判断。但是，从定量指标来看不能入围的组成部分，也可能因为某些风险特质而入围，如进行外汇交易的组成部分。

- 二是集团审计师要清楚内外有别，早做规划。对于集团审计师而言，组成部分的审计师可能是跨省份甚至跨国的，还可能不属于同一家会计师事务所。

即使是跟自己同一家会计师事务所，但属于不同地区的分所的审计师，都有自己的工作习惯和工作进度。集团审计师一定要把人力资源调度和审计配合时间表等方面的要求，及早沟通到位，避免搞"突然袭击"，避免让组成部分审计师接到"不可能完成的任务"。

如果对方和自己不是一家会计师事务所的，更是要了解过往的配合情况和配合方式，合理制定今年的工作计划，并提前取得对方的同意。例如，被审计企业 A 今年收购了 B 企业 20% 的股权，B 企业成为 A 企业的联营公司，且 A 和 B 都是上市公司。按以往经验，B 企业业绩公布的时间比 A 企业财务报表报出的时间晚 1 个月。在这种情况下，B 企业的管理层有可能认为，A 企业作为股东之一，没有权利早于其他股东获取上市公司的业绩信息。但是，如果不能获得 B 企业的财务报表，A 企业如何出财务报表？

上述问题怎么解？实务中沟通无限，见招拆招。怕的不是有问题，而是最后一刻才发现问题。只要审计师有足够的经验预见难题，尽早提出来，总是可以商量解决的。

前面讲的是集团审计师的注意事项，其实，作为组成部分审计师，也有需要注意的地方。我这里想讲的，也是两点。

- 一是严格遵守时间表，有问题提前预警。

大家知道，会动用集团审计的，都不是一般的小企业，而通常是大型上市公司。集团审计师的压力总是很大的。在这种情况下，如果组成部分审计师不尊重集团审计师制定的时间表，真的以为"deadline（最后期限）就是用来 miss（错过）的"，或者发现问题不提前打招呼，等到集团审计师以为大局已定，跟集团管理层拍过胸脯说"今年平安无事"时，再蹦出来说"出事了，出大事了"，估计搞不好，要连累整个会计师事务所"被下岗"。

- 二是有独立思考的能力，不要把自己定位为打杂的。

虽然集团审计师会对重要审计风险点进行提示，甚至会对一些同质的审计程序统一设计工作底稿，但不意味着组成部分审计师拿到模板之后，简单转手给客户，填填数据就好。

有些时候，集团审计师还会发调查问卷，请组成部分审计师帮忙了解情况。有些不动脑筋的审计师完全把自己当成"二转手"，直接转发客户填写，收回来之后，也不分析客户说辞是否前后矛盾，直接又发回集团审计师。

此外，还有一种更让集团审计师抓狂的情形。比如，组成部分审计师要负责提供两张表。A 表先提供，B 表后提供。组成部分审计师检查 B 表的时候，发现有个数不对，改了，然后交集团。但 A 表与 B 表有关联的一个数，其实是受影响的，而组成部分审计师不吭声，觉得之前交了就交了呗。待到集团审计师大费周章找到 A 表的错误，找回组成部分审计师时，组成部分审计师说："你们的推理过程完全正确！我们就是相信你们有能力通过 B 表，推算出 A 表。"这时，集团审计师只能在心里咆哮："苍天啊，我费多大劲才找出你们这个隐蔽的错！团队合作精神有没有啊？！追求效率要不要啊？！"

好了，集团审计师也讲两点，组成部分审计师也讲两点，说完之后，我自己都觉得有点"二"<sup>⊖</sup>啊。其实我认为，集团审计过程中，最怕的是集团审计师和组成部分审计师"二"到一块儿去了。哪怕其中一方比较"二"，后果也很严重。面对这种需要配合的工作，"不怕神一样的对手，就怕猪一样的队友"。这点大家到了实际工作中，再自己充分体会吧。

# 3.6 利用其他专家的工作

工作过程中，审计师还可能和一些其他专家合作，这些专家可以是会计师事务所内部的，也可以是事务所外部的。

俗话说"术业有专攻"，当审计师觉得自己搞不定的时候，就是考虑邀请其他专家帮忙的时候了。例如，审计师在盘点一家珠宝公司的存货时，客户捧出一尊玉观音，说："这是我们的镇厂之宝，价值 2 000 万元。"审计师能辨认吗？这个时候，就需要珠宝鉴定专家来帮忙。

此外，审计过程中还可能需要房地产、古董、艺术品和无形资产等方面的评估师，保险合同的精算师，解读法律法规的律师，分析复杂纳税问题的税务专家，以及 IT 方面的专家等。

整体而言，在利用其他专家的工作之前，审计师需要评价专家的胜任能力、

---

⊖ 这里的"二"，是口语'二百五'的简称，傻头傻脑的意思。只是调侃一下，对事不对人。

专业素质和客观性。

以上面的珠宝评估为例，审计师需要确定这个评估机构在业界有良好的口碑，有专业资质，而不是那种空着价格给你填，给钱就帮你盖章的皮包公司。另外，如果审计师发现这家评估机构和被审计企业有千丝万缕的关系，还应当考虑它能否出具客观的评估结果。

在与专家合作时，审计师需要给对方明确的指引，明确双方的责任和工作范围。同时，审计师还应当评价专家工作的恰当性。

有人说："我又不是专家，就是因为不了解专家所熟悉的领域，才请了专家，我怎么评价专家的工作呢？"

我们这里提及的对专家工作的评价，主要包括以下几个方面：

一是了解其数据来源，如数据是否来源于权威渠道的统计报告等。

二是通读专家报告，应用一般常识判断内在逻辑是否连贯，以及所使用的重要假设和方法是否合理。

三是进行重新计算，复核数据运算过程的准确性。

审计师应该把专家的工作成果作为审计证据的一部分，与原有审计证据有机结合，不能割裂地看待专家的工作成果，更不能以为这部分工作已经"外包"给专家了，自己就高枕无忧，再也不过问这方面的事情了。

如果是事务所外部的专家，通常是由客户聘请的。当需要利用外部专家的工作时，审计师需要与外部专家达成一致意见的考虑因素，一般要比与内部专家合作的情形复杂一些，如专家报告的预期用途和工作底稿的所有权等。

实务中，审计师比较少自己去聘请外部专家，或直接依赖客户聘请的外部专家，更多是引入内部专家。

这里我们着重讨论的，是利用内部专家工作的情况。

### 3.6.1　IT 审计师的作用

据说 20 年前，前辈们做审计时，一般是用不到计算机的，更甭提笔记本电脑了。各个国际巨头曾经因为谁才是笔记本电脑真正意义上的"开山鼻祖"争执不下，2001 年，《美国计算机协会学报》在纪念 PC（个人计算机）诞生 20 周年的一篇报道中写道："1985 年，东芝推出 T1000，第一次给人们带来了'笔记本电脑'的概念。"

早期的企业业务一般比较简单，有些靠手工账都搞得定。相应地，审计师翻翻凭证，敲敲计算器（注意，不是计算机）也能把审计做下来。

但时代发展到今天，成熟的大中型企业一般会采用 Oracle 或 SAP 之类的 ERP（enterprise rescurce planning，企业资源计划）系统，采购管理、成本管理、销售订单管理、人力资源管理和总账管理等不同模块之间相互对接，很多时候不需要手工做账，而是由系统自动生成凭证，一年的会计分录数以万计。

某些行业，如电信企业和银行，因为面对几亿用户，每天需要处理海量数据，企业本身对计算机系统的倚赖程度很高。这种企业财务数据的生成，在很多环节是基于计算机系统的。如电信企业的收入，大部分都是通过计费系统计算得出的。

在这种情况下，审计师往往需要对以计算机为基础的信息系统进行审计，评估信息系统的安全性、稳定性和有效性，这一般称为 IT 审计。同时，审计师还可能利用计算机的一些技术对部分交易进行测试，这一般称为计算机辅助审计。[⊖]

在会计师事务所里，一般由专门的团队负责 IT 审计或计算机辅助审计，习惯上称之为 IT 审计师，学名叫注册信息系统审计师。

---

⊖　2002 年张金城著的《计算机信息系统控制与审计》一书提出"计算机审计"。虽然"目前尚无结论性的定义"，但"包括了下列两个方面的内容：（1）审计人员对计算机信息系统进行审计，即把计算机信息系统作为审计的对象；（2）审计人员利用计算机辅助审计——利用计算机作为工具，帮助审计人员完成一部分审计工作，即计算机作为审计工具。"

IT 审计师的专业资格认证叫 CISA（certified information system auditor），这和审计师需要考注册会计师资格是一个意思。

目前，IT 审计师在审计过程中主要起配合作用，财务审计师需要根据实际情况，制定出需要 IT 审计师配合的工作环节，并监督和评价 IT 审计师的工作成果。

以审计一家电信企业为例，IT 审计师主要的工作内容包括：

（1）测试这家电信企业的信息系统是否安全，靠不靠谱。例如，存货系统的开发升级是不是有人管；员工在使用计算机登录存货系统时是不是都有自己独立的账号，密码是否定期更新；计算机后台操作生成的日志是否有人定期审阅；等等。

这类测试，称为信息系统的一般控制（ITGC）测试。

（2）测试系统对具体业务流程的处理是否正确。例如，系统采集话单并自动计算收入。不单是收入，但凡生成某个数据的过程比较依赖信息系统，且这个数据对财务报表影响较大，审计师就要考虑测试这个数据的生成过程和结果。

这类测试，称为信息系统的应用控制（ITAC）测试。

（3）利用计算机辅助手段，重新验证一些数据。例如，逐条计算所有固定资产本年的折旧费用并加总，与账面上的折旧费用进行比较。在固定资产众多，或增减变化比较快的情况下，传统的合理性测试方法并不容易达到好的效果。

除了算折旧，IT 审计师还可以帮助从浩瀚的会计分录中，按照一定的标准，筛选出需要审阅的异常分录。

总之，但凡计算量大，且有一定规律可循的事情，大家都可以想想 IT 审计师能不能帮忙。

IT 审计师确实有能力帮忙执行不少重要的审计程序，但一般的 IT 审计师毕竟不是特别了解财务审计的思路，而财务审计师很多时候也不懂计算机专业术语，所以大家需要记住一些基本的注意事项，这样才能充分发挥 IT 审计师的作用。

首先，是关于系统测试的范围。财务审计师和 IT 审计师一定要沟通到位，一方面确保该做的工作都有人做，另一方面确保做的都是有用的工作。

前面说了，IT 审计师可以测试某个信息系统的一般控制（ITGC），这是很基础的一个测试，是信息系统的应用控制（ITAC）测试的前提。

假设你不知道一个存货系统是否存在数据被人从后台随意篡改又不被发现的可能，只是测试了存货系统本身的计算逻辑对不对，这个存货系统出来的数据，你觉得可信吗？

所以，如果审计师想要全面验证存货系统自动生成的数据，就需要找 IT 审计师做存货系统的应用控制（ITAC）测试，但同时，别忘了做信息系统的一般控制（ITGC）测试。

反之，如果这家企业由于行业特点，存货余额很小，审计师决定只对存货做分析性复核程序，这时候，如果 IT 审计师还去做存货系统的一般控制（ITGC）测试，就纯属浪费时间，因为审计师对存货的测试，本来就没打算依赖存货系统的应用控制（ITAC）。

其次，是关于测试程序的把握。如果你简单地跟 IT 审计师说"这个存货系统，就拜托给你了"，然后你就不管了，随便 IT 审计师自己怎么测，这样十之八九是要出问题的。你可能以为，整个存货系统出来的数据都是可以信赖的，有 IT 审计师的工作来保证，包括原材料到货及时入账，各项制造费用归集完整、分摊正确，产成品出库及时结转成本等，但是，到头来发现，IT 审计师其实只做了一个期末存货各项金额加总正确的验证。

最后，是关于测试结果的审阅。有时候，系统直接生成的几项数据和财务数据分别存在较大差异，但仔细分析下来，是有合理原因的，而且这几项数据的正负差基本抵销。如果是这种情况，你并不希望 IT 审计师在和你充分讨论之前，就跑到客户那里大呼小叫："你们的财务数据存在很严重的错误，和系统数据根本对不上啊！"这会显得整个审计团队欠缺对客户的了解和综合分析能力。

反过来，有些系统测试暴露出来的问题，在 IT 审计师看来，可能并没有什么特别，因为他们缺乏对整个审计项目的综合了解，对数据也不敏感。但如果这个问题被财务审计师及时看到了，就会发现有大问题。

所以，系统测试的结果，财务审计团队一定要及时审阅，全盘分析。

我觉得，在会计师事务所里从事过 1～2 年财务审计工作，又对 IT 比较感兴趣的同事，可以考虑转去做 IT 审计师。可以想象，在信息时代，IT 审计师的用武之地会越来越广。

### 3.6.2 税务师、评估师和反舞弊调查专家

审计过程中，下面这些专家也是审计师经常需要合作的，这里简单谈一谈。

#### 1. 税务师

大家知道，税务师可以帮企业进行纳税申报、做税务筹划以及争取税收优惠等。在这里我们要讨论的，只是税务师在常规审计中的作用。

税务师可以协助审阅各种税务资料，包括企业所得税、增值税、营业税、消费税、关税、印花税和土地增值税等。具体哪些税种需要税务师审阅，取决于财务审计的需求，对企业所得税的审阅一般是不可免的。

但是，对于企业所得税，税务师可能只负责审阅应缴纳的企业所得税，而不涉及递延税项的会计处理是否恰当的判断，这需要审计师与税务师提前沟通好工作范围。

税务师开始工作前，一般会要求审计小组提供相关的审计底稿，因此，真正引入税务师开始审阅的时间，既不能太迟，也不能太早，一般在项目基本定数的时候。

税务师可以到现场进行审阅，也可以远程审阅，这取决于项目的规模和税务事项的复杂程度。项目较小的，税务事项较简单的情况下，请税务师远程审阅即可。

税务师审阅之前，务必沟通清楚重要性水平。假设一个项目财务报表审计的重要性水平是 1 000 万，就不需要和税务师就几十块的印花税差异反复纠缠了，毕竟大家的时间都很宝贵。我记得一个合伙人曾经说过："你们工作的目的是为了获取恰当的审计证据，不是为了满足个人的好奇心。"

### 2. 评估师

在事务所里，精算与评估专家可能属于同一个部门，统称评估师，但精算与评估领域，其实有一定的专业细分。例如，某一评估师可能精通房地产的评估，但并不擅长养老金的精算，也不擅长金融工具公允价值的精算。所以，审计师首先要弄清楚自己需要哪方面的评估师或精算师，找到适合的专家。

虽然有评估师帮忙审阅计算模型，但审计师也需要做一些事情，如：

- 了解计算模型，确保使用的模型符合项目的具体情况。例如，期权计算采用的是二叉树模型，还是布莱克—斯克尔斯（Black-Scholes）模型。
- 审阅计算过程中数据的相互勾稽关系，把握其整体准确性。
- 判断计算所依据的假设，如收入增长率或辞职率等是否合理。
- 验证计算所采用的内部基础数据，如已发生的收入或成本，并核对外部公开信息，或过去几年的通货膨胀率等。
- 确保计算得出的数据得到正确的使用。例如，设定受益计划的离职后福利计算中，哪些属于精算利得或损失，该计入其他综合收益；哪些属于计划变更产生的过去服务成本，该计入当期损益。

### 3. 反舞弊调查专家

反舞弊调查专家，也叫法政专家，一般擅长根据美国《反海外腐败法》（Foreign Corrupt Practices Act，简称 FCPA）对商业腐败案件进行调查；也能够调查内部贪污、财务造假和信息泄漏等各种不当行为，还可以协助企业设计反舞弊管理体系。

审计师在必要时，可以考虑邀请反舞弊调查专家协助开展工作，如：

- 规划调查的重要步骤，使得这些步骤既能有效搜集证据，又能避免调查过程中的法律问题 。
- 鉴别文件真假，如分辨发票真伪，或利用专业软件识别签名笔迹。
- 通过专业手段进行电子取证，筛查出计算机上有用的"痕迹"，也可以恢复之前被蓄意破坏的数据。

对于高风险的客户，审计小组可以在制定计划阶段，就邀请反舞弊调查专家协助设计审计程序。对于一般的客户，审计小组在发现可疑迹象之后，可以考虑邀请反舞弊调查专家帮忙设计进一步取证的程序，并利用上面提到的一些专业手段进行查证。

## 3.7　反舞弊审计

### 3.7.1　反舞弊的警惕性应该贯穿审计全过程

传统的审计理念认为，审计师可以"中性"地相信被审计企业的管理层是诚实和正直的，既不能认为管理层不可靠，也不能认为完全可靠；审计师应该对审计证据怀有疑问的态度和批判式的评价。

然而，随着公众对审计师期望的提升，现在，审计师需要在整个审计过程中保持"职业怀疑精神"<sup>⊖</sup>，即首先假设不同层次上管理层舞弊的可能性，包括共

---

⊖ 《中国注册会计师审计准则第 1141 号——财务报表审计中与舞弊相关的责任》第七条规定：
保持职业怀疑要求注册会计师对获取的信息和审计证据是否表明可能存在由于舞弊导致的重
大错报风险始终保持警惕，包括考虑拟用作审计证据的信息的可靠性，并考虑与信息的生成
和维护相关的控制（如相关）。由于舞弊的特征，注册会计师在考虑由于舞弊导致的重大错
报风险时，保持职业怀疑尤为重要。

谋、违反内部控制的规定等。

这就要求审计师增强反舞弊的意识，改进评估舞弊风险的程序，提高对舞弊迹象的敏感性。"舞弊三角理论"<sup>⊖</sup>也叫"欺诈三角形"，是目前广泛应用的舞弊风险评价模式。

"舞弊三角理论"认为，当动机或压力、机会以及借口三个条件同时成立时，出现舞弊的可能性就很大，审计师必须给予足够的关注，采取有效的审计程序来控制风险。

第一个条件是动机或压力。比如有人想为孩子买一个学区房，但支付不起。这个人所在的公司规定，绩效考核达到一定水平时，可以得到一大笔奖金，但绩效又很难达到。就是说，这个人要有"贼心"。

第二个条件是机会。比如这个人虚报业务招待费用，由于只有他一个人负责，因此不被发现的可能性较高，或者这个人虚构业绩，由于企业内部的审查制度不健全而能够逃避惩罚的可能性也较高。就是说，这个人光有了"贼心"还不够，还要有机会让他的"贼胆"壮起来。

第三个条件是借口。假设这个人能够为自己的行为找到借口，使这个行为合理化，而不论这个解释本身是否真正合理。比如这个人可能会认为自己工作特别辛苦，为公司挣了不少钱，却一直没有得到应有的报酬。就是说，这个人有了"贼心"，"贼胆"也壮了，但没有人天生就愿意做贼，需要他自己脑子里有个小人告诉他，做贼也是正义的，是替天行道，让他觉得自己不是在做贼，是在做正确的事情。

综上所述，就是贼心、贼胆，加上自我催眠。

---

⊖ 舞弊三角理论，由美国注册舞弊审核师协会（ACFE）的创始人史蒂文·阿伯雷齐特（W. Steve Albrecht）提出。他认为，企业舞弊的产生是由压力（exposure）、机会（opportunity）和自我合理化（rationalization）三要素组成，就像必须同时具备一定的热度、燃料、氧气这三要素才能燃烧一样，缺少了上述任何一项要素都不可能真正形成企业舞弊。

所以，如果审计师关注到被审计企业的业绩指标制定得比较激进，管理层压力大；企业内部管理比较混乱，内部监督机制不健全；同时，自上而下的企业文化认为业绩压倒一切等一系列事实时，就需要高度警惕舞弊发生的可能性，对获取的审计证据始终保持"职业怀疑精神"。

从某种意义上说，公众期望审计师从过去守在家门口，遇到特殊情况才提示两声的"看门狗"，转变成能够主动出击，揪出异常现象的"猎狗"。

### 3.7.2    如何发现舞弊的蛛丝马迹

既然审计师需要时刻警惕舞弊存在的可能性，审计师就需要保持独立清醒的判断，不轻易放过任何可疑的审计证据。

我们延续前面3.2.10审计也是一个系统工程所举的例子，来感受下实际工作中，舞弊的蛛丝马迹是如何被发现和挖掘出来的。

前面我们介绍过，做现金科目的审计师甲发现，现金盘点表显示，2013年12月31日的现金余额为100多万元，而2014年12月31日的现金余额仅几万元。甲虽然是刚工作的审计师，但她非常用心。她和会计人员聊天时，听说有人曾经在这家公司的办公室里丢过手机，于是，她就问出纳："你们2013年年底放了100多万元现金在手边，不担心被盗吗？"出纳说："我们的现金都锁在这个抽屉里。"甲看了看出纳说的那个小抽屉，又问："抽屉这么小，100多万元现金，放得下吗？"出纳想了想，回答说："其实也不都是现金，我这儿有张借记卡，大部分现金存在这张借记卡的活期存款里，随时可以支取。"甲回来看了看银行账户，没找到出纳说的借记卡，再去找出纳问，才发现那张借记卡是公司董事长的爱人以个人名义开的。

审计师甲在项目组讨论会上，分享了这个发现。这引起审计经理的高度警惕，他知道，企业与关联方个人之间的资金往来，特别是没有业务实质的资金往来，是值得高度警惕的领域。

这时候，做收入科目的审计师丙也说出了他直觉上觉得不对劲的地方，就是该企业的收入凭证特别规范，好得让人觉得不真实。这和现金管理的薄弱形成强烈反差。

紧接着，做应付账款科目的审计师乙，提出应付账款的账簿被重新装订过，而负责收发询证函的审计师丁，提出供应商 A 的联系人曾要求快递员将询证函送到另一个地址去。

通过这场讨论，审计师对该企业产生了严重的不信任。他们拟订了下一步工作计划，并且继续取得异常发现。

- 审计师甲详查银行日记账时发现，该企业与其他公司的资金往来特别频繁，但与对方往往没有正常的业务往来；同时，某一天的几笔银行进账的金额，等于次日的一笔银行出账金额，该金额正好对应着该企业的一笔销售，相应的销售合同该企业迟迟无法提供。

- 审计师乙拆开重新装订过的应付账款账簿发现，装订处有一些没有撕干净的原凭证的残留页面。仔细辨认发现，有一笔应付账款，客户提供的凭证记录及 X 银行对账单显示，款项支付给供应商 A，但原凭证残留的 X 银行回执页面显示，该款项付给了 B 公司。在管理层提供的记录中进一步查询发现，该企业对 B 公司有大额销售，也就是说，B 公司是该企业的客户，而非供应商。该企业付款给自己的客户，并意图掩盖这一事实。

  此外，审计师乙详查存货库存收发记录发现，非月底时，如某月 5 日或 10 日，存货会出现日结余为负数的情况，即月中某天先"发货"，再于月底前"补货"。

- 审计师丙发现，收入确认单后面虽然都有发票和收货确认单据，但来自同一个客户的收货确认单，却出现字体不同，甚至纸张大小不一的情况。

- 审计师丁打电话给供应商 A 的联系人，询问他为什么需要改变快递地址，是因为供应商 A 的营业地点变更吗？这个联系人说，自己是 B（企业的销售客户）的员工，而非 A 的员工。

审计师丁还在同一天收到 5 家供应商寄回的询证函。根据审计师所知，这 5 家供应商之间并没有什么关系。但这些询证函回函，却清一色由顺丰快递寄回，连快递单号都是连续的。

通过上面这些证据，加上企业正在谋求上市，审计小组基本推断，该企业很可能通过同时虚构采购和销售，做大销售收入。该企业其实并没有向供应商 A 真实采购商品，也没有真实销售给 B，但通过一系列安排，做出采购和销售的假象。⊖表面上，企业的客户 B 会支付销售款项给该企业，而实际上，该企业又将与销售款相对应的款项转一圈还给 B。客户早期可能只是通过简单修改支付凭证的方式，掩盖向 B 付款的事实，而后期则通过一些资金往来安排，间接把款项支付给 B。

通过这个例子，大家可以感觉到，最接近舞弊的第一手证据的，其实是一线审计人员。如果一线审计人员轻易放过某些线索，没有把它们汇总到有经验的项目经理和项目合伙人跟前，舞弊就很难被发现。因此，每一位审计师都需要尽职尽责，不管自己负责的审计程序表面上看起来多么简单，都不可以麻痹大意。

### 3.7.3 如何进一步验证舞弊事实

在上面这个例子里，审计师通过一系列工作，已经初步怀疑企业造假。但是，在和企业的管理层摊牌之前，审计师还需稍安毋躁，不动声色地进一步取证，这样才能证实审计师的猜想，决定进退。

一般思路是，要么从不同途径取得更多证据支持审计师的猜想，要么通过企业编排好的证据，发现更多的自相矛盾。如果太早摊牌，管理层很容易采取"补救措施"，要么停止提供对企业不利的资料，要么进行狡辩和掩盖，导致审计师难辨真伪。所以，审计师有了初步证据之后，需要沉住气，站在管理层的立场，设

---

⊖ 这种造假，基本借用了"转票造血"的手法。对这个话题感兴趣的，推荐阅读《第一财经日报》2013 年 8 月刊登的一篇报道《大宗商品"转票造血"揭秘》。

想他们可能提出的辩解，继续寻找证据验证或推翻这些可能的辩解。

上面提到的这个例子，审计师拟订的下一步工作计划包括：

- 实地走访该企业的供应商，了解该企业的实际采购情况。
- 向客户提出，由审计师亲自到 X 银行柜台，打印 X 银行的银行流水。这主要是为了验证企业是否将购货款项支付给供应商 A，还是实际支付给了销售客户 B。

在实地走访过程中，审计师发现，该企业提供的不少供应商的营业地址，其实坐落在居民楼内，不像是正常经营的企业。个别供应商的办公场所，虽然看上去比较正规，但审计师在跟他们的业务员交谈时，了解到他们供应的商品和该企业采购的商品并不一致。例如，某供应商说自己是卖笔记本电脑的，但该企业账上显示，向该供应商采购的是手机。

这里需要指出的是，审计师在收集舞弊证据的过程中，还是要注意一些策略和技巧的。比如审计师去到供应商 A，如果开口就说自己是某企业的审计师，发现该企业向 A 的采购事项比较可疑，因此想过来访谈确认下，效果是可想而知的。

此外，一些容易引起被审计客户警觉的需求，也要尽量压后再提，尽量把可以不动声色完成的审计程序先完成，以免"打草惊蛇"。上面提到的，审计师提出到 X 银行柜台现场打印银行流水的需求，就被拒绝了，此后，审计师也无法再得到进一步的审计资料。

那么，在这之后，审计师怎么办呢？这更多的是会计师事务所层面的风险控制问题了。请参考 3.5.4 审计师发现了舞弊怎么办。

# 按会计科目来谈一谈实质性测试

## 4.1 货币资金

### 4.1.1 主要关注货币资金的存在性和所有权

让我们先来全面考虑一下货币资金这个科目的 CEAVOP（有关 CEAVOP 的说明见 3.2.1 公众对审计的期望）。

**货币资金的完整性要不要关心呢？** 这其实就是指账外资金，或者说小金库。能关心到这一点当然最好，但一般情况下，账外资金，或者说小金库这个东西，确实不是做这个科目常规的审计步骤所能发现的。陆游说过"功夫在诗外"，就是说要解决一个问题，有时仅盯着这个问题本身是不行的。

很多不正常的交易，尤其是欺诈与舞弊行为，都是在货币资金上有反映的。这是必然的，因为欺诈与舞弊有两类：一是财务报表凭空造假，为的是业绩好看；二是骗钱。第一种不一定要通过货币资金这个科目，但也可能会利用货币资金和小金库来平衡科目，掩盖造假的痕迹。第二种则一定要通过货币资金了，否则，忙了半天，图什么呢？

但是，发现这些不正常交易，往往不是做货币资金科目的常规的实质性测试就能解决的。所以，这部分工作一般不会特别要求在这里做。

**存在性主要通过发银行确认书和审阅银行存款余额调节表来验证。** 这里就体现了审计理论中的几个概念：一是一直追到外部证据为止；二是逻辑链条要严密完整，从外部证据的银行确认的余额，通过银行存款余额调节表，一直到账面余额（详见3.1.8做实质性测试时，审计逻辑链条要严密）。

精确性（A）和估值（V）不是什么问题。所谓估值，不就是这项资产的变现能力吗？对于货币资金，都已经是估值所要求的最高境界了，自然不会再有问题了。

所有权（O）：货币资金可能有部分做了抵押，或者银行账户有最低存款要求，就是说你的存款余额不得低于某个值，其实就是变相的抵押。这两种都是要披露的。

表述与披露（P）主要是看有无长期的定期存款，以及用途受限制的存款。所谓长期，一是原存款期是3个月或3个月以上，这个分水岭是判断是否是现金或现金等价物的基础，但是并不绝对。二是到期日至期末是1年或1年以上，如果1年以上，则需要结合历史上1年以上定期存款的支取记录等，进一步判断这个定期存款是否属于长期资产。要注意啊，在判断现金或现金等价物时，要看原存款期，不是看到期日。三是要关注是否是普通的银行存款，还是结构性存款等理财产品。不要把不能保本保收益的理财产品，也糊里糊涂地放到存款里。关于理财产品的讨论，请看4.1.7理财产品算银行存款吗。

## 4.1.2 审计货币资金科目主要做的审计程序

按照前面讲过的理论，要采用"自顶而下"的思考方式（详见3.4.6写工作底稿时要学会自顶而下的思考方式）。所以，在做现金和银行存款部分时，首先要考虑的是：

- 客户有几个银行账号，每个账号都是什么样的用途？
- 客户有哪些现金，都存放在哪里，各自是什么样的用途？
- 客户主要有哪几种收款方式（例如，现金销售收款、电汇收款、支票收款等），分别对应于客户的哪一类业务？
- 客户主要有哪几种付款方式（例如，现金付款、电汇付款、支票付款等），分别对应于客户的哪一类采购或支付？

按照我在 3.4.8 在工作底稿里写什么样的注释和怎么写一节中所说，以上这些都可以作为背景介绍性的东西写在工作底稿的注释里。你要有心就可以发现，以上几个问题都与客户的经营和业务联系起来了，所以说，了解企业的经营情况是随时随地都要做的（见 3.1.1 审计工作的开始：了解企业的经营情况）。

在做了上面的背景了解之后，主要的内控测试是对于收款和付款的内控测试，包括企业是否定期和及时地做银行存款余额调节表并有人审阅和跟进那些调整项目。要注意，至少要把企业主要的收款和付款方式都进行内控测试。在收款上，最应关注的是：该是企业收的钱一定要收到企业并及时正确记账，不要收进了其他人 / 公司的钱包里；在付款上，最应关注的是：所有付款只有经过至少两个人的授权才可能付出，并及时正确记账。那种签支票的章都在一个人手里的管理方法是最容易出问题的。你不要以为这种事太简单，企业里的人不会这么笨。事实上，在内控领域经常出现的，就是这种低级错误。

实质性测试包括以下主要步骤：

- 取得货币和银行存款的明细，制作主表（lead schedule）。

- 取得银行对账单上显示的期末余额，然后函证全部银行账户。不要忘了，一定要收回确认书。确认书没收回，等于函证没有做。

- 对外汇资金的汇率用得是否正确，做一个测试。

- 审阅全部银行账户的银行存款余额调节表，对于那些调节项目，要考虑原因是什么，是否要做调整，是否要与涉及的其他科目的审计师沟通。

- 大额的调节项目最好做个审计调整，尤其是已经很长时间是调整项目的企业已收银行未收的，和银行已付款而企业未付款的。无他，稳健呗。

- 如果存款很多，是否是资金使用上有问题？是否应该用这些存款去还贷款，或者去做更好的投资而不是简单存在那里做活期？这是要考虑和问客户的问题。

- 和去年相比，为什么频繁更换银行及银行账号（假如真有这种情况的话）？
- 别忘了要披露用途受限制的、抵押的银行存款，要区别一般资金，以及原存期在 3 个月以上的定期存款和 1 年以上到期的定期存款。
- 从防范欺诈舞弊的角度看，审计师还可以抽查一下银行对账单上出现的频繁的大额提现和存现，以及大额的收款和付款。看一下这些业务，是否有其合理的业务事项做支持。

差不多就这些了。有时，当我们对客户不太放心时，审计师自己也会独立完成几个账户几个月的银行存款余额调节表，而不是仅仅审阅客户已经做的银行存款余额调节表。然后，将我们自己做的调节表与客户的核对，看是否一致。这样做，主要是为了找出那些金额相等而符号相反的调节项目，客户可能会有意识或无意识地将这些漏掉，没有列进银行存款余额调节表中。

最后要说的是，在现金及银行存款这个部分，一般没有必要去将上年年末和本年年末的余额做比较，进行分析性复核。因为货币资金和别的科目不一样，影响其增减变动的因素太多，这就是为什么有一张报表叫作"现金流量表"，并且在那里面分"经营活动""投资活动"和"筹资活动"三大类来分析现金的增减变动。审计师不应该试图在现金及银行存款这个部分将整个现金流量表想表达的内容概括成文字写出来，这不是三句两句写得完的。有一句歌词说得好：

"不是你的，就不要勉强……"

### 4.1.3  发确认书时要警惕，要严密控制全程

确认书（也称"函证"）正在成为正直善良的审计师和心怀不轨的客户斗法的主要战场。

这不是危言耸听。企业造假的程度已经到了伪造银行对账单、与银行串通提供虚假的银行确认书的回答、与客户串通提供虚假的应收账款确认书的回答，甚至于造出假的银行分理处、构出假的网上银行界面等。可以说，审计师的"七种武器"里，"了解企业的经营情况"是属于"无招胜有招"境界的，除它以外，最

有利的武器就是"通过确认书取得第三方证据"这一招了，因为这招基本上是"一招制敌"，对就是对，错就是错，不容任何模糊领域存在。可是现在，造假者竟然要反制我们的一招制敌，我们要怎么办呢？

这就要求我们发确认书时要警惕，要严密控制全程，不能让客户"污染"函证的任何一个环节。例如，由审计师将信寄出，要求对方将答复直接寄回给审计师，等等。在做银行函证时，审计师如果是派人去银行的话，客户往往会陪着审计师去。千万不要把这事变成了审计师陪着客户去。审计师一定要观察全过程，并且观察银行职员是否确实检查了银行的记录，然后才在确认书上盖章确认。对于高风险企业，审计师还得观察判断下你去的是不是真的"银行"。

另外，确认书尤其是银行确认书的作用，不仅仅是为了让对方或银行肯定审计师写在确认书上的东西是正确无误的，还有一个非常重要的目的是为了让银行或对方主动告诉我们客户自己没记在账上的东西，也就是审计师没有写在确认书上让对方确认的东西。所以，已经取得银行对账单并不能替代函证这一步骤。通过函证，审计师是有可能发现客户未记在账内的贷款或其他未记账的存款账号的。

最后值得说一句的是：审计师可以在工作底稿上简单写上几句自己是如何控制全过程的。这样做，经理及合伙人会对函证这一步骤信心增强，也是保护审计师的一个手法。

## 4.1.4 函证工作要注意的问题

向我们的审计客户的一个供应商或销售商发确认书，也要注意完整性。有时，我们的审计客户与这一家企业，有应收账款、其他应收款、应付账款、其他应付款、预付账款、预收账款、应付款暂估（即货物到而发票没到的情况）等多种往来，最好在一个确认书里把这些都写全了。让审计师最尴尬的事情之一，可能就是一个审计队伍里的两个人都发了确认书给同一家企业，确认的是不同的内容，这样只能充分暴露审计师自己缺乏沟通。

发确认书还要注意的一些问题有：

- 如果可能，最好附上一份所确认金额的明细，这样如果有不一致时，对方可以帮助你核对。

- 发出之前，在工作底稿中留一份复印件。

- 对于与关联方的往来，最好都发确认书并取得对方的确认回答。这是因为，关联方的往来数字有问题，既可能影响合并报表，也是一个外人看起来很低级的错误。而且，关联方的确认书如果不回，是很容易让客户帮助催一下的。有的审计师就曾经遇到过这样的事情，关联方的确认书在催过后仍然回不来，于是，审计师就出了审计报告。出过报告后，投资各方根据这个报告进行了股利分配。之后不久，关联方就对有些款项提出了异议，于是，这个股利分配就不一定妥当了，审计报告也就被拿出来说事了。由此可见，对关联方都发确认书是很有必要的。

- 将对方的收信人尽量写清楚，不要写一些太笼统的称呼，如"财务负责人"之类的。像这种笼统的称呼，可能会让你的确认书无法传到合适的人手里进行处理。在这个领域，可以请客户帮忙提供他们日常联系工作的人员。我见过的最笼统的确认书是发给"中华人民共和国国土资源部"的，这种确认书是不要指望有人回答你了。发这种确认书的人，其幼稚程度，大概可以比得上西方的学龄前儿童给圣诞老人写贺卡这种行为。

- 写清楚如果对方就待确认的事项有疑问，应该跟谁联系。这个联系人可不一定是回函的收件人。为了管理方便，回函的收件人可以是项目经理，也可以是事务所统一指定的后勤人员。但确认书相关事项的联系人，一般应为负责相关科目的审计师。

  曾经有个项目，发出的上百封确认书的联系方式都写项目经理的手机，项目经理天天忙得跟接线员一样，欲哭无泪。也曾经有人审一家银行，在给银行的客户发函证时，给对方留了一个打不通的办公室座机。偏偏函证金额有些问题，对方非常着急，又死活找不到人问，最后愤而投诉银行客服，审计师的尴尬可想而知。

接下来，确认书回来了之后怎么办？

- 与自己事先留底的那份确认书核对，看是否是同一份。
- 看是否是由第三方直接发给我们审计师的，还是由被审计企业中转的，希望整个函证过程不要被客户"污染"。
- 看对方是否无保留地确认了。
- 如果确认的结果是有差异的，一定要跟进。根据情况，与被审计企业，或者与第三方，进一步核对是什么原因导致了这一差异。

### 4.1.5 做现金证明的目的

很多时候，我们发了现金证明，企业也在上面签字盖章了，但这一审计证据往往是无效的。试想，如果仅凭企业的一个签字盖章就可以认定现金余额的准确性，那为什么不让企业也签章确认应收账款余额、应付账款余额呢？这样子，审计倒是很省事。

其实，现金证明的理论基础是：企业将现金托付给了出纳来管理。在企业这一边，有会计记录现金日记账；在出纳那一边，他也可以有自己的现金登记本来记录现金流入和流出。在每一期末，企业的现金日记账的余额应与出纳手里的现金是一致的（当然，出纳自己是否使用现金登记本纯粹是个人事务，只要他管好自己的现金就行）。这也是企业规定出纳不能记账的原因。

既然如此，对于企业而言，出纳相当于一个现金的受托方，期末的现金证明就类似一个应收账款确认书，应由出纳以个人名义来签字确认。企业当然可以也在现金证明上签章，但那个签章并不能证明现金在年末时确实有那么多。

如果我们愿意，也完全可以向出纳说明这一道理，并告诉他一旦出纳签字确认，将来如果证明现金数与确认数不符，出纳是有责任的。我猜有些出纳，如果明白了这一道理，恐怕会犹豫是否签字了，因为年末其实是有一些白条在手的。

最后想说明的是，如果企业期末现金量不大，简单地在工作底稿中说明一下这不是一个零售企业，期末不需要大量现金就可以了。也可以让出纳出一个现金证明，但要按上述理论把现金证明做对。反之，如果企业期末现金量大，出了证明也没用，最好的方法就是立即做现金盘点，而且是事先不做准备的突击盘点（surprise count），然后与现在的账核对并做倒推（roll-back）。

## 4.1.6  银行存款抵押

有这么一家民营企业，做服务业的，盈利状况一直很好，资金也很充足。在会计师在做年度审计的时候，发现它的年末其他应收款余额里有约 1 000 万元的应收关联公司款项。审计师就问借款给关联公司的原因，企业管理层回答说，帮助关联公司还银行贷款。

这事听起来让审计师不舒服。关联公司自己借了银行贷款，又没钱还贷款了，就让这家企业帮着还？那这家企业将来又找谁收回这笔钱啊？问企业的会计也好，管理层也好，大家都只是说对关联公司还钱有信心，但说不出具体的东西来。

又过了两天，审计师看到企业的银行存款账上，有一笔 1 000 万元的两年期定期存款。尽管存期有点儿长，但也不能说不正常，这家企业资金很充足嘛。审计师就要求看一下这个定期存单。企业管理层回答说没问题。一会儿，定期存单的复印件就拿来了。审计师又问，我们能看一下原件吗？

谁想到这么一个简单的要求，企业管理层就是迟迟拿不出来定期存单的原件。银行确认书也发了，这笔定期存款银行也确认了，为什么企业管理层不愿意将存单原件拿给审计师看呢？

审计师查了一下，这笔定期存款是一年多前存入的。去年审计师也要求看一下这个存单的原件，但最后并没有看到。了解到这些，审计师也紧张了，这里面究竟有什么问题呢？

经过审计师的一再坚持，企业管理层终于将整个故事向审计师和盘托出了。而审计师也因此面临着一个艰难的选择。

故事是这样的。在一年多前，这家企业在与一家大公司谈被收购的事宜。为了能够获得较高的收购价格，企业所有者希望当年的收入和利润要尽量高。于是，企业管理层虚构了一些服务订单，并据此虚增了约 900 万元的服务收入和应收账款。但是，管理层知道审计师会详查这些应收账款的，最安全的做法，是让这些应收账款全都完成收款。可是，款从何处来呢？

在企业所有者的安排下，这家企业用自己的 1 000 万元的两年期定期存单做抵押，为自己的一家关联公司贷款 900 万元，为期一年。然后，这家关联公司将贷款得来的钱通过几个客户的银行账号转一下账，间接汇入了该企业的银行账号里。而该企业，就可以说这 900 万元汇入的款项是应收账款完成的收款了。

这件事情在去年年底并没有让审计师发现。收入和银行存款因此虚增了 900 万元。转过年来，到了今年年底，那笔 900 万元的贷款到期该还了，但关联公司没有钱来还这笔贷款。于是，这家企业只好汇给关联公司 1 000 万元，用来偿还那笔贷款的本金和利息。

那么，为什么企业管理层不肯将定期存单原件拿出来给审计师看呢？这是因为，当企业将定期存单作贷款抵押物时，定期存单的原件就会被贷款银行收存，并且在上面盖上"抵押物"的印鉴。而当贷款偿还后，定期存单上又会被银行加盖一个"抵押解除"的印鉴。所以，在上一年，企业管理层是拿不出来定期存单原件给审计师看的；而到了这一年，企业管理层一旦拿出这张定期存单的原件，就会显现出"抵押物"和"抵押解除"的印鉴，这不就是在引着审计师多问问题吗？

所以，我们在做审计时，一定要看到有关存单的原件，并向银行问清楚，该企业的存款是否被限制用途或者做抵押了。

至于这家企业的审计师，面对着这样一个被企业管理层去年骗过去了的场面，而且是由于自己没有将工作做到位才被骗过去的，是否要如实地在审计报告上修改去年的数字并承认自己工作的失误呢？这是一个艰难的"心灵的选择"。工作层面的考虑，请看 3.5.7 审计师发现前期差错怎么办。

### 4.1.7　理财产品算银行存款吗

最近一两年，伴随着金融理财产品的不断丰富，以及传统储蓄存款利率的下调，非金融企业为利用闲置资金取得较高收益，购买理财产品的情况越来越多。相应地，审计师与客户就理财产品的讨论也逐渐增多。

有些客户不管三七二十一，统统把理财产品记为银行存款，也有些把理财产品作为其他货币资金。他们觉得，放进银行里的钱，不是银行存款是什么？这真金白银的，难道还能不是货币资金吗？

目前会计准则没有明确给出银行存款的具体特征，未来会计准则会如何定义银行存款，以及各种金融工具如何分类，其实是一个与时俱进的会计问题。

目前，大家比较有共识的是：不能保证本金和固定收益的理财产品，不能作为货币资金；不是与银行直接签订合同的理财产品，不属于货币资金。大家心目中的银行存款，还是指传统的保证本金和固定收益的银行存款，而非各种浮动收益甚至不能保本的理财产品。

下面，我们举个例子来说明，什么情况下，形式上有变动因素的理财产品，实质上保证本金及固定收益。

A 公司与 B 银行签订了一个可展期结构性存款协议，协议约定存款本金人民币 1 亿元，投资期限为 1 个月，固定年化收益率 3.2%。协议还赋予 A 公司展期选择权，展期期间为 7 天，展期期间年化收益率为 0.1%。A 公司与 B 银行均没有提前终止权。

在目前的监管环境下，银行不允许发行绝对保本保收益的结构性存款。因此，B 银行通过展期条款，使合同形式上具有收益的不确定性。但由于展期期间只有 7 天，且年利率低至 0.1%（活期存款年利率约 0.35%），该展期期权的现金流量并不重大，而且可以合理预期 A 公司几乎不可能进行展期。因此，该期权的公允价值几乎为零。

在这种情况下，这个可展期结构性存款实质上就是保本保收益的。如果 A 公司持有这个结构性存款是为了进行资金管理，而非投机目的，其经济实质与存放储蓄型银行存款有本质的区别吗？

在这个基础上，有人认为，只有企业名下专户存储的，才属于货币资金。换句话说，即使这个结构性存款本质上是保本保收益的，但只有银行给这笔存款一个银行账号，当审计师发送银行询证函时，询证函回函上能显示某银行账号下有这笔结构性存款，它才能算货币资金。

但也有人认为，银行是否给结构性存款分配一个账号，只是一种形式，属于银行的内部管理问题，并不影响业务实质，不应该作为判断依据。

由于国内各种理财产品广泛出现也就是最近一两年的事情，会计准则还没有特别明确的规定，因此，实务中，大家的判断可能略有不同，但能够作为货币资金的情况应该并不常见。大家在审计中，看到货币资金里包含了理财产品，应该多问一下为什么。

不论是不是属于货币资金，理财产品首先是一个金融工具。根据现行的企业会计准则，把理财产品划为某一类金融资产时，应关注以下事项：

- 分类为持有至到期投资的理财产品应存在活跃市场报价。
- 结构性存款等理财产品如果包含必须分拆的嵌入式衍生工具，应当将该嵌入式衍生工具分拆且单独作为衍生工具核算，或者将该理财产品直接指定为以公允价值计量且其变动计入当期损益的金融资产。
- 目前我国市场上的理财产品大多为保本浮动收益或非保本浮动收益，没有活跃市场，不包括必须分拆的嵌入式衍生工具，通常应分类为可供出售金融资产。

此外，还应根据投资期限等相关条款，考虑理财产品的流动性，并不是所有的理财产品都属于流动资产。

## 4.2　应收账款和坏账准备

### *4.2.1　主要关注应收账款的存在性与估值*

让我们来全面考虑一下应收账款这个科目的 CEAVOP（有关 CEAVOP 的说明见 3.2.1 公众对审计的期望）。

按照已经谈过的理论，一般而言，资产的完整性不是我们工作的着重点，资产的存在性才是我们的着重点。对于应收账款，似乎也没有太多值得考虑准确性的方面。

除了 E 之外，另外一个值得认真考虑的就是估值（V）了。应收账款总有可能收不回来，因此必然要讨论其估值。

应收账款好像也没有什么"O"的问题，至于"表达与披露"方面，主要考虑以下几个方面：

- 应收账款里可能有一些款项是工程结束后的质量保证尾款，因此必然要在一年后、一年半后甚至两年后才能付。这些就应该算长期应收款，而不是流动资产。如果有这种情况，要做一个调整。
- 要把与关联方的往来这样的数字从账上找出来，可以同时把与关联方的业务量，即销售金额也找出来，以备发确认书及披露与关联方的往来之需。
- 要把金额大的应收账款（一般也是大客户）和与大客户的销售收入这样的数字从账上找出来，这是一种业务集中（concentration）风险，很多时候也是需要披露的。

### *4.2.2　审计应收账款科目主要做的审计程序*

按照前面讲过的理论，要采用"自顶而下"的思考方式（详见 3.4.6 写工作底稿时要学会自顶而下的思考方式）。所以，在审计应收账款科目时，首先要考虑的是：

- 应收账款的性质，即所核算的内容是什么。一般来说，应收账款的性质是很明确的，就是由销售货物形成的要从客户那里收的钱。不过在做电信行业的时候，我们也有过不得不定义一下什么是应收账款的情况。对于电信行业，从用户那里，收钱，是应收账款；从其他电信运营商那里，由于电路租用、网间互联互通的结算款，也是应收账款，因为这些都是电信的主要业务收入。

- 企业的主要市场及主要销售客户都是什么类型的？付款安排是怎样的？信用期是多长？例如，国内销售主要是销售给大型国有企业，出口销售主要是偶尔出现的大的工程项目。对于国内销售，要求货到付款；对于出口销售的大的工程项目，一般是先付 30% 的预付款，发货后再付 65%，最后 5% 为质保金，在发货一年后支付。

内控测试对于应收账款、销售和回款这个领域是很重要的。因为这里主要是一些日常的常规交易，交易的数量和规模都很大，单凭一些抽样、发确认书这样的实质性测试，不足以发现可能的错误。

内控测试还应该包括企业如何提取坏账准备这一控制领域，这可能要延伸到企业的客户信用控制、如何产生账龄及分析账龄、如何根据客户的信用历史通过反馈机制来修正信用额度等控制领域。但最关键的，还是企业自己如何计算坏账准备并保证其准确性。

对于应收账款的实质性测试主要包括以下步骤：

- 取得应收账款的明细，看一遍明细，看看有没有特殊的东西，如余额是负数、余额是太整的数（像 10 000 000 这样的）、奇怪的客户名称，等等。

- 为了验证存在性（E），最常规的办法是发确认书。这几乎是做应收账款必做的工作，但这只是验证应收账款存在性的第二有效的手段，前提还得是确认书能得到答复。关于发确认书时要注意的问题，请看 4.1.3 发确认书时要警惕，要严密控制全程，4.1.4 函证工作要注意的问题，4.2.5 确认书没回来的替代性措施以及 4.2.6 怎样选择函证的样本。

- 要验证存在性（E），最好的情形是企业在期后已经收到钱了，则存在性（E）与估值（V）都解决了。所以，做应收账款，第一有效的手段应该是看一下在期后，针对期末余额已经收到了多少钱。如果担心这些钱会不会是从不正常渠道收的钱，可以在查原始凭证时检查汇款方。但如果是联合造假怎么办？不必太操心，请看 2.6.5 审计师要勤勉尽责到什么程度。

- 在对应收账款的余额进行分析性复核时，单纯分析其绝对金额的本期较上期变动是没有太大意义的，只有与这几期的销售额结合着看才行。所以，可以不必分析绝对金额的变动，而是直接计算周转天数，并对其进行分析和解释。

- 另一项常规的实质性测试工作是取得企业期末的账龄和最近期的账龄，然后对应收账款的账龄进行分析。账龄分析是一个承上启下的分析，它既是对应收账款周转期分析的一个深化和细化，又将直接引出坏账准备提多少合适这样一个话题。不长脑子的工作底稿，往往会把周转天数的分析、账龄分析和坏账准备的讨论三者割裂开来，甚至写出前后矛盾的话来。这就是只会机械地干活，而不知道为什么这么干。

- 对于坏账准备，审计师要确保其合理性，就是说太少是不对的，太多也不应该。有时，即使客户按照其集团或总公司的政策提了，我们也不能就此罢休，还要问一下这个政策是不是就是合理的。要是不合理，一样可能要做审计调整。当然，如果我们要出的审计意见是说客户符合了集团政策，那我们就不用再深究了。但要是审计意见是一般的"真实公允"，则集团政策与"真实公允"可能还是有距离的。

- 注意收集披露所要求的有关信息。

- 收入的截止性测试，以确保应收账款的截止性也没有问题。其实，由于应收账款是收入和销售回款两种业务共同作用的结果，要想保证应收账款的截止性没问题，既要看收入的截止性测试，也应该看销售回款的截止性测试。那么，销售回款的截止性测试是什么呢？其实就是审阅银行存款余额调节表。

而收入的截止性测试，往往在存货出库的截止性测试中就包括了。

以上就是应收账款这部分常规要做的审计步骤了。不过，应收账款是制造业企业中，与经营和业务联系较多的一个科目，实际工作中，要思考和解决的问题会变化多端。我在这里谈的东西，只是一点儿基础性的东西，具体如何应用，还得看审计师在实际中的发挥。

### 4.2.3  应收账款的明细里能看出不少问题

看一遍应收账款的明细，有时不仅仅是审计师自己看，而是坐下来问客户一些问题。例如，是否应收账款里核算的都是销售收入，不包括其他内容？做审计不能老担心客户骗你，你不问问题，是你的错；你问了问题，客户要是没骗你，你迅速地得到了很多信息；你问了问题，客户要是骗了你，很可能这是客户的错，不是你的错。而且，以我的经验，很多时候，客户并非有意要骗审计师，只是与审计师在沟通上发生了一点儿误解，回答得不正确而已。审计师只要再问细一点儿，或者换个问法，就能得到正确的回答。总之，多问客户问题，一般不吃亏。

审阅应收账款的明细时，主要关注这些问题：

- 有一些不属于应收账款性质的东西，记到这个科目里了。例如，应该记在其他应收款里的东西最可能记到这里了，这时，就要做一个重分类调整。
- 看看有没有特殊的东西，如余额是负数、余额是太整的数（像 10 000 000 这样的）、奇怪的客户名称，等等。

  有一次，审计师发现，在某公司（假设是 AWA 公司吧）的应收账款明细账上，有一些客户的名称是"AWA 天津""AWA 北京""AWA 深圳"等。审计师觉得很奇怪，因为 AWA 公司在外地并无分公司、子公司或关联公司，如果这些"AWA 北京"之类的是 AWA 的办事处的话，AWA 公司向自己的办事处发货，不应该被看作销售和应收账款。于是，审计师不断向客户询问这些"AWA 北京"之类的公司是怎么回事，结果挖出来一个大的舞弊事件。

  另一个例子：审计师知道，这家生产炭黑的企业其主要销售客户都是轮胎厂和橡胶厂，可是，在审阅应收账款的明细时，发现有不少个人的名字，如"章治忠""张正直"等。细问下来才知道，这些都是公司的董事或高管，从公司提走了大量资金炒股去了。

- 另外，在审阅明细时，一定要确保明细数的合计能对到总账上和报表上，这是保证审计的逻辑链条不断裂的很重要的一环。

### 4.2.4　审计应收账款一定要发确认书吗

审计应收账款科目时，一定要发确认书吗？

审计准则是这么要求的：一般要发，如果不发确认书的话，也可以，请在工作底稿中明确说出不发的理由。

那么，不发的理由是什么呢？

一是全部收到款了。二是历史经验证明，发确认书从来都回不来。所以，从成本效益的原则出发，发确认书只是浪费时间，不如不发。

假如不发确认书，那怎样确保应收账款的存在性呢？

主要的方法就是检查期后收款和翻看原始凭证，跟确认书没回来时的替代措施差不多。

让我们闭上一只眼，改变一下我们看事物的角度，来讨论一下如何验证应收账款的存在性。

应收账款的余额是由一堆明细项构成的，验证应收账款的存在性，就是验证这些明细项的存在性。但是，这些明细项是什么？不同的角度会给我们不同的答案。

一是应收账款余额是不同客户余额的汇总。基于这一角度，我们要发确认书和/或检查期后收款（此时谈的期后付款是针对一个客户的余额的付款）。

二是应收账款余额是不同发票余额的汇总。基于这一角度，我们可以选择一些发票（或出库单及其他第三方证据）来检查期后收款（针对一张发票的收款）和翻看原始凭证。这一角度的前提是销售客户每笔付款，都是与一张或几张销售发票明确对应的。

三是应收账款余额是期初余额，加上每笔销售的汇总数，再减去每笔付款的汇总数。基于这一角度，我们可以先选择一些发票（或出库单及其他第三方证据）来翻看原始凭证，再选择一些收款的银行单据来检查。当然，假定期初余额已经是被审计过的，不被怀疑。

所以，不同的分析角度决定了要做的工作是不同的。审计师在工作中，应该保持清楚的头脑，不要不停地转换角度，否则，就不能保持审计中逻辑链条的严密了。

### 4.2.5　确认书没回来的替代性措施

一般情况下，只要多加催促，确认书还是能回来不少的。在确认书不能马上回来的时候，审计师最好自己与第三方联系，催促第三方，这样能够与第三方有一些直接接触，了解实际究竟发生了什么情况。如果通过催客户去追确认书来间接地催促第三方，就失去了了解实际情况的机会。

要注意的一件事是，确认书的回复最好是由信件寄回，这是目前广泛认可的最有说服力的证据。传真件、电子邮件甚至口头确认，都可以作为一定的证据，但在严格意义上，都不算是确认书的回复。如果审计师不想在这方面冒风险，最好要求第三方将已经作答的确认书通过信函寄回。

对于没得到回复的确认书一定要有其他替代性的测试。确认书没回复，等于函证工作的效果不存在。

而且，一定要对所有发出但未收到答复的确认书做替代性测试，而不能是抽样做替代性测试。发确认书时，已经是在抽样了，做替代性测试时再抽样，"偷工减料"就未免太多了。

　　第一种替代性测试是检查期后的收款（对于应收账款来说）或付款（对于应付账款来说）。这种方法有时限于条件，比如有时就是还没有收款或付款，不可能将所有未答复的确认书都测试到。但相对来说，这种方法所拿到的审计证据是最强的。

　　另外一种替代性测试就是翻看原始凭证了。翻看原始凭证时，可以在每一份确认书内部进一步采取抽样的方法进行测试。要翻看的原始凭证包括销售的出库单（有接收方签字的最好），或者是采购的到货单（同样是来自第三方的为最佳）；有关销售或采购的发票，有时还要看以前的收款或付款记录。如果应收／应付账款的期末余额明确地由某几笔采购或销售构成，可以只看销售或采购的有关记录；如果只是一个滚动下来的余额，不能分清是由哪几笔业务构成的，就不得不同时看一下收款或付款记录了。

　　最后一种措施，从严格的逻辑角度讲不能算替代措施，就是审计师自己判定，对于除了确认书已经答复的那部分余额以外的其他余额，函证这一招失败，然后转而采取其他措施验证存在性。这样做的好处，是可以不再把自己的思路限制在那些没回复的确认书上，而是重新从整体上审视要测试的科目。

　　做过了替代性测试，一定要在工作底稿上写清楚具体做了哪些替代性测试，必要的时候还要将看过的收款／付款记录、销售／采购记录列出来，以便其他人可以检查。这样做工作，从发确认书开始，到确认书收不回，再到做替代性测试，才叫作"有来有去"。

　　在《西游记》第七十回中，孙悟空在保唐僧取经路上，在朱紫国遇到一个小妖，孙悟空问它的名字，小妖掏出一个腰牌，说自己叫"有来有去"。后孙悟空一棒子打死小妖时说道："这回叫你改个名字，叫作'有来无去'。"

　　我们做替代性测试也好，做其他审计步骤也好，都要在工作底稿上把做的工作交代清楚，不然，就成了"有来无去"了。下次你要是看到有人在工作底稿上没有交代清楚来龙去脉，不妨呼他作"有来无去"。

### 4.2.6　怎样选择函证的样本

如果能够验证到某一个应收账款的余额在期后已经全部收到款了，就不要再费神发确认书了。这就好像坐飞机时，你买的是经济舱的票，人家航空公司给你了一个免费升舱，已经安排你坐头等舱了，你就不要再要求坐回经济舱了。注意，对于应付账款，这条原则不适用。因为，应付账款是否付款，选择权在被审计企业而不在第三方。

除了上述原则之外，可以有三种选择样本的办法：

一是全部都发函证。这法子没人感兴趣，就好像治头疼病要把人的脑袋砍下来一样。

二是选择那些特殊的项目。什么算特殊的项目？这个标准可以是审计师自己根据审计时要考虑的因素定的，例如，应收账款中金额大于一定数量的，账龄长过三个月的，应付款中所有主要供应商的，等等。这个标准要公开地写在工作底稿上，并且，但凡符合这个标准的应收账款/应付账款具体明细项，就都要发确认书。也就是说，在选择什么项目发确认书时，我们要按一定标准来，要符合"公开""公平""公正"的三公原则，不能像某些选美比赛似的，搞暗箱操作。

三是"有代表性的抽样"，就是说一种符合数理统计原理的抽样方法，使得所选样本可以有效代表整体。我在前面说过，审计这东西，有初中的数学水平就可以，这里是个例外。所以，我就不在这多讲任何数学知识了。谁对此有兴趣，可以自己研究。

况且，目前比较成熟的会计师事务所，都能把基于数理统计原理的抽样方法形成定制的模板。审计人员只要把相关信息，如整体金额、样本总个数、审计重要性水平等输入到模板里，就能得到样本量和样本分配指引。更先进的模板或者说应用软件，则允许审计人员把整体信息逐条作为输入值导入，直接输出指定的样本。

这些模板和应用软件，在每个事务所里可能有不同的名字。初入行的审计师最好记住这些名字，免得闹笑话。曾经有个审计师，当别人跟他说"抽什么样本，你不要自己拍脑袋，得听 X 的"，他就不假思索地问道："X 是谁？"其实，这里说的 X，就是抽样软件的名字。

需要注意的是，在抽样之前，审计师一定要确保抽样的整体金额与自己要审计的账面金额是一致的，然后再从中抽样，这样的抽样才有意义。打比方说，你去买水果，小贩让你从前面一小堆荔枝里面随便挑、随便尝，个个都很甜。然后小贩从后面一堆荔枝里称了一厅给你，你回家发现个个都酸。问题就出在，样本根本就出自不同的地方，质量也就不同。关于这点，可参见 4.6.7 *有没有将存货明细的数字加总，与总账数核对呢*。

最后要说明的是，不管采取哪种选择样本的方法，对于整体来说，其完整性（C）并不能得到证明，只能证明其存在性（E）。这是显而易见的，即使全部发函证，这个"全部"还是以企业的账本为基础的，企业偷着没记账的，是几乎不可能选择为不管是函证还是别的测试的样本的。

### 4.2.7　企业如何准确地将收到的款项与客户名称及发票相对应

这个话题，即"企业如何准确地将收到的款项与客户名称及发票相对应"，表面看来是个企业自己内部操作的细节问题，但是，"魔鬼存在于细节中"，这个细节恰恰是一个关键的细节。

最理想的状况是，销售客户每笔付款都是与一张或几张销售发票明确对应的。这样，被审计企业就可以在自己的应收账款明细里，将付款与发票去核对，并将已经付款的发票剔出。这一个"核对并剔出"机制最好不要出错，否则会影响很多东西。那么，这个"核对并剔出"机制能出什么错呢？

一是销售客户名称就弄错了，所剔出的发票自然也错了。这样，应收账款明细是错的，账龄分析也可能是错的。根据这样的明细去发确认书，必然得不到正确的答复；根据这样的账龄分析去计算坏账准备，结果也很可能是错的。

二是销售客户名称没有弄错，但发票核对错了。这样，应收账款明细还是对的，但账龄分析很可能是错的。根据这样的账龄分析去计算坏账准备，结果也很可能是错的。

如果销售客户每笔付款，不是与一张或几张发票明确对应的，而是每次付一个大数，这就更麻烦了。一般默认的原则是"先结老账，再结新账"，也就是所谓的"先进先出法"。但如果被审计企业与销售客户就某一笔销售有纠纷，也有可能会出现跳过那一笔销售，先结算排在后面的销售发票的可能性。这时，这个"核对并剔出"机制就要既能按"先进先出法"工作，又能掌握本企业与销售客户在哪些笔销售上存在纠纷，能对这些纠纷在做账龄时单独处理。否则，上述第二种错误仍然会出现。

这一个细节讲清楚了，做什么测试来保证客户的这个"核对并剔出"机制是设计完善并运转正确的呢？专门针对它做内控测试呗。

### 4.2.8  检查期后收到的款项

审计工作总是在检查历史，而流动资产和流动负债类的科目，因为其"流动"，必然在期后发生变化。要是没变化，就是问题了。"流水不腐，户枢不蠹"嘛，如果没变化，是不是意味着要提减值准备了？所以，审计师的现场工作时间与客户的资产负债表日，离得越远越好。因为，可以通过对期后所发生事项的检查，验证几乎所有的流动资产和负债类科目的存在性和真实性，以及部分验证其完整性。

对于所有的流动资产，包括应收账款，如果在资产负债表日以后，已经收到款了，就一下子一劳永逸地解决了存在性和估值两大问题。

检查期后收到的款项，要想得到一个总数，最快的方法，就是拿到期后的账龄分析（按账项发生日准备的账龄）。例如，如果我们拿到了企业今年3月底的账龄分析，我们能看到账龄在3个月以上的总额是多少，即截至去年12月底已经发生的应收账款至今仍未收到的，与去年 12 月底的应收账款余额的总额相减，就得到了已经收到的款项。

当然，这里有这样几个值得讨论的问题：

- 一是客户的账龄做得要正确。
- 二是这个账龄得是按照账项发生日准备的，而不是按信用期或其他标准来准备的。不然的话，账龄在 3 个月以上，并不一定代表 3 个月以前发生的账项。
- 三是没有其他非常规形式的应收账款减少，而只能是由于收款而引起的应收账款余额减少。如果有调整账项、坏账冲销，或者是三角账互相抵账，上述的倒减就可能不准确。

但实际工作中，仅仅得到这个总数往往用处不大。更有用的是，就具体某笔发票，或某个销售客户，期后收到了多少款项，这就需要被审计企业提供这种资料了。这时，还不能简单地将期后的收款都算到里面，而应该只算那些针对期末已存在余额的收款。

## 4.2.9　应收账款的周转天数可以怎么分析

应收账款周转天数的算法，可以有好几种：

一是将应收账款的期末余额除以相对应的销售收入，再乘以对应的天数。

二是将应收账款的平均余额除以相对应的销售收入，再乘以对应的天数。这个平均余额的算法可以不同，可以是简单的期初加期末除以 2，也可以是全年各月的移动平均数。

三是将应收账款期末余额去和最后一个月、两个月、三个月的销售收入做比较，看一下期末应收账款相当于最后几个月的销售收入。这种算法算出来的结果，有时也特别称为 DSO（days of sales outstanding，中文可以译作"未回款的销售天数"）。

有的算法里，销售收入是要刨除现金销售部分的，有的则不刨除。这个影响不大，只要在做前后期对比、不同企业对比时保持一致就行。

很难说哪种算法最科学和标准，更重要的是，认识到每种算法都有其局限性，不要滥用。

这个周转天数代表的含义，大概就是说，平均而言，一笔销售发生之后，要过多少天才能收到钱。所以，将这个周转天数与企业销售客户的信用期对比着看，是可以看出一些东西的。例如，一家出口企业，其给国外客商的信用期是货到后30 天，出口价格条款是 CIF 价<sup>⊖</sup>，因而在发货时即可确认销售收入和应收账款。平均运输时间是 20 天，国外客商一般采用电汇方式付款，电汇方式只要 1 天时间。因此，如果这家企业的国外客商都很有信用的话，其应收账款周转天数就会在 50～55 天左右。如果比这个时间长，就意味着有一些客户是付款不太及时的，可能会有坏账问题。

不过，在中国环境下使用这个比率，不要忘了有个增值税的影响。以增值税税率 17% 为例，应收账款余额里，国内销售形成的部分是包括 17% 的增值税部分的，而相对应的销售收入不包括这 17%。

由于不同类型的销售客户，其应收账款周转天数可能很不一样，因此，在计算周转天数进行分析时，可以按不同销售客户群来计算和分析，甚至可以对一些大客户单独计算它们的周转天数并分析之。比如，出口与内销就可能周转天数很不一样，因此分开计算和分析会更好一些。

要注意的是，做这项应收账款周转天数的分析性复核工作，起因是针对应收账款的余额进行分析，但由于其余额变动总是与销售额密切联系在一起，才会直

---

⊖ 按照 INCOTERMS 2010，CIF 价为成本加保险费加运费（cost, insurance and freight），货价的构成因素中包括从装运港至约定目的地港的通常运费和约定的保险费。但在 CIF 价格条款下，货物在装运港被装上承运人船舶时即完成交货。我们往往误解为 CIF 到岸价的风险转移发生在到岸港口，这是错误的。CIF 和 FOB 是价格术语，从风险转移和收入确认时点的角度看，CIF 和 FOB 是没有区别的，一般都是在将货物装载于买方所指定之船舶上时确认收入。

接分析周转天数，而不是分析余额变动。这项分析的目的，是对应收账款的存在性（E）和估值（V）两方面的情况同时了解。如果其中有涉及估值方面的讨论，还应该与账龄分析时的讨论能够呼应起来才是。

对于周转天数的分析、解释和讨论，除了前面提到的与信用期结合来看以外，很重要的另一方面，是和以前期间的周转天数做比较，看看被审计企业采取了什么样的措施或遇到了什么事件，才使得周转天数增加了或减少了。这同样是与企业的经营联系起来看问题。

### 4.2.10 应收账款的账龄是什么样子

先画一个账龄的格式给大家看一看（见表 4-1）。

表 4-1

单位：元

| 截至 2014 年 12 月 31 日 | 信用期内 | 0～3 个月 | 4～6 个月 | 6 个月以上 | 合计 |
|---|---|---|---|---|---|
| ABM 公司 | 300 | 200 | 100 | 0 | 600 |
| CDX 公司 | 600 | 0 | 200 | 50 | 850 |
| POW 公司 | 400 | 500 | 0 | 0 | 900 |
| BDD 公司 | 0 | 50 | 200 | 400 | 650 |
| 其他 | 1 000 | 300 | 100 | 100 | 1 500 |
| 合计 | 2 300 | 1 050 | 600 | 550 | 4 500 |

一般审计师期望客户给出的，大概就是这样一个东西。

它代表什么含义呢？拿第一排 ABM 公司来举例说明一下：

"信用期内"那一栏列出 300 元，意味着有 300 元的应收账款信用期尚未满，因此被审计企业并不期望这些应收账款会马上变现。

"0～3 个月"列出 200 元，那是已经超过信用期 3 个月以内的应收账款。以此类推。

这一个账龄分析，是以信用期为基础，并按不同笔销售发票来编制的。账龄分析还可以不以信用期为基础，而是简单地以发生日期为基础编制。另外，也可以不按不同笔销售发票来编制，而是按同一客户最老的一笔发票来编制，结果如下（见表 4-2）。

表 4-2

单位：元

| 截至 2014 年 12 月 31 日 | 信用期内 | 0～3 个月 | 4～6 个月 | 6 个月以上 | 合计 |
|---|---|---|---|---|---|
| ABM 公司 | 0 | 0 | 600 | 0 | 600 |
| CDX 公司 | 0 | 0 | 0 | 850 | 850 |
| POW 公司 | 0 | 900 | 0 | 0 | 900 |
| BDD 公司 | 0 | 0 | 0 | 650 | 650 |
| 其他 | 500 | 500 | 300 | 200 | 1 500 |
| 合计 | 500 | 1 400 | 900 | 1 700 | 4 500 |

这种编制方法的原则是：只要某家销售客户最老的一笔应收账款的账龄落入了某一栏，其全部应收账款余额就都落入那一栏。这种方法与前一种方法各有利弊。例如，对于上面例子里的 ABM 公司，从账龄中看出，它一直和企业有业务往来，所以前一种方法可能会更准确地反映实际可能的坏账情况；而对于 BDD 公司，它以前和企业有业务往来，但最近已经停止业务往来有一段时间了，这时，也许后一种方法才更能凸显出其坏账情况；至于 CDX 公司，我们很难判断，因为不知道更具体的情况。

一般在制造业，还是采用前一种方法来做账龄的居多。

所以，当审计师从客户那里拿到账龄时，一定要先问一下，这个账龄是按照信用期还是发生日做的，是按不同发票还是最早的发票做的。

### 4.2.11　应收账款的账龄可以怎么分析

当被审计企业提供了他们期末的账龄表和最近期的账龄表时，审计师首先要做的是检查这份账龄是否正确。要是不正确，后面的分析可就是 GIGO（garbage in, garbage out，一个信息学的术语，中文可以考虑译作"吃什么，拉什么"）了。

怎么检查呢？一个是内控测试，因为企业管理层自己也应该对账龄做分析，所以必然应该有一些控制点来保证账龄的准确性；第二个就是审计师自己的实质性测试了。

审计师分析企业的账龄，目的是为了找出那些潜在的坏账而这些坏账主要是从账龄较长的那些栏里面找。因此，我们最担心的，是企业将实际上账龄较长的项目，填到了账龄较短的栏里。所以，我们的实质性测试将集中在账龄较短的栏中。我们可以做这样的测试：

- 假如信用期是一个月的话，可以看一下最近一个月的销售收入是否仍小于"信用期内"这一栏。如果是这样，肯定有错误。在检查这个的时候，不要忘了可能有 17% 增值税的影响。
- 在账龄较短的几栏里，选取一些项目去核对其原始凭证，看其账龄分类是否准确。

当然，账龄表的合计数应该与应收账款的明细及总账余额一致，否则，逻辑链条就太不严密了，审计师要是没有发现这个，就是笑话了。

检查完了账龄表的准确性，就可以开始做分析了：

- 与以前各期间的账龄表做比较，看一看在结构上变化的原因是什么，这些原因是否意味着要增加坏账准备。
- 把期末的账龄表中，期后已经收回的款项刨除掉，可以得到一个当前仍未收回款项的期末账龄表。这才是我们真正要考虑做专门坏账准备的金额。不过，有时做这个"刨除"工作较费时费力，往往可以用最近期的账龄表中的账龄较长的那几栏来代替，只要编制账龄表的逻辑是一致的而且没有什么特殊项目就可以。
- 对于那些账龄较长的项目，可以逐一与被审计企业讨论其未收回的原因，并评价提取多少坏账准备合适。
- 千万不要挑那些主要销售客户和大的余额来做账龄分析。这种想法是无头苍蝇在乱撞。之所以做账龄分析，前面说了，是为了讨论估值，也就是说，想通过账龄分析找出那些可能收不回来的应收账款。而主要销售客户和大的余额，从概率上讲恰恰是那些可收回性比较强的应收账款，所以不应该是审计师做账龄分析时主要研究的对象。审计师主要研究的，应该是那些账龄期较长的项目。

### 4.2.12　坏账准备

前面说过，内控测试还应该包括企业如何提取坏账准备这一控制领域，这可能要延伸到企业的客户信用控制、如何产生账龄及分析账龄、如何根据客户的信用历史通过反馈机制来修正信用额度等经营控制领域。但最关键的，还是企业自己如何计算坏账准备并保证其准确性，这是一个财务报表控制。有关经营控制和财务报表控制的区别，参见 3.3.6 经营控制与财务报表控制。

坏账准备既要包括一般准备，也要包括专门准备。专门准备是针对那些已经较为明确地知道可能产生坏账的应收账款项目所提取的，而一般准备则是不针对任何具体项目所提取的。

专门准备是针对单笔的应收账款，一笔一笔进行讨论，根据每一笔应收账款的实际情况，计提相应的坏账准备，可以说，对于每笔应收账款，没有一个统一的计提比例，要具体问题具体分析。工作中，主要是通过与被审计企业交谈，由他们提供线索，以及审计师自己审阅应收账款明细及分析账龄时发现线索，然后将这些信息与被审计企业沟通，根据被审计企业自己的估计和审计师基于账龄及付款历史的判断，对每个项目得出一个相对合理的百分比。

一般准备是针对所有剩下的还没有被讨论过的应收账款集体做的。做法既可以是给一个统一的百分比，例如 5%；也可以是仍然按账龄来做，例如，账龄在 3 个月以上的提 20%，在 3 个月以下的提 3%，等等。这个百分比没有什么固定的规矩，只能根据企业的具体经营情况判断。比如，对于出口销售的国外客户，账龄在 6 个月以上的，就可以提 90% ～ 100%；而对于国内销售的客户，账龄在 6

个月以上而 1 年以下的，可能提 20% ～ 30% 就差不多了。这个比例，也可以通过分析历史上实际发生的坏账与相对应的销售收入的百分比，来得到一个大概的数值。

既然应收账款有专门准备和一般准备两种坏账计提方法，那么哪些应收账款该适用专门准备的方法，哪些应收账款该适用一般准备的方法呢？ 这里，首先有一个会计判断的问题。被审计单位应该有一个标准，譬如，单笔金额超过 500 万元的应收账款，就应该首先考虑专门准备的计提方法。 审计师可结合对被审计单位的了解以及历史情况，判断被审计单位这一标准的合理性。对于没有进行专门准备坏账计提的应收账款，自然需要进行一般准备的坏账计提，但是，对于那些经过了专门准备的测试，却没有发现减值迹象的应收账款，是不是就安全了呢？ 答案是否定的。由于存在信息不对称或者信息滞后等原因，可能存在虽然进行了单项测试，但仍无法识别出坏账的情况。有些被审计单位对此表示不理解，认为既然进行了专门准备的坏账计提，就无须再进行一般准备的坏账计提。举个例子可能就很好理解这一原理了。 譬如要从一堆橙子中挑出坏橙子。你把每一个橙子都拿起来仔细检查，可能认为没有一个橙子是坏的。但是，我们都遇到过外表光鲜但内里破败的橙子，且这种橙子还屡见不鲜。这是"金玉其外，败絮其中"的来源，也是为什么对于那些进行了专门测试但没有计提坏账准备的应收账款，也应该纳入一般准备的计提方法中，匡算可能的坏账影响。

被审计企业往往会只提专门准备，不提一般准备，这时，审计师就要通过审计调整来补提一般准备了。

一般的国内企业，可能有少提坏账准备的意愿，因为担心提取太多会影响利润。但是，也可能会有相反的情况，有的企业或者是银行的管理层，会愿意多提准备，甚至很痛快地将收回可能有一定难度的应收账款作为坏账冲销，而并不是积极地去收回它。这里就可能有欺诈和舞弊的存在，因为管理层可能会因此从客户那里暗中得到回扣，作为他们将这个客户的应收账款从账上"抹掉"的报酬。

所以，计算和提取坏账准备应该不偏不倚，既不要多，也不要少；而是否将应收账款真正作为坏账冲销，更应该是管理层判断的事情，审计师不需要在这个领域发表什么意见。在经营管理中，则应该是，对某项具体的应收账款项目，在财务上不管是提取了专门准备，还是已经作为坏账冲销，都仍应该记录在备查簿上，并仍然尽力追讨。财务处理总是倾向于稳健和悲观一点儿，但经营管理上不能轻易放弃任何一点努力。

最后，审计师应该从客户那里取得坏账准备在这一会计期间的增减变动表，也就是说，从期初余额开始，加上当期新提取的数额，减掉当期冲销的数额，就得到了期末余额。这里，当期新提取的数额应该与利润表中的坏账费用数字是一致的。

## 4.3 其他应收款

### 4.3.1 主要关注其他应收款的存在性与估值

对于其他应收款，与应收账款一样，主要关注存在性与估值。

与应收账款有一定区别的是：在其他应收款这个领域，非常强调每个明细项目的性质（nature）。为什么在应收账款那里不怎么强调呢？因为应收账款的性质一般都很明确，就是由销售形成的要从客户那里收的钱。而其他应收款的性质就五花八门了。一般在企业里做会计的也知道，"其他应收和其他应付是两个筐，什么都可以往里装"。

所以，在其他应收款这个领域，也很难有什么常规的审计步骤，因为审计步骤是根据所审计科目的性质"随机应变""见机行事"的。如果不管这个科目是什

么性质，都一味强调标准的步骤，就是"无稽之谈"了。<sup>⊖</sup>

不过，审计其他应收款这个领域的一般思考方式还是有的：

- 首先，我们对于其他应收款的"预期"是：它不是由企业的主要业务产生的，尽管它是个筐，什么都装，但一般不会装太大的东西，所以它的余额不会太大。如果余额大，就是不正常的，其中必然有一些特殊项目。遗憾的是，管理不好的企业，这个科目的余额经常都很大。

- 与应收账款相同，一个有效检查其他应收款的办法就是看是否在期后已经收到款。如果已经收到款，一般就比较放心了。

- 金额小的其他应收款，可以不必管，因为在存在性上无论如何不会有大问题。除非被审计企业自己做的简介和注释让人觉得性质上有问题。

- 某个项目，去年有余额　并不能因此证明今年也应该有余额。其他应收款的很多项目，其性质可能是独特的，因而也是一次性的。例如，去年有一笔应收处理废旧电脑的销售款，这是由于去年年底进行了一次电脑升级。今年年底，如果有同样性质的余额在那里，审计师不应该认为这是正常的，而应该感到诧异，要么是账记错了，要么是去年的钱还没收回来，那就要提坏账准备了，要么是又做了一次电脑升级，连续两年做电脑升级，这里面肯定有故事了。

  当然，对于那些性质正常的其他应收款，例如员工预借款，是可以进行期初余额和期末余额的变动比较这种分析性复核工作的。

正常情况下，对于其他应收款，是没有什么内控测试好做的。在做其他应收款的审计工作时，第一步就是取得其明细，了解每一个大的项目的性质，也就是

---

⊖ 中国民间笑话里有这么一个故事，说一个地主特别爱吃鸡。每年年底长工交地租时，一定要交上只鸡，否则地主来年就不再将这块地租给这个长工耕种了。有个长工叫张三，年底交租的时候，将带来的那只鸡藏在自己身后，向地主走来。地主一看张三没有带一只鸡来，就慢声吟道："此地不与张三种——"张三一听，赶忙将鸡从身后拿出来。地主一看，又眉开眼笑地吟道："不与张三又与谁！"张三取笑地主说："东家，您怎么又改主意了？"地主说：'我这叫'随机（鸡）应变'啊。""那一开始您说的是？""那是'无稽（鸡）之谈'。""那您最后说的是？""那是'见机（鸡）行事'啦。"

核算内容。然后，才能根据了解到的性质，决定具体做什么样的实质性测试。当最终要测试某个项目的存在性和估值时，所使用的方法与应收账款那部分的手段大体相同，也是发确认书、翻看原始凭证、检查并分析账龄这些方法。

## 4.3.2　应收员工预借款

在其他应收款里，最常见到的就属员工预借款了。

员工预借款一般是员工出差之用，所以审计师的预期是这个科目的余额不会太大。但是，审计师时常也会发现这个科目的期末余额是很大的，原因往往是以下几个：

- 员工预借款中还包括由采购员出差带给供应商的采购款。这样，金额就可能远远超出一般出差之用。这样的金额，严格说来，应该将其重分类至预付账款或者与应付账款冲销。

- 有的员工一次性出长差，可能要几个月。所以，借的钱也多，也没有回来报销。这个解释本身就意味着，有一些费用已经发生了，但因为没有报销，所以企业没有记账入费用。这时怎么办？可以将这笔费用先预提出来。

- 员工报销不及时，拖欠公司的钱比较多。有的员工可能旧的钱没还上／没报销，就又借新钱出差去了。这也意味着有一些费用已经发生了，所以审计师应该建议将这笔费用预提出来。

- 被审计企业的会计不知道原因。这种行为，类似于"打死我也不说"，是很令审计师恼火的一种"非暴力不合作"行为。此时，审计师可以了解一下，这个企业的员工平均每次出差花多少钱（这个可以通过以前的报销看出来），平均每次出差要花多长时间，以及大概有多少员工会出差。根据这些信息，总能大概估计一下多少员工预借款余额是合理的，那么超出部分可能就是该报销而没报销的了。

还有一个不太正规的办法。审计师可以翻一翻员工预借款的明细账，看一看平均每个月的贷方发生额，一般也就代表每月实际报销的金额。然后看一看期末余额是平均每月贷方发生额的几倍。这其实就是在算其他应收款的周转天数。如果这个周转天数在 1 个月以上，一般就有点儿小问题了，因为很少有企业的员工出差总是在 1 个月以上。

在如何控制员工预借款这个问题上，我见过的企业有这样一些做法：有的是旧账不清就不准发生新的预借款；有的是预借款发生后一个月或两个月没有报销，就直接从工资里扣。在会计处理上，有的公司是每个月月末，自动将一定比例的预借款，例如 60% 的，做一个预提记入费用，通过这种安排来保证遵守配比原则。

### 4.3.3  应收关联方

有一次，审计师在审计一家中外合资企业时，其他应收款里有一笔应收中方股东款，被审计企业对审计师的解释是，临时帮中方股东垫付了一笔采购货物的钱，很快就会还回来。我前面说过，只要是与关联方的往来，一定要发确认书，审计师果然发了确认书，也得到了中方股东的确认，审计师认为这就可以了。

审计师没有注意到的是，这笔其他应收款的金额，与实收资本里中方股东的资本一模一样。很难让人相信这是一个巧合，采购货物的钱，金额正好与投入的资本相同。听起来更合理的解释是，中方股东在变相撤资。

在最后关头，审计师注意到了这种巧合，将这件事情向被审计企业的管理层进一步询问，管理层终于承认了审计师的猜测。

为什么审计师在最后关头才发现这个巧合呢？我猜，是审计队伍内部沟通不够，请看 3.2.10 审计也是一个系统工程。

这件事情倒不一定会引致什么审计调整，但它显然是一个合资企业的外方非常在意的事件，如果审计师那么轻易就被企业骗过了，是很丢面子的事。

其实，就算那笔钱就是帮中方垫付的一笔款项，也会有被审计企业向中方股东出借资金的问题。按照中国的"贷款通则"的要求，只有被批准的金融机构才能对外贷款，一般的企业是不可以对外拆借资金的。

我听到过的另一件事情是这样的：一家企业的其他应收款余额中，每年都有很大的应收母公司款项，而且这家企业年年盈利且有正现金流，相应地，应收母公司款项也年年在增加。

审计师询问管理层这笔应收母公司款的性质。管理层坦率地回答说，我们这个集团里，我们这家企业是长子，在我们成长过程中，我们母公司给过我们包括资金、人员、技术、市场等多方面的支持。现在我们长大了，要帮助母公司照顾那几个弟弟、妹妹，所以我们就将我们赚到的现金都交给母公司来统一使用，主要用在扶持那几个弟弟、妹妹公司的成长了。

这故事我叙述得干巴巴的，要是换了会煽情的主持人来讲，你可能就要掉眼泪了。

言归正传。这个公司之所以找审计师做审计，是因为要海外上市！

我很难想象，一个普通的老外投资者，听了上面的"二十四孝"故事，能理解这种孝心，并愿意掏钱买这家公司的股票。每当我想象一下一个老外听了上面的故事后那种满脸困惑的表情，我就想偷着乐。

当来自国外的审计师真的搞明白这件事情之后，他们提了几点很专业的意见：

- 这笔应收母公司款项尽管被记在流动资产——其他应收款里，但并没有被母公司归还过，而且，被审计企业和母公司都没有明确的偿还计划，因此，这不像一项流动资产，而可能是一项长期资产。
- 这笔款项的本质更像是对母公司分派红利，因此，可以考虑将其从资产调整到利润分配中。但这样做，可能缺少分派红利所必需的有关法律文件。
- 即使不将这笔款项看作分派红利，试问，母公司目前是否有足够的资金实力还上这笔钱？如果有疑问，则要考虑对这笔应收款项提取坏账准备。

看到了吧，这些意见都是围绕着"表达与披露""估值""实质重于形式"这些基本的审计思路产生的。但听起来，在这个问题上，分析得非常透彻。

这家公司至今也没有上市。

### 4.3.4 其他应收款里还可能有什么

有时，其他应收款里会出现应收保险公司。想想看，一个一般的制造业企业为什么会有应收保险公司的款项呢？

客户回答说是理赔款。这样，审计师就应该问一问企业出了什么事需要保险公司赔了，是否是 100% 由保险公司赔偿，这里说不定有什么大鱼在后面等着你呢。

其他应收款里也可能会有一些工程物资或工程款，审计师一般的反应就会是做一个重分类调整，将其金额调整到在建工程及工程物资科目中去。如果审计师能够先问客户一句"为什么要把这些东西记在其他应收款里"，有时会发现，这些其实可能是已经完工的固定资产，而且已经投入使用了。仅仅由于某种特殊原因，比如供应商的发票未开过来，客户就把它记在了其他应收款里。如果是这样，这个重分类调整就应该是调整到固定资产并考虑补提相应折旧了。

其他应收款里还可能有一些被审计企业交的押金。例如，为了进口免税原材料交给海关的押金、房租押金等。对于这些押金，最好的方法是发确认书，其次是抽查原始凭证，并了解是否可能由于某些纠纷导致押金被扣收不回来。万一有某些纠纷，审计师就应该考虑对于这些押金提取坏账准备了。此外，对于房租押金，还要根据租赁期考虑其流动性的问题。

有一个企业，在每次向其客户发货时，会同时发出要求客户退回的包装物。如果客户在收到货物后，不将包装物退回，则企业有权利按协议规定收取相应的包装物补偿金，企业称为包装物押金。所以，在其他应收款这个科目里，就有一项是应收包装物押金。这一项让审计师犯了难，因为它和海关押金等根本是两回事。

海关押金是企业自己已经交了押金，将来可以从海关收回来的，产生海关押金时的会计分录是：借：其他应收款——海关押金，贷：银行存款。要想验证海关押金的存在性，一是向海关发确认书，二是直接翻看原始凭证，反正就几笔押金。

而这个应收包装物押金，不是企业已经交的，而是企业要向其销售客户收的，产生时的会计分录是：借：其他应收款——包装物押金，贷：存货——包装物。要想验证这种押金的存在性，可不是翻两笔原始凭证那么简单，企业有一笔销售，就可能产生一笔押金。企业有一百个客户，就可能有一百笔押金。

那么，做什么样的测试呢？考虑到这种押金与应收账款的一致性，我们应该在发应收账款确认书的时候，把这种应收押金也包括在确认书里（可以参考 4.1.4 函证工作要注意的问题）。我们还可以将应收押金的余额与应收账款的余额做比较，这个百分比应该历年比较一致，而且可以通过计算企业的包装物单价（比如 1 000 元 / 件）与其可以包装的货物价值（比如一件包装物可以盛装 1 吨货物，其售价为 20 000 元 / 吨）之比，看出这个百分比是否合理。

## 4.4 与关联方的往来账

### 审计与关联方的往来时要做什么工作

最正宗的路数，是先向客户了解清楚，哪些是关联方，把这个范围定下来。可以找客户要一个关联方的名单，将其放进工作底稿中。这就好比是在"西游记"中，孙悟空时常拿金箍棒在地上画个圈，然后让唐僧待在圈里，可防妖魔鬼怪侵扰一样，这个关联方名单，就是我们和客户画的这个圈。

当然，审计师需要弄清楚，客户到底有没有能力准备一份完整的关联方名单。对于关联方关系错综复杂的企业，或是会计人员素质不太高的企业，这都是值得担心的问题。这时，审计师可能需要自己先核实一份企业的"族谱"，把"七大姑八大姨"的关系理理清楚，再根据会计准则和企业的交易对象，判断"族谱"上哪些是企业的关联方。

下一步，就是从客户处取得与关联方的往来余额，以及这一年度的交易发生额。要注意的是，这里的交易不仅仅是指那些有定价的交易，一些免费的交易也得算进来，比如免利息的资金拆借、无偿使用办公楼、无偿借用技术人员、企业人员享受母公司的股份支付计划等。所谓"亲兄弟，明算账"，算清楚了之后，该记的还得记。

对于关联方交易，比较令人"目眩神迷"的，往往发生在境内外商投资企业与其境外关联公司之间，因为这里还涉及转移定价的税务问题，有些时候，往往是"按下了一个葫芦，又浮起了一个瓢"。这个时候，审计师要做的是用心去听企业的故事，深入分析业务的实质。

当然，当你觉得搞不定时，记得及时向更有经验的项目成员或者税务专家请教，不要自己瞎琢磨了。在这里，我只希望你简单记住一点，这很可能是一个存在高风险的领域，要保持高度警惕，不是简单把已有协议对到账本那么简单。

同样需要关注的是，关联方交易的数据，要和其他财务数据相吻合，否则披露出来前后矛盾，就现眼了。比如一个企业，全年的销售佣金也就 200 万元，但披露出当年与某关联方的交易中，佣金费用就有 450 万元。其实是，该关联方代企业从客户处收取了 500 万元，支付给企业 450 万元，留下 50 万元作为佣金费用。本来应该披露的关联方交易——佣金费用 50 万元，非关联方代收代付 450 万元。

与关联方的往来要进行函证，否则可能会后患无穷。因为如果这里真的有错，审计师会显得很蠢，这么轻易地就被骗过了，也不多查一下。有关这件事，可以参考 4.1.4 函证工作要注意的问题以及 4.3.3 应收关联方。

最后，审计师还要多问下自己，这个关联方交易对企业是必要的吗？这个交易价格是否公允？如果这个问题过不了审计师的常识判断这一关，就很可能存在造假的风险。

举例来说，A 企业是生产加工黄金饰品的，它和客户之间一般有协议，满足条件的货品，在一定的时间内，可以拿来退换货。每到季末、年末，一家商贸公司 B 就大批向 A 采购黄金饰品，仔细一看，还都是其他销售渠道退货比较多的款式，要么设计不受欢迎，要么质量不稳定。但 B 就喜欢买这些，价格没什么折扣不说，动不动还现金交易，也不退换，感觉就是个"人傻钱多"的主。仔细一查，原来 B 公司是 A 企业的一个大股东的老婆开的。

这个时候，审计师如果"顺藤摸瓜"查下去，一般是会发现隐藏的大问题的。

## 4.5　预付账款

### 4.5.1　对预付账款的预期

预付账款是被审计企业先付给商品供应商或服务提供商的一笔钱，是一项资产。

预付账款不同于其他应收款或者押金，因为它一般是收不回来的，也就是说，最终必然转变成"费用"或存货、在建工程等其他资产。对于预先支付的费用，之所以今天没有记到费用里，而是记在资产里，是为了符合会计核算的一个基本原则，即"配比"原则。

按照在前面应收账款和其他应收款部分讲的，对于流动资产来说，关注的重点是存在性和估值。这对于预付账款同样适用。如果说要强调什么的话，那就是估值被看作是更重要的。为什么呢？

按照上文说的，为服务预付的钱是已经收不回来了，但之所以还记作资产，是因为我们认为它还有未来的利益，也就是那些未提供的服务。这种资产已经是比之应收款较为"虚"的东西了，不是看得见、摸得着的真金白银。银行在审查企业的贷款申请时，要计算企业的净资产有多少。有些银行的计算方法是将会计上的总资产减去总负债，再减去无形资产，以及预付账款中为服务预付的钱，可见这是比较"虚"的一种资产。

所以，一旦这种未来的利益不是很牢靠，变得较为虚无缥缈，相应的预付账款就应该不再被承认为资产，而是记进费用了事。

怎么样就不被承认为资产了呢？举几个例子说一下吧。

一定可以被认可为资产的是付出的房租或保险费。一般认为，这种未来的利益是很明确的。

一般不被认可为资产的是设备维修费。尽管设备维修肯定是在未来有好处的，但这个好处是大是小，这个维修费的发生是修复以前的问题还是修复当期的意外都不好讲，所以，为稳重起见，一般不将设备维修费资本化，而是直接记入当期费用。

装修费，一般认为可以资本化，包括经营租赁租入固定资产的改良支出，一般也记入长期待摊费用或一年内到期的长期待摊费用。不过，如果装修费仅仅是简单的修补，有些接近对房屋的维修费，也可以重新讨论是否能资本化。

广告费分两种情况。一种是明确的广告，比如在中央电视台播三个月广告，那么，在广告播放完之前，未播放的部分所对应的费用当然应该资本化；另一种是一些市场推广费用，一次性的，已经发生完了，比如某化妆品公司在5月份向每个销售客户赠送一件新产品试用。这样的费用可不可以在6月份至年底的7个月里摊销呢？一般是不可以的。企业当然可以说，这个赠送是为了"放长线，钓大鱼"，是会有未来的利益的。可是，从会计角度看，这种未来利益是比较不确定的。而且，当确实有客户来买你的新产品时，你又凭什么证明这一个就是你"钓"到的大鱼呢？如果一个客户本来就对你的新产品有兴趣，但意外地在5月份得到了你的赠送，因此推迟了购买你新产品的计划，企业岂不是反而亏了？

所以，只有当未来的利益比较明确，而且很容易与今天已经发生的行为且付出的费用建立可靠的因果关系时，才可以将这些费用资本化，记入预付账款。

对这个科目的关注也主要是存在性（E）和估值（V）。所采取的验证步骤和做其他应收款类似，就是看看合同和付款凭证、看看账龄等。不过，在思考方向上还是有些差异的。审计师见到企业有预付账款，应该问的第一个问题是：为什么应该有预付账款？这就是前面说过的"审计师的预期"。

以购买原材料相关的预付款为例，一般只有在被审计企业的业务中，供应商地位较高时，被审计企业为了保证自己的原材料供应，才会先掏一部分钱，后领原材料。这时，才会出现预付账款。而且，这种预付账款一般是在合同里有规定的，往往不是 100% 预付，仅仅是一部分，比如说 30% 预付。款付出之后，原材料应该很快就会到货，因此预付账款的账龄一般不会太长，一两个月还可以，再长就不正常了。

有时，企业的会计核算不太仔细，可能会出现货到以后，会计忘了原来有过预付款，因此将全部货款都记成应付账款了。这时，审计师就要让会计找出来，有哪些预付款应该和应付账款对冲，然后做一个审计调整。

最后提醒一句，预付给大型设备供应商和工程承包商的款，如果属于货款的一部分，不发生对方违约等极端情况是不可退回的，在中国会计准则下，是应该记入在建工程等长期资产而不是流动资产里的。

### 4.5.2 审计预付账款科目时主要的审计程序

在这个领域，内控测试不一定会有，因为很多企业在这个领域不会有多复杂的控制，而仅仅是某一个会计在期末时的会计处理而已。

与服务相关的预付账款，涉及费用摊销的问题，一般的实质性测试的审计步骤有：

- 很小金额、性质上也没有什么惹人怀疑的、符合审计师预期的项目就不必多看了。如有必要，可以将审计师如何形成这种预期写在注释里。

- 验证发生费用的存在性。这里，可能很难通过发确认书来验证，但可以通过看合同及原始凭证来验证。

- 研究每个项目的性质，看其是否符合资本化的要求。如果不符合，就要将其直接计入损益。

- 验证期末余额的估值。这里可以有两种方法来验证。一是看其摊销是否准确合理。包括从何时开始摊销，摊销期是否正确，摊销的计算是否正确。既然这笔待摊费用发生时是准确的，如果摊销也正确，余额就应该没问题了。二是看一看期末余额代表了未来几个月或几年的摊销，比较一下这是否与合同的安排相一致。

- 如果个别的预付账款是一年以上才会摊销完或者收到服务的，要考虑将超过一年的部分调整到长期资产里。反之，长期待摊费用中在一年内摊销完成的部分，也可以考虑重分类到流动资产里。我承认，这里的重分类有点无聊，像是茴香豆的"茴"字有几种写法一样。不过，这是财政部的一个老会计曾经提出的意见，从逻辑上说，不能说它不对。很多时候，我们也许可以说，金额不太大，就算了吧。

- 将今年年末的预付账款余额与去年年末的余额做比较，并解释增减变动的原因。要说明的是，这个步骤更多的是一种宏观意义上的解释和说明，并不是一个很有效的审计步骤。因为预付账款每年有每年的特殊性。这种年与年之间的趋势分析，用在这里，主要是为了将每年的特殊性解释清楚，也就是说，为什么去年这个项目特殊，所以有预付，而今年没有了这一项，同时，为什么这一项今年有而去年没有。

### 4.5.3 审计预付账款科目时要注意的问题

- 对于房租等预付账款。有些人特别愿意对摊销做合理性测试，还要把摊销数与利润表的费用对上，在很多情况下，这是没有必要的。如果企业的会计在使用预付账款这个科目时，不是特别严谨，有时通过预付账款摊销，有时觉得金额小就直接记入利润表，那么，利润表里的费用就会大过摊销数。

我就遇到过一个企业的会计，特别愿意使用预付账款这个科目，但凡付款比实际费用发生在时间上早一点儿的，他就要将付款先记入预付账款，然后摊销入利润表，甚至对一些时间上只差半个月左右的费用都这么做。到了年底审计的时候，审计师发现，这家企业的预付账款多达 30 ～ 40 项，多数金额不大，而且是那种时间上就差半个月到一个月的预付账款。

碰上这种情况，其实再验证摊销是否准确就意义不大了，可以直接去看一下期末的余额，尤其是那些金额较大的项目，是否正确地代表了未来几个月的费用。可那个企业的审计师，偏要死抠书本，去做出这 30 ～ 40 项的全年变化表，然后将每一项的摊销都与利润表去核对。本来挺简单的一个科目，做得死去活来。

我还碰到过的一个情况，是客户的会计账保留得很不好，没有哪个会计能说清楚每个预付账款项目的全年变化和摊销是怎么做的，只知道年底余额是这么多，代表了这么一个含义。此时，作为审计师，我们更是只能将注意力集中在年底余额的准确性上，而不要去绕圈子查什么本年新增和本年摊销数了。

- 我曾经遇到过的奇怪的预付账款，是年末在资产负债表上，有一个余额是预付的职工奖金——这是很奇怪的预付账款，不是吗？所谓预付账款，就是付款早于实际的费用发生（按照权责发生制来考虑）。对于预付的职工奖金来说，难道能给职工预发奖金不成？很难想象哪个企业会这么做。

我去问客户会计，得到的答案是，上年年末发了一大笔奖金，因为企业上年的经营业绩很好。总经理觉得这么一大笔奖金都算在上一年的损益里会引起利润上下波动太大，就要求会计通过预付账款，慢慢将其消化在利润表里。

听完这个解释，我很痛快地将这项预付账款的余额调整进上年利润表中。

### 4.5.4 了解年初数到年末数的变动情况无法替代对年末余额的解释

例如，某企业应付职工薪酬科目的变化表（movement schedule）如表 4-3 所示。

表 4-3

单位：元

| 项目 | 应付职工薪酬（借方为正，贷方为负） |
| --- | --- |
| 年初数 | （2 500 000） |
| 本年增加 | （39 000 000） |
| 本年支付 | 41 000 000 |
| 年末数 | （500 000） |

我们最常犯的错误是这样的：本年增加为 12 个月的工资和相当于一个月工资的奖金（将在来年春节发放），每月工资为 300 万元左右，已做过合理性测试（reasonableness test），并且这一 39 000 000 元与利润表核对一致。本年支付我们已全部检查了付款凭证，没有问题，完毕。

完毕了吗？那么，为什么去年的余额是 2 500 000 元，而今年只有 500 000 元？年底余额代表了什么含义？

经进一步了解，我们知道，企业的工资均为当月预提，当月发放，因此正常情况下应付职工薪酬的月末余额应为 0。但企业会每个月预提相当于月工资的 1/12 作为春节的奖金。因此，每年的年末余额应该正好是要在来年发放的奖金数。在上一年年末，原来预提的奖金数为 2 500 000 元。在今年过春节时，董事会和管理层认为去年经营业绩好，因此奖金提高了一倍，发放了 5 000 000 元。而这多发的 2 500 000 元却直接从应付工资的余额中减少了，并没有被会计再补做一个预提计入损益中。按理说，这是一个会计估计的变化，补记在当年的损益里是完全符合会计一般原则的。如果企业做账正确的话，今年的年末余额应为 3 000 000 元，正好是约等于一个月工资的年终奖。

所以，仅看这一年的新增和支付是远远不够的，甚至很多时候是较为无效的审计途径。我们是在对资产负债表（balance sheet）做审计，一定要能对所有的余额（balance）做出合理的解释。

### 4.5.5　能把应收账款或预付账款和应付账款对冲吗

一般来讲，要想对冲，总得是同一个客户的债权债务。不过，要是碰上清理三角债的情况，也可以不是同一个客户。

如果一家企业先付了预付账款从某公司买 A 产品，A 产品货到后，这家企业自然可以将这笔预付账款算作已经付出的货款，这和对冲是两码事，因为这是正常的采购和预付款业务，是同一笔交易产生的债权和债务。但如果这家企业也从同一家公司买 B 产品，而与 B 产品相关的应付账款还没有结清，在这种情况下，由于不是同一笔交易产生的债权和债务，一般是不能把 A 产品的预付款跟 B 产品的应付账款对冲的，尽管是同一家公司。

即使把条件放松一些，不严格要求是同一笔交易下的债权债务，对冲也是不常见的。对冲更多的时候是一个法律问题，而不是一个会计问题。能够对冲的两个东西，应该是各方面都对称的，这包括付款金额、付款时间、附带的追索权等。但一般情况下，很难见到各方面都对称的债权和债务。

比如说，我欠你 100 元，你欠我 150 元。于是，你说："咱们俩把账冲一下，就记个我欠你 50 元得了。"可是我是个律师，精通合同法等一系列法律，知道这样做的后果，因此立即反驳说："不行，原因有三：

一，我有权利拒绝债务的部分偿还，而要求一次全部偿还。所以，你欠我的150 元必须一次全部还清，不能分成 100 元和 50 元两次还。

二，你欠我的 150 元可是欠了很久了，从信用期的角度讲，我有权要求你马上还。但我昨天才欠你 100 元，拖你几个月也不是不行。我为什么要自紧信用期呢？

三，法律上都讲个诉讼时效期。要是你一直忘了催我还那 100 元，过了期限，我就不用还了。反过来，我可是不会忘了你欠我的钱的，我会每个月找你要我那 150 元的。"

看见了吧，什么事让律师一研究，能比审计师还麻烦！

## 4.6  存货

### 4.6.1  主要关注存货的完整性、存在性、准确性和估值

按理说，存货和其他资产应该一样，都是主要关注存在性和估值。为什么会多了一个完整性和一个准确性呢？

先挑容易的说。准确性指的是存货的成本核算。因为存货的成本是计算出来的，所以要考虑其准确性。

至于为什么要特别关注完整性，这个讲起来复杂一点儿。我们先回过头来看一下，为什么应收账款不必太关注完整性。看一看这部分 3.2.1 公众对审计的期望，我们会发现，一般来说，一项资产的完整性可以自动地被另一项资产的存在性、某一项负债的完整性、某一项收入的完整性或者某一项成本费用的存在性所弥补和替代。这是借贷记账法的逻辑决定的。拿应收账款做例子。如果应收账款的完整性有问题，就是说少记了应收账款，那么，最大的可能是收入也少记了，而这恰恰是收入那一部分主要关注的。

那么，对于存货呢？如果存货的完整性有问题，就是说存货少记了，可能是其他哪个科目记错了呢？一是应付账款也少记了，这恰恰是应付账款那一部分会主要关注的；二是销售成本多记了，这应该是销售成本那一部分主要关注的，可是，在销售成本那一部分，我们的手段有限！

也就是说，我们表面上是在关注存货的完整性，事实上是在关注销售成本的存在性，这两者是一个事物的两面，是一回事。由于在销售成本那里，可做的工

作太少，我们就将一部分工作挪到存货这里来做了。

对于很多费用项目，我们可以有直接的手段来检查这些费用的存在性，比如看发票、看合同，等等。只有对于销售成本，我们没有多少直接的手段，因为销售成本就是由存货——产成品转出去形成的，它事实上是为了会计核算而内部产生的一个科目。

存货基本上是唯一一个有这种特殊性质的科目。

存货的估值（V）也是值得讨论的。会计理论中，一直都在探讨的一个话题，就是资产应该用历史成本记账还是用现行市场价值记账。主张用现行市场价值记账的人认为历史成本不能反映真实的情况，而主张用历史成本记账的人认为只有历史成本才能减少会计核算中的主观判断因素。双方的一个折中方案就是在存货里用历史成本记账，但同时按照成本与市价孰低的原则对实际上已经减值的存货提取存货跌价准备。审计师在考虑存货跌价准备时，要考虑的方面包括：

- 某种存货是否数量上太多了，在未来半年、一年甚至两年都用不完／销售不完，其剩余部分要么是技术上被淘汰永远没机会用了，要么是放的时间太长质量上出问题了。
- 某种存货是否在技术上已经被淘汰了。
- 某种产成品是否由于市场需求的改变，已经再也卖不动了。如果这样，这种存货及其相应的半成品、在产品和原材料都可能要提取减值准备。
- 某种产成品是否成本太高，要卖出去的话，只能以低于成本的价格出售了。如果是这样，相应的半成品、在产品、原材料是否价格也太高了，都要提取减值准备。
- 某种原材料是否成本太高，要用于生产的话，形成的产成品是负利润。如果是这样，这种原材料就要被提取减值准备。

总之，任何一个存货项目，只要企业绞尽脑汁，也无法从使用或变卖这种存货项目上赚到钱，这种存货就应该被提取减值准备了。

### 4.6.2　存货科目是了解制造业企业的钥匙

做一个制造业企业的审计，尤其是做存货和固定资产这两部分的人，一定要在被审计企业的现场走上一两趟。不去看一看企业的厂房和设备，不去看一看材料的堆放情况，不去看一看生产线和工艺流程，审计师永远是个睁眼瞎！所以，做存货审计的第一件事，应该是让企业安排参观仓库和生产车间，并了解生产过程。

我总结做制造业企业的审计，有个六字真言，就是"人财物、产供销"。这几个字，几乎都和存货有关系。因此，可以说，不了解存货，制造业企业的审计就不算进入核心，始终是瞎折腾。

所谓"人"，是要看企业有没有核心的一两个人，比如技术核心，或者营销天才、管理大师什么的。为什么看一个制造业企业要了解这个呢，因为只有了解了这个，你才有可能知道，这家企业和其他企业相比，为什么能赚钱。反过来说，这家企业的要害在哪里，最大的经营风险在哪里，你才能了解清楚。

所谓"财"，就是看其现金流，看其有多少银行存款和贷款，看其毛利率和净利率如何。

所谓"物"，主要是其存货和固定资产，有时也可能包括其无形资产，比如商标、专利之类的。要了解企业主要的产品有哪些，需要什么主要的原辅材料，企业主要的厂房设备是什么，是不是一个资本密集型的产业。

所谓"产"，是指生产。要了解企业大概的生产工艺是什么样子，有多少核心技术（可能是技术专利，也可能是技术诀窍），有没有在生产上和技术上的核心人员，研究开发是谁在做。

所谓"供"，是指供应，或是采购。要了解企业主要的供应商是谁，供应哪些原辅材料，有没有在某种原辅材料上过分依赖一家供应商的现象，企业与供应商的关系如何。

所谓"销"，就是销售。要了解企业主要的市场和主要的销售客户、销售渠道、竞争对手，企业与这几方的关系是什么样的。

了解了一个企业的上述几个方面，审计师对这个企业的经营也就把握得差不多了，也就算是做好了存货审计的准备工作。

### 4.6.3 存货科目的特殊性：金额 = 数量 × 单价

审计其他的科目，一般都是直接看金额。只有存货，虽然也看金额，但更多的时候，是通过把金额分解成数量和单价，然后分别开展审计工作的。

看存货的数量，基本上就是两招：一是存货盘点，二是分析性复核，主要是分析产量、产能、收率这些东西。

- 存货盘点首先应该是企业自己的一个内部控制环节。审计师是去观察企业存货内部盘点的整个过程，而不是替企业做盘点。审计师自己抽查一些盘点结果，也主要是为了验证企业自己的盘点是否运行良好。所以，本质上说，审计师去观察企业的存货盘点，首先是一个内控测试，而不是一个实质性测试。当然，很多时候，审计师也会考虑对于存货数量做一个实质性测试中的抽样检查，如果这样的话，审计师抽查企业的盘点结果，就带着双重目的了，既是内控测试，又是实质性测试。

  不管是审计师对盘点做内控测试还是做实质性测试，都会做双方向的抽样。就是说，既会从实物这个方向抽取样本核对到账上，也会从账上抽取样本核对到实物。这是为了同时保证存货的完整性和存在性。

- 对于存货的数量做分析性复核，是做制造业企业的审计里，最能了解其生产过程的工作。很多制造业企业内部都有一个生产计划科或者调度室，相当于一个编制、下达生产计划的部门。从那里，能得到很多生产方面的知识和数据。

对于存货的单价，首先得理解客户是如何进行成本核算的，比如说，在材料出库的时候，是用的加权平均，还是先进先出。在此基础上，再检查账上显示的单价是否符合所采用的方法，以及这样的方法能否真实准确地反映企业的经营情况。

存货成本核算是需要一点儿算术知识、一点儿常识加一点儿想象力的。

### 4.6.4 存货不是一个科目，是好几个科目

我们公司原来有一个资深的老外合伙人，满头白发，一看就特别德高望重的那种。他来到中国也就一年。每次他和别的外国人会面的时候，人家一看他这么德高望重，就想跟他讨教一下，就问他："您对中国是什么印象？"

他的回答令我印象深刻："中国太大了，很难把中国看成一个国家。"

我理解他不是想对台海局势发表什么高见，只是对于中国各地的风土人情、经济状况、方言差距之大感到惊叹。跟中国面积差不多大的美国，全国基本上一个样；跟中国面积差不多大的欧洲，各地是有一定差距，但那是几十个国家。

扯远了。我其实仅仅是想套用我们那个资深合伙人的句式来评价一下存货："存货内容太多了，很难把它看成是一个科目。"

为什么这么评价呢？因为存货包括原材料、在产品、半成品和产成品，以及辅料、包装物等。每一种的特点都可能不一样，思考方式也要变化。

原材料一般盘点起来容易，检查其单价是否准确也不难，无非是加权平均等几种方法。但是，"冷次残背"的存货也最容易出现在这里，因为企业的生产计划很可能是"不见兔子不撒鹰"类型的，就是说"按订单生产"，所以在生产环节出现"冷次残背"的可能性会小一些。原材料的账龄分析一般是要做的。

严格区分的话，在产品和半成品是不同的。在产品指的是在期末截止时还在生产处理中的产品，而半成品是已经完成了某一道生产处理，正在等待下一道工序的产品。所以，只要在期末时稍微安排一下生产，很多制造业企业就可以将在

产品全部完工，或者只留极少量的在产品。如果是需要化学反应的生产，就不一定能做到这一点。有的化学反应一做就要几天，停不下来的。

如果企业真的有在产品的话，往往是很难盘点的。不过，一般这样的企业都会有其生产上的特殊之处，审计师总能找到一些特殊办法来形成对在产品余额的期望。在古龙的"楚留香系列"中，楚香帅说过一句他的信念："凡事有其利必有其弊"。[一]审计师只要坚信这一点，就可以在遇到困难时找到解决问题的方案。人生的很多事情也是如此。

我见过有的审计师，对于在产品和半成品的期末余额不做什么实质性测试，仅仅依赖与成本核算有关的内控测试，这是很危险的事情。在制造业里，在产品和半成品很容易成为一个无底洞，所有乱七八糟的花费都先扔到"生产成本"和"制造费用"这些成本核算科目里，然后再从里头把头面齐整的产成品捞出来记到存货里。这样，留在"生产成本"科目里的，就可能有各种各样的历史遗留问题了，像什么生产中的废品啦，质量有问题的原材料啦，等等。结果就可能是，"生产成本"科目的余额，总体趋势是不断增大的，跟中国的人口数量似的。所以，一定要想办法将"生产成本"这个科目理出一个明细或者账龄来才能将"生产成本"理清楚。

半成品是可以盘点的，也可以检查其成本核算。不过，有时审计师会忘了对半成品做盘点，以为只做与成本核算有关的内控测试就可以了。

产成品一般盘点起来很容易，其成本核算也不难，产成品在转出到销售成本时，也是要用一个加权平均、先进先出之类的方法的。产成品的账龄分析是不可少的。一般产成品的账龄只要一长，就是问题了。因为产成品不像原材料那样可以直接变卖，也可能用于不同的生产。产成品是一旦市场不欢迎就不好卖了，如果折价出售呢，那现在就得提一个存货跌价准备了。

---

[一] 见《楚留香系列·蝙蝠侠》第十八章。顺便解释一句，我经常用脚注将一些引言的出处列出来，既是好玩，也是一种审计师的"凡所言皆有所凭"的严谨学术态度。

### 4.6.5　成本核算它是个难题，让人目眩神迷[注]

有些头脑比较简单的审计师总把检查企业的成本核算当成就是查一下原材料领用时的加权平均，这是非常错误的，至少还有产成品售出时的加权平均也要检查嘛！

当然，这也还是不够的。半成品的领用投入下一步生产时，有没有可能也要用加权平均或者先进先出呢？这决于企业是否对半成品单独做成本核算，这可能是有的。

但是，成本核算最核心的部分，也是最难的部分，是生产环节中发生的各项成本和费用是如何在不同的生产环节和不同的产品线之间分配，如何在未完成工序和已完成工序的产品之间分配。高度概括的话，成本核算就是在"排座座，分果果"，只不过这个分果果的工作规模是大尺度的而已。

简单说来，有关在产品、半成品和产成品的成本核算，首先是划定要考虑的成本费用范围。这个范围以外的费用，是直接记入损益中的销售费用、管理费用等费用科目的。而这个范围以内的成本和费用，在发生时并不直接影响损益，而是要先记入"生产成本"或"制造费用"科目，然后在不同项目间进行分配，并一步步地向下流转，最终进入产成品，再通过产成品的销售，流进销售成本。

对于这种成本费用分配如何做，我举个例子来说明一下。有一个工厂，两个车间都在生产，生产了一个月，消耗了 10 万元的电费。那么，这个电费如何分配呢？

首先要把电费分到这两个车间上，然后再在每个车间内部往产品上分。那么，怎么分到每个车间呢？有人说了，按照每个车间的占地面积分配。

怎么样，听起来有点荒谬吧？不过，想想看，如果电费主要用于照明的话，

---

[注]　套用张国荣《当爱已成往事》的歌词："爱情它是个难题，让人目眩神迷。"不过，将"爱情"偷换成"成本核算"，实在是浪漫主义的审计师。

一个车间的占地面积是和这个车间需要多少根日光灯管成正比的，而有多少根日光灯管，又很可能与用电度数成正比，所以，这个按占地面积分配电费的办法，可能真的不那么赖。

不过，一车间说了，我们车间的生产都是上一班八小时，而二车间经常是上两班，甚至有时三班倒。他们一天开灯的时间比我们长多了，按占地面积分不公平，应该按开灯时间长短来分配。

怎么办？厂长说了，干脆给每个车间安个独立电表得了，以后就按电表上走的字多少来分配，省得老吵架闹心。由此可见，技术上的进步和在新技术上的投资，是能够提高成本核算的精确性的。

相安无事了一段时间，二车间又嚷嚷上了。"不行啊，不行啊，我们亏了。电力公司给咱们厂装的是分时电表，收咱们的电费是分忙时价格和闲时价格的。别看我们的工人上两班，有一班的时间可是闲时的电费，挺便宜的。厂里给我们每个车间装的电表是老式的机械电表，不能直接按那个电表上面的度数分配电费。"

看到了吧，就这么简单的一个电费，仅仅是在两个车间之间进行分配，还没有往不同的产品线上分、不同的工序上分、每道工序的在产品和已完工的半成品上分，就能演一个小品了。一个现代化的制造业企业，费用项目可能有原材料、各种共用的辅料、水电气费、折旧、工资等多项费用，可能涉及多个工序，其成本核算的工作只会更复杂。

审计师自己要是头脑不清楚，不能在宏观层面把握好成本核算及其会计处理，就不可能做好制造业的审计。审计师必须做到"胸中有丘壑"，这样才能将成本核算审计好。

### 4.6.6　盘点是一次拍照片的过程

前面我提到过，有位大师说会计是分类的艺术（见 3.1.7 审计师仍要检查每个科目的金额，这里算是给自己前面的段子做个小广告），这里我再来一句名人名言："盘点是时间的艺术。"

为什么这么说呢？因为一个企业要做盘点，就要把存货的流动停下来，至少是基本上停下来。对一个不断移动的目标是无法瞄准的。可是，任何企业都要盈利，不可能一直停产。所以，盘点必须在尽量短的时间里，将存货的数量掌握好，然后重新开始生产。在晚一些时候，等到会计结账以后，再把盘点得到的存货数量与会计账做核对。所以，盘点的时间要求很强，这就是为什么说"盘点是时间的艺术"。

你也许会说，对存货多拍一些照片，从各个角度拍，要是有三维的照片就更好了（这里再一次证明，科技可以在各方面改变我们的生活），别拍重复了，也别漏拍了，然后，拿着这些照片慢慢点数呗。什么"时间的艺术"，整得很深沉似的，不就是拿个照相机多咔嚓几下嘛。要这么说，我也可以说照相也是"时间的艺术"，因为被照的那个人不能一直不动弹。

是的，你说得对，这就是盘点。

不过，在盘点的时候，企业不是用照相机和底片，而是用盘点标签在做记录。一般盘点标签是连续编号的，至少一式两联，一联贴在刚点过的这一堆存货上，一联作为存根。

当所有的存货都被点过之后，盘点人员可以巡视一周，确保每一堆存货上都贴着一个盘点标签。

这时，企业自己的检查人员和审计师就可以拿着所有的盘点标签存根联来随意抽查了。既从盘点标签存根联核对到实物，也从实物核对到盘点标签存根联，以确保这两者是一一映射的关系。这样，就把存货的物理状况，主要是数量这一物理量，成功地搬到了盘点标签上。这个"时间的艺术"的问题就解决了。

下一步，就是将盘点标签做汇总。将不同标签上记录的相同品种的存货合并同类项，汇总之后，就可以与财务的存货账核对了。

有些企业的盘点组织得不太好，不是用盘点标签，而是直接用一个空白表格顺着写。碰上这样的情况也是很有可能的，审计师要做的，应该是了解这个盘点过程真正要控制的风险，而不要在乎这些形式。

审计师要注意的是，一定要先了解整个厂区的布局，以便知道存货都放在什么地方；一定要在抽查前先拿到一套完整的盘点标签，或者是关于盘点标签的一个汇总。这样，可以防止客户不向审计师提供全面的资料，比如隐瞒一个仓库，也能防止客户在审计师抽查后，再往盘点表里加减什么存货项目。

### 4.6.7　有没有将存货明细的数字加总，与总账数核对呢

这是一个有关审计逻辑链条是否严密的问题。

有个公司出过这么一个案例。一个公司职员，每次报销费用时都把自己每张发票的金额列在 Excel 表上，然后算出一个总数，并且，他还把这张 Excel 表打印出来附在报销单上。会计在审核他的报销单时，都不住口地夸他认真仔细。久而久之，会计不再检查他的合计数有没有算错，只是按照他算的总数报销就完了。这样过了好几年，直到一个内审人员无意中抽查到了他的报销凭证并做了一次核对，才发现他用 Excel 表打印出来的合计数是错的，他每次都故意多报销几十元或几百元，一直没被人发现。

这就是说，不要以为计算机显示出来的数据就一定是明细数字加总等于合计数，有人可以利用你思维上的盲点来欺骗你。另外一个与此相关的故事是关于美国世通公司的，我在前面已经讲过了，见 *3.1.8 做实质性测试时，审计逻辑链条要严密*。

在存货这个领域，审计师也很容易犯这个错误。由于存货的明细项可能非常多，企业可能用一个会计软件来处理存货。如果要把存货明细打印出来，可能有成千上万条，几十页甚至上百页是有可能的。审计师也挺讲究环保的，就说算了

吧，我就在电脑屏幕上看吧。三是，审计师在电脑屏幕上一条一条地看存货明细，并抽样检查。一切都挺好。但审计师就是忘了核对一下，电脑屏幕上所有的明细加起来是不是真的等于总账的数字。关于抽样的这个注意事项，在前面 4.2.6 怎样选择函证的样本也提到过。

这个要检查起来一般也不难。只要让客户帮忙，将存货明细数据下载到一个文件里，再用简单的 Excel 功能算一遍就行了。微软公司的 Excel 总不会也在计算准确性上糊弄我们吧。

### 4.6.8　进口存货的故事

我在前面说过，审计师要多与企业里各个部门的人聊天，这样才能了解企业的经营（见 3.1.1 审计工作的开始：了解企业的经营情况）。我自己就经历过这么一件事。

我去一家外商投资企业做存货盘点，企业采购部的人陪我一起去仓库。走在路上，我就和他聊上了。

"咱们<sup>⊖</sup>公司的产品好卖吗？"我问他。

"应该好卖吧。反正库里存得不多。具体你得问销售部。"

我想，真是的，问错问题了。这是采购部的人，得从他熟悉的东西入手问。

"那咱们的原材料都是哪儿进的？"这回，他该能回答了吧。

"主要原材料是从国外母公司进口的，辅料就简单了，这附近就可以采购到。"

"噢，进口的。进口关税一般是多少？"我以前在外贸公司实习过，所以习惯

---

⊖　如果仔细辨析汉语词语的话，"我们"可能仅仅指说话的一方，不包括听的一方，而"咱们"是包括谈话双方的。在适当的时候故意用"咱们"这个词，是为了拉近与谈话另一方的距离。这是一个很普遍的采访和谈判时的语言技巧。不过，用多用滥了，也会让人反感，适得其反。

性地问起了关税的事情。

"不同品种不一样。低的就百分之十几，高的有百分之三四十的，平均百分之二十出头吧。"

…………

说着话，仓库就到了。

存货盘点过后，隔了一个月，我又来这家企业做审计了。当审计到企业的原材料科目时，我就将这家企业全年缴纳的进口关税与其全年的原材料采购金额做了一下除法，结果让我吓了一跳：8%！

才8%？不是说关税最低也得百分之十几，平均得是百分之二十出头吗？难道另有故事？

最终，在我们反复询问之下，企业的总经理才告诉我们：他们在向海关报进口关税时，大幅度压低采购价格，用国外母公司提供的、很低价格的发票作为计算进口关税的基础来缴纳关税。但在会计账上，又要如实反映材料成本，所以才会出现这个8%。

这家企业后来就不再跟我们联系了，以后也没有再请我们做审计。

这样一件事情，不同的人会概括出不同的东西来。就像对待一部《红楼梦》，经学家看见《易》，道学家看见淫一样。我估计企业里的人，从这个故事里最容易看到的就是"防火防毒防审计师""千万不要和审计师说话"。而会计师事务所的人可能会悲观地看到，审计做认真了，却把客户给做丢了。

要在我看来，审计师来到一个企业，如果谁都不敢和审计师说话，很大可能就是这家企业有问题。很多问题审计师早晚能发现，企业自己的人说不说没有太大关系。比方说这个关税的事情，他不说，我自己查一查海关税则，也能查到，只是稍微费点儿事罢了。

至于会计师事务所，这样高风险的客户，可能丢了比留着还要好一些。如果每家会计师事务所都能将高风险的客户拒之门外，那么，社会公众就会从一家企业能否找到会计师事务所给它做审计，以及找会计师事务所的难易程度上，很容易地判断出这家企业的风险高低了。

### 4.6.9　存货的周转率

和应收账款周转率一样，存货的周转率也是做分析性复核时很重要的一个比率。

存货周转天数的算法，可以有好几种：

一是将存货的期末余额除以相对应的销售成本，再乘以对应的天数。

二是将存货的平均余额除以相对应的销售成本，再乘以对应的天数。这个平均余额的算法又可以有不同，可以是简单的期初加期末除以 2，也可以是全年各月的移动平均数。

存货周转天数的含义　就是从原材料购入开始，经过仓储、生产、再仓储到产成品售出那一天，大概是多少天。

如果按照前面讲的，存货不是一个科目，是好几个科目（见 4.6.4 存货不是一个科目，是好几个科目），我们只要将计算公式改一改，就可以分别计算原材料的周转率／天数、每一个存货环节的在产品或半成品的周转率和产成品的周转率。这每一个周转率所反映的，就是在原材料仓储、每一个生产环节、产成品在仓储所分别需要的平均时间。这些周转率加起来，应该大致等于总的存货周转率。

用这个或这些周转率能做什么分析呢？最直接的一个分析，就是看一看存货的量是不是过大了，要不要提存货跌价准备。比如，我们家的早餐面包的周转天数是 20 天，速冻饺子的周转天数也是 20 天，你觉得哪一种该提减值准备，或者，预提买黄连素（常用来治疗细菌性肠胃炎）的费用？

存货周转率还有一个用处，就是分配一些公共费用。比如，某项材料采购成本差异要在存货和销售成本之间分配，其中一种分配方案就是按存货周转天数来算。如果存货的周转天数是 60 天，即两个月的话，则最近两个月产生的材料采购成本还记在存货中，超出部分都记入销售成本。

### 4.6.10  审计存货科目时的主要审计程序

在存货部分，首先当然要了解存货的一些背景知识了。这部分可以看 4.6.2 存货科目是了解制造业企业的钥匙。

然后，要做内控测试，这包括原辅材料的采购、生产环节的存货流转记录、产成品的销售、成本核算、企业的存货盘点，以及企业如何监控存货的状况和提取存货跌价准备。要注意，存货盘点首先是企业自己的一项内部控制，所以，审计师去观察企业盘点时所做的工作，有的是内控测试，有的是实质性测试中的细节测试，还有的是一个测试中既带有内控测试又有实质性测试（双重目的）。

再下来，就是实质性测试了。

- 首先当然要看一看企业提供的存货明细，看有没有异常的项目。比如说，存货红字。就是说，存货数量是负数。有的企业，这种存货红字还能有很多。为什么呢？一般说来，是存货的实物已经入库了，但会计由于种种原因，没有将这笔入库记入存货账。稍后，这些实物又被领用或售出了，会计就在账上做了出库。这样没做入库而做了出库，必然形成一个亏空。这样的事情多一点儿，就造成了存货红字。为了解决这个问题，会计就要把当初未记入库的原因找出来，并相应地补记存货入库。
- 数量方面。将盘点结果与财务账上的数量做抽查核对。记得要双向核对啊！也别忘了要核对所有类型的存货，包括在产品、半成品和产成品。如果盘点日期与期末日不是同一天，还要将盘点结果向前或向后推，也就是盘点结果加上这个期间的出库和入库记录，看结果和财务记录的数量是不是一致。
- 单价方面。要检查存货流转时的方法（如先进先出、加权平均等）是否正确，还要检查费用分配和成本核算是否正确。这部分就不多说了，看一看前面的几部分好了。

- 减值准备方面。要从数量是否过剩、技术上是否过时、单位成本是否已经高过净售价等几方面来讨论是否要提减值准备。

- 截止性测试。这个本来说起来很简单，不就是检查一下前后一段时间的出入库单，看一下其记账时间是否有错就完了呗！可是，很多人都疏忽了一件事情。我们知道，原材料有出入库，在产品、半成品和产成品都会有出入库。那么，是每个环节都要做截止性测试吗？一般的想法是只做原材料的入库（即采购）和产成品的出库（即销售），觉得其他环节只是存货内部的分配而已，即使截止有错，也不会影响存货余额，只是内部分类不太准确而已。

  很可惜，这种想法是错误的，至少是片面的。由于成本核算方法在半成品和在产品的各个环节不同，在任何一个环节少记一单位存货而在下一个环节多记一单位存货，仍然会造成成本核算与实际情况不符。所以，从严格的逻辑来说，存货流转的每个环节都应该做截止性测试才是。

存货部分的主要审计步骤原则上就这么多，很难谈详细了，因为被审计企业的情况不同，要做的具体工作就不一样。

## 4.7　固定资产

### 4.7.1　固定资产科目的特点

固定资产这个部分主要关注的也是存在性和估值，这与其他的流动资产项目是相同的。

固定资产和其他流动资产项目在审计时不同的地方是：流动资产在一年内就全部"流动"了一遍，因此，去年的余额不会带到今年年底。由于这个"归零"的效应，审计师在今年年底只要将所有余额检查一下就行了。但固定资产没有那么强的"流动"性，今年年底的余额里，可能有一大部分是去年的东西。所以，审计时的重点就不一样了。

如果是审计师第一年做审计，审计师对于固定资产这个科目的内容什么都没做过，这个时候，固定资产可能是此次审计的第一重点。这是很自然的，对于制造业来说，一般情况下，金额最大的资产就是固定资产了。

第一年的审计完成以后，第二年再审计的时候，情况就完全变了。企业固定资产的增加和减少可能都不大，这时，占固定资产主导地位的是其"存量"，而不是其"增量"。但是，对于"存量"这个期初余额，审计师认为，去年已经做了审计工作了，今年不会再花太多精力做重复劳动。审计师的审计工作重点，会放在审计固定资产的增减变动上。而这个审计工作量是比较小的，难度也不大，因此，固定资产这个部分就不再是审计的重点了。

这里也说明了一个道理：一个科目余额大并不一定就重要，交易量大和风险高才是最重要的。在常规的年复一年的审计中，固定资产这个科目尽管余额大，但每年的交易量都不大，风险一般也不高，因此不是一个重要的领域。除非各种原因导致固定资产不能用或不值钱了，则需要考虑报废或计提减值准备。关于固定资产减值的考虑，参见 4.7.5 固定资产减值准备的考虑要全面。

这也就给想在会计上做假的人提供了一个机会。试想想看，如果在流动资产或流动负债上做假，第一年做完了侥幸没被发现，以后年度还得想办法把那个做的假给清理好，或者另外找个科目藏起来，年年殚精竭虑去糊以前的窟窿，多辛苦啊！如果一上来就在长期资产或负债，尤其是固定资产这里做假，只要做假这一年蒙过去了，以后基本上就安全了，因为审计师不再会质疑自己以前已经看过的东西了，不管是这个审计师自己看过的，还是另一个审计师看过的（唉，链条的强度取决于其最弱的一环，诸位审计师可都要尽职尽责才行呀）。以后每年，原来做的假会自然而然地随着折旧的提取进入留存收益，浓缩成一个"只往里吸收，不往外释放"的黑洞。宇宙里的黑洞，有很多人（像霍金）去研究，会计上的黑洞是没有人有兴趣去研究的。

据有关媒体报道，绿大地公司就是通过虚增固定资产做大利润的。怎么做呢？有关报道是这么说的："百万元的地块，愣被绿大地说成了千万元。不光是这些，您要是仔细看看绿大地的公告，就不难发现，对于这个马鸣基地，绿大地还真是做足了文章。马鸣基地有三口深水井，计入固定资产216万元，每口井72万元。而一般打一口深水井的费用，从几百块钱到万八千块钱不等，最高也不过是以万为单位的，除非你打出的是油井。"所以，我们下面还要特别讲一讲审计师怎么用脑子做审计，参见4.7.3要将所看到的数字与对客户业务的理解相联系。

审计师在做固定资产这个科目的时候，不能仅仅看"增量"，而是要通过对期初余额进行少量的抽查、对固定资产进行周转率分析、与同行业比较等手段来分析固定资产的整体水平是否合理。

有人可能觉得，就这些手段呀，太粗浅了吧。对这样的人，我不得不说，审计师的审计时间是有限的，审计师不可能对一个审计客户可能出错的地方都进行检查。对此有兴趣的人，请看3.5.2审计师做审计时要怀疑一切吗。

## 4.7.2    审计固定资产科目主要做的审计程序

固定资产这部分有一些非常常规的审计步骤，但恰恰是这些常规的审计步骤让审计师的工作变成了一种程序化的行为而不愿意思考了。审计，总是要保持一种在标准程序和机动灵活的思考之间的张力。

做一个制造业企业的审计，尤其是做存货和固定资产这两部分的人，一定要在被审计企业的现场走上一两趟。不去看一看企业的厂房和设备，不去看一看材料的堆放情况，不去看一看生产线和工艺流程，审计师永远是个睁眼瞎！所以，做固定资产部分审计的第一个步骤，就是要求企业有工程师陪着参观工厂。这种参观可能在工作底稿上写不出东西来，但它是一种感性认识。

一般而言，固定资产这个领域不一定要做多少内控测试，因为当年的新增和减少可能很有限，不算什么主要交易。不过，一般的制造业企业，在固定资产的内部控制上往往有缺陷，最明显的是以下这么几条。你要是记住了这几条，只要在做审计时跟客户稍微聊几句，就能发现一些很好的管理建议：

- 管理固定资产的部门，如设备科（主要管机器设备）和其他部门（主要管厂房及其他东西）并不与财务部定期核对各自的记录，这些部门也不定期做固定资产盘点。
- 每台固定资产上没有固定资产标签。
- 在建工程完工转固定资产的时间不是严格按照"达到预定可使用状态"来执行的，往往是有了竣工决算报告才转固，造成折旧的提取推迟。

我们下面主要谈一谈实质性测试的审计步骤。这些常规的审计步骤是：

- 取得一份固定资产从期初到期末的变化表（见表 4-4），其中会显示当年新增和减少的固定资产，以及当年提取的折旧和因为清理固定资产而冲回的累计折旧。

表　4-4

| 项目 | 厂房 | 机器 | 办公设备 | 合计 |
|---|---|---|---|---|
| 原值： | | | | |
| 期初余额 | | | | |
| 本期新增 | | | | |
| 本期减少 | | | | |
| 期末余额 | | | | |
| 累计折旧： | | | | |
| 期初余额 | | | | |
| 本期提取 | | | | |
| 本期冲回 | | | | |
| 期末余额 | | | | |

- 将期初余额与去年的工作底稿核对。如果这是第一年审计这个客户的话，可以假设期初是 1949 年，期初余额是零，全部都是本期增加。
- 简单讨论一下客户的固定资产应该包括哪些内容，例如，应该有土地、厂房建筑物、机器等。如果哪一样没有，原因是什么（可能是租赁的）？讨

论一下客户确认固定资产的标准，以及在建工程转固定资产的标准，以便了解转为固定资产是否及时；讨论一下客户提取折旧的政策，包括折旧方法、年限、残值率等，看这些是否合理。

- 了解本期固定资产新增在经营上的原因。

- 对于新增固定资产，抽样检查其原始凭证，如发票、合同等。

- 对于期初余额中较大金额的和容易被移动搬走的项目，进行现场检查，确定其存在性。对于本期新增的固定资产，也用适当的抽样方法做同样的现场检查。

- 了解本期固定资产减少在经营上的原因。

- 如果有必要，检查本期减少的原始凭证，了解哪些东西被清理了，清理收入多少等。

- 将本期固定资产减少的原值、累计折旧和净清理收入之差与利润表中的固定资产清理损益做核对。

- 对本期提取的折旧费用与利润表进行核对，并对其进行测试，一般是做合理性测试。关于折旧的提取，一般情况下，只要固定资产达到了预定可使用状态，不管是否实际在用，都要开始提取折旧，不能因为还没有开始使用或者暂时停用就不提取折旧。

- 考虑是否有融资租赁的固定资产应记入固定资产，但客户做账错误未记入的。

- 考虑固定资产和在建工程是否要包括一部分资本化的利息，客户是否做了。

- 收集资本承担的有关资料做披露之用。

- 考虑是否需要提取固定资产减值准备。

### 4.7.3  要将所看到的数字与对客户业务的理解相联系

例如，在固定资产审计中，仅仅对固定资产的增加和减少的机械准确性做了验证，而未去思考这样规模的增加和减少对于这一具体企业的经营而言是否太多或太少。

**实际中的案例一**

某企业，固定资产原值变动如表 4-5 所示。

对于本年增加的固定资产，我们已看到原始凭证，看过实物。了解到这是企业的第二条生产线，所生产的产品与第一条生产线相同。第一条生产线是去年正式开始生产的。但是，我们还应进一步解释固定资产增加的原因。

表 4-5

| 项目 | 固定资产合计（元） |
| --- | --- |
| 年初数 | 40 000 000 |
| 本年增加 | 30 000 000 |
| 本年减少 | 0 |
| 年末数 | 70 000 000 |

从了解企业经营的角度讲，任何一个企业固定资产增加，必然是两个原因之一：一是扩大生产能力（expansion need），二是替换已到使用寿命的设备（replacement need）。

就这个企业而言，乍看起来，很明显，两年上了两条生产线，今年的固定资产增加是扩大生产能力。但我们在审计时已经知道，企业去年的销售并未实现预算，截至目前，第一条生产线的利用率只有 40%。于是，我们进一步问客户，在这样的情况下，为什么要上第二条生产线？有没有合理的理由？客户的回答是，第一条生产线有质量问题，无法产出合格产品！

由此，企业的固定资产减值准备等一系列问题浮出水面。

如果我们不是不断地询问固定资产增加的原因，这样一个重大问题就将被忽略过去了。

**实际中的案例二**

某企业，固定资产原值变动如表 4-6 所示。

这是一个设立了两年的企业，所以，在完成了全部常规的对固定资产增加和减少的测试

表 4-6

| 项目 | 固定资产合计（元） |
| --- | --- |
| 年初数 | 40 000 000 |
| 本年增加 | 2 000 000 |
| 本年减少 | （8 000 000） |
| 年末数 | 34 000 000 |

之外，我们对于一个设立不久的企业就有如此大的固定资产减少（占原值的 20%）

是很有疑问的。客户的回答是：合资企业的外方投了很多二手设备，真正在生产中一用就不好使，只好报废。这是一个合理的解释，但显然也是合资企业的各方投资者希望审计师向他们报告的一件事。

## 4.7.4　固定资产的折旧

一项固定资产项目一旦记进资产负债表里，就会稳定地待一段时间，直到它不能被使用了，被清理报废了，才从资产负债表上拿走。在这段时间里，企业通过使用固定资产获得了利益，同时，固定资产由于被使用，也在慢慢变旧。会计上如何反映这一事件呢？对固定资产提取折旧。提取折旧是逐步减少固定资产在资产负债表上的价值，并增加企业的费用。打个比方，就好像银行里的整存零取一样。

以前，在中国的会计制度里，固定资产停用的时候，不必提取折旧。新的企业会计准则采纳了国际上的意见，规定固定资产不管它是否在用，都要提取折旧。这里面是有理由的，因为很多固定资产慢慢变旧，价值慢慢变低，不仅仅是由于被使用，更多时候，仅仅是由于时间推移造成的技术上的落后和零部件的老化。

在前几年，由于停用的固定资产不需提取折旧，有的企业就利用这一点来操纵自己的利润。企业声称自己的某些设备已经停用，因此不必提取折旧。这样，可以减少费用，增加利润。

有一次，审计师去审计一家企业，发现企业对于自己的一条生产线停止提取折旧了。企业的解释是：这条生产线的产品销路不好，因此今年停产了。相应地，也就停止提取折旧了。审计师怀疑这是企业操纵利润的一招，就要求去现场看一看这条生产线。

到了现场一看，长长的一条生产线被毡布覆盖着，车间的地上还有些油渍。随行的车间主任解释说，尽管生产线已经停了，但企业还是很注重设备的保养的。因此，他们仍然会定期给设备上润滑油，所以可能在地上会有些油渍。这解释倒也说得过去。可是，审计师围着生产线转了一圈，发现在任何地方，都几乎找不到灰尘，就觉得这不像是停产近一年的生产线。

在审计师查到这家企业仍然有大量的原材料采购与这条生产线的生产相关时，企业不得不承认，这条生产线并没有停产。

固定资产的折旧方法及折旧年限是企业定的，但审计师对此也应该有自己的判断。例如，一家美容医院说自己拉皮除皱设备的折旧年限是 15 年，审计师心里是要画个问号的：到底哪个美女愿意用 15 年前的设备给自己的脸做拉皮，还指望拉完能年轻 10 岁？另外有一家企业，账面上有占原值 30% 的固定资产已经提足全部折旧，但都还在"服役"，好用着呢。这种情况下，审计师一般也要和企业谈谈对折旧年限的判定是否需要修订了。

### 4.7.5 固定资产减值准备的考虑要全面

被审计企业一般不做固定资产减值准备，审计师也往往觉得这个问题不好处理。可是，这个领域其实是挺容易出事的领域。

要想看固定资产有没有可能减值，首先要看其产生的现金流够不够。这个现金流怎么计算呢？一般可以用经营利润加回折旧及摊销，再加回财务费用。用这个不算太准确，但做个估算总是可以的。

至于对未来经营的估计，就是见仁见智的事情了。假设每年销售收入增长 5%，假设每年销售收入不增长或负增长，这都要看企业前几年的经营趋势如何。总之，这些假设要在合理的范围内。审计师可以这样想想看，万一上了法庭，这些假设被公众和对方律师知道了，会不会显得我像个傻瓜一样？不会，那这些假设就还在合理范围内。

对于制造业企业来说，评价固定资产是否要提取减值准备，往往可以看另外一个指标，就是设备利用率。所谓设备利用率，就是企业实际生产量除以设计生产能力。一个企业的设备利用率可能高达 90%，甚至超过 100%，也可能低到

10%。这都不是最重要的。最重要的是，如果一个企业的设备利用率比同行业平均水平明显偏低，就可能有固定资产减值的问题。

要注意的是，在不同的企业里，对于设备的设计生产能力的理解是不一样的。一个24小时设备连续运转的化工企业，它的设备的设计生产能力可能就是按照一天24小时、一年365天来算的。一个纺织企业，设备的设计生产能力就有上一班（一般是8小时）的生产能力、上两班的生产能力和三班倒的生产能力之分。影响设备利用率的因素有很多，例如工人上几班，每次开机生产的是大批量还是小批量，每年的设备维修安排，工人的技术熟练程度，原料的品质高低，等等。这些都可以在了解企业的经营时有所了解。

在估算固定资产减值准备时，还要注意两个字：

一是该"拆"则拆。例如，有一家企业，有两条生产线，一条生产的是明星产品，据称在同行业里也是首屈一指，毛利润率高达50%；另一条是生产大路货。这家企业的综合净利润率是6%左右，在同行业里是中等水平。审计师就觉得这里面有问题：拿着同行业中人人羡慕的明星产品，只做出个中等水平的净利润率，是谁拖了后腿呢？只能是那条生产大路货的生产线。于是，审计师坚决要求客户将这两条生产线的盈利预测分开计算，并将所有的费用能分则分。计算的结果是：明星产品的生产线一点儿资产减值的问题都没有，但生产大路货的生产线，固定资产净值占到了全公司的50%左右，而净利润的贡献几乎为零，存在严重的资产减值问题。如果将这两条生产线混在一起计算，明星产品的利润就会"补贴"大路货，审计师就无法看出问题的所在。所以，在估算固定资产减值准备时，千万不能搞什么"一帮一，一对红"。要搞单打比赛，不要搞团体赛。

二是该"合"则合。有的企业，在对固定资产估算减值准备时，用净利润估算了一遍，结论是这些利润还够，固定资产不存在明显的减值问题。过了一会儿，要估算无形资产的减值了，再用净利润算一遍，结论是这些利润还够，无形资产也不存在明显的减值问题。这就叫作"一女嫁两家"。照我们家的话说，就好像是我爸爸戒烟省的钱似的。为什么这么说呢？因为我爸爸一向抽烟，在 20 世纪 80 年代初突然决定戒烟，每月可省下烟钱若干元。那时候全国人民都不富裕，我们家每两周才吃一次红烧肉。我爸就决定，改为每周吃一次红烧肉。我妈问钱从哪里来，我爸就说可以用他戒烟省的钱来买肉。又过了一段时间，我爸想买别的东西，我妈问钱从哪里来，我爸又说可以用他戒烟省的钱。以后，但凡我爸想买什么东西，我妈问钱从哪里来的时候，我爸总说可以用他戒烟省的钱。一份戒烟省的钱，顶了无数的窟窿。

对于审计师的长期资产减值问题来说，不能让企业的净利润成了我爸戒烟省的钱，既顶固定资产的窟窿，又顶无形资产的窟窿。要是碰上企业有多种长期资产要测算其减值情况，而每项资产的现金流又无法明确分开时，就要将这几项资产的净值合在一起来估算其减值准备。

### 4.7.6　固定资产的残值率是个历史遗留问题

中国的很多企业都将固定资产残值率定为 10%，这是明显偏高的。所谓残值率，顾名思义，就应该是这个固定资产最后报废时还能卖出个什么价钱。要说能把接近废品的东西卖出个原值的 10%，听起来像赵本山又在卖拐。

那么，为什么企业将残值率定在 10% 呢？这是一个历史遗留问题。和以前对外商投资企业的会计制度要求有关。我就不在这里"白发宫女说玄宗"[⊖]了。

企业将残值率定为 10%，也就意味着每年提取的折旧少了一点儿。幸好这个差异不会太大。而且，一般说来，企业的折旧年限都会往较保守的方向去定，因此，往往有折旧已经提足，但固定资产能继续使用的情况。对于这种情况来说，在残值率是 10% 的情况下提取的折旧费用，倒也不算是少提了多少。

但麻烦出在那些已经提足折旧，但还在使用中的固定资产。这些固定资产还顶着个高达 10% 的净值躺在账上，仍在使用中而不必做任何折旧。突然有一日，

---

⊖　唐朝元稹的《行宫》："寥落古行宫，宫花寂寞红。白发宫女在，闲坐说玄宗。"

这些固定资产寿终正寝了，这 10% 的大部分是无法通过卖废品实现的，就只好变成营业外损失了。这就有点儿不符合收益和费用的配比原则了。

那么，真碰上了这样的企业，审计师能怎么办呢？

一是要求企业重新审阅自己的折旧政策，将残值率改了。有的企业会同意这么做的，不过多数企业可能会嫌这样做费时费力，不愿意这么做。

二是要求企业对于这部分残值为 10%、已经提足折旧但还在使用中的固定资产，重新考虑它们的残值及剩余使用年限，然后将其差额在剩余使用年限中做进一步摊销（或称折旧也可）。这一建议，很多企业都会接受，说服税务局难度也不大。

### 4.7.7　固定资产抵押

企业的固定资产常常会被拿来做抵押，以取得银行贷款。对于这种抵押物，银行的要求是要将固定资产采购时的原始发票，或者房产证及土地证在抵押期间交给银行收存。

有一家企业，经营了几年，亏损越来越大，最终企业被债权人告上法庭，不得不破产清算。可是，等大伙儿要将企业的固定资产拍卖抵债时，才发现大部分固定资产采购时的原始发票找不到了。原来，这家企业大部分固定资产是投资方设立这家企业时作为投资投入的。按照规定，投资时投入的固定资产，应该将这些固定资产的全部会计记录，包括采购时的发票，都转交给被投资企业。可是，当时的投资方早已经将这批固定资产又做了抵押去取得银行贷款了，所以没有办法将固定资产采购的发票转交给被投资企业。

事情弄清楚了，就该找是谁的责任了。首先当然是投资方"一女嫁两家"的虚假出资，其次就是审计师在做验资和审计时没有查看固定资产的原始发票。当然，审计师不可能检查所有固定资产的原始发票，但至少审计师应该抽查部分固定资产的原始发票。如果审计师做一定的抽查，就应该会发现这个问题。

## 4.8 租赁

### 4.8.1 租赁是一个容易被忽略的部分

租赁这部分很容易被审计师忽略，原因也很简单，不管在资产负债表里还是利润表里，租赁并不是一个很常见的科目。

可是，事实上，很多企业都有租赁业务发生。最简单的，往往有办公楼的租赁。而关于租赁的会计处理，又往往有其特殊之处，如果将其忽略掉，是很容易出现失误的。建议审计师还是从了解客户的经营出发，在熟悉了客户的业务之后，静下心来想一想，这个客户可能在哪些地方出现经营租赁或融资租赁。然后再去问客户，这样才能把租赁这个领域考虑得较全面。

租赁这里容易出现什么样的失误呢？

- 首先要看一下企业的租赁合同，看一看里面有没有什么特殊条款，可能引起关于这是经营租赁还是融资租赁的争议。不管有没有，都应该在工作底稿上将我们审阅租赁合同这一工作写出来。

- 如果是融资租赁，自然少不得去讨论有关的会计处理。我不想讲会计知识，就此打住。

- 如果是经营租赁，就要考虑有没有免租期、租金每年固定增加等安排。因为，按照有关会计准则的规定，如果每期的租金不一致，就应该将合同期内的总租金在整个租赁期内按直线法摊销，将每期摊销额与每期实际支付金额之差记在应付账款/其他流动资产里。

- 看看有没有或有租金的规定，看看这样的会计处理是怎么做的；会不会有一些形成嵌入衍生工具，从而引起复杂的会计处理和计量。

- 至于销售后回租这些安排，就更麻烦了。在中国，一般也遇不到。但你应该有一颗警惕的心，一旦见到这种情况，不要麻木不仁。

最容易有很多租赁问题要讨论的，是那些需要很多门脸儿做经营的企业，例如超市、百货、快餐业等做零售的公司。要是遇到这样的公司，不要轻易忽略租赁这一问题。另外，如果做固定资产的审计师多了解一下这家企业在生产经营口要用到哪些固定资产，再看看账上记录了哪些，这两部分之差就可能是跟租赁有关的。

### 4.8.2　企业为什么要卖楼

有一家企业，审计师每年去做审计。这一年审计师去做审计的时候发现，企业在外地分公司原来自有的一些办公楼卖了。

卖楼卖出来一些盈利，有的卖价还颇为不错。更让审计师心里不安的是，正是由于这些卖楼得来的利润帮忙，企业今年完成了利润指标。

有关卖楼的合同等文件一应俱全，卖楼款也全数收到了。审计师问企业管理层："为什么能卖出这样的好价钱？"管理层回答说："这也不算什么好价钱，报纸上不都说，一线城市的核心商圈，土地资源紧缺，房价还要再涨吗？"

审计师想了想又问道："现在那些分公司在哪里办公呢？"管理层回答说："还在原来的办公楼里，只不过，现在是从新的房主手里租办公地点，租期为1年，每年年末看情况决定是否续约。"

这看起来实在像是企业做的一个售后租回交易。如果审计师没有多想多问，就不会发现这个售后租回交易。按照一般的会计原则，在售后租回交易里，销售的利润或亏损都应该在租赁期内做摊销。但是，对于这家企业来讲，即使这一规定也影响不了它。租赁期不就是到今年年底结束嘛，售楼的利润还是会在今年实现的。

对于这件事情，不排除这样一种可能性，就是企业和买楼的一方私下里另外签有一个协议，规定企业必须每年续约租赁合同达10年或者20年，否则，该企业要向对方赔偿损失。什么损失，当然是买楼方高价买楼的损失了。

但是，也可能楼市就是长火。而企业出于利润指标的压力，将本来能大赚一笔的写字楼提前售出，只赚了一部分利润。退一步说，即使有那样一个私下的协议，企业没有拿出来给审计师看，审计师也很难有太多办法，也就是将这一售后租回安排在财务报表附注里披露清楚而已。

## 4.9　在建工程

### 4.9.1　什么时候要转为固定资产

在建工程其实就是开始花钱了，但还没有完工的固定资产。所以，在有些国家的会计规定里，在建工程被包含在固定资产里，是固定资产的一个子类。

在建工程和固定资产的一个重大区别是，固定资产要提取折旧，而在建工程则不必。这样，在建工程何时需要转为固定资产并开始提取折旧，就成为一个关键的问题。按照会计准则的说法，是在建工程达到预定可使用状态的时候，而不是开始被使用的时候。

举个例子说明一下这件事。电信公司在铺设通信电缆时，会铺一段就测试一段，看刚铺的这一段是不是通的。这是很正常的做法，谁也不想铺完了整个100公里的电缆，要使用了，发现不通，再回头检查在这整个100公里的电缆中，毛病出在哪儿。那么，按照会计准则的说法，企业就应该每测试完一段，没问题了，就将这一段电缆的花费从在建工程转入固定资产，并开始提取折旧。当然，理论上说这样最正确，但现实操作会有麻烦，因为整个工程有个总预算、总造价，这一两公里的一段花费是多少，只能估计一下。

如果这100公里电缆铺完了，也检查没问题了，企业暂时不想使用它，没关系，反正只要测试完成，达到了预定可使用状态，就应该转入固定资产并提取折旧。这也是最合理的。电缆铺好了，就会慢慢老化，跟用不用它关系不太大。

不过我也见过在这方面非常模糊的领域。同样是电信公司架设网络，这一次是架设无线网络。也是架设一个区域就测试一下。那么，是不是也应该架设完一个区域就将这一部分转入固定资产呢？技术人员说了，每个局部的无线网络信号没问题，并不代表整个网络届时能顺利开通，因为无线网络有个互相协调整合的问题。当整个网络开通时，如果每个局部不能够互相对话，整个网络就仍然是矢败的。所以，如果说前面的铺设电缆是一个简单的"1+1=2"的物理反应的话，无线网络则是一个"1+1 > 2"的化学反应。

为什么这个问题会有模糊领域，无法有明确的答案呢？我觉得，当我们想用一个简单的规定来约束复杂的现实生活时，必然会遇到这些模糊的东西。"理论永远是灰色的，而生命之树常青。"

### 4.9.2　在建工程科目包括哪些核算内容

在建工程里要核算的内容本应该很简单，就是设备款、工程款、材料款这些东西。可是，也有一些特殊的东西是我们不应该忽略的。

一个是应该资本化的利息。按照很多国家的会计准则，当企业搞在建工程要依赖贷款时，相应的贷款利息就不应该直接计入损益，而应该记入在建工程。而但凡这种有点儿难度的会计处理，就是企业财务人员容易忽略的事情。如果审计师不能做到比企业财务人员想得更周全，就被财务人员带着走了（可参见 3.2.3 审计师要独立思考，要比客户想得深远）。所以，审计师掌握会计知识，要重点掌握那些难点，因为那是容易出错的地方。

再一个就是进口设备关税。凡是进口设备，一般都是要交关税的，这个关税应该是设备采购成本的一部分。这本来是很简单的一件事，也会有企业财务人员把交的关税直接计入损益。我还遇到过一个客户，根本没交过进口关税。

没交进口关税，对于企业来说，有时是挺大的一件事。一旦被海关发现，可能不仅仅是补交关税和罚息、罚款的问题，还可能有刑事诉讼。我遇到的那个客户，是进口了两辆运输特殊原材料的车，每辆价值约人民币 150 万元。为一辆车交了 30% 的关税以后，嫌关税太高，就欠着另外一辆车的关税没交，也不知道他们怎么把这两辆车都弄到厂里来的。可是，由于没交关税，那辆车就没法上车牌，也就没法开出厂区，只能在厂里面开来开去，最远跑不出三公里。几年下来，也不敢去交关税了，因为罚息和罚款累计起来太高了。我们审计时问厂长，打算怎么处理这辆车。厂长说，就把它当成另外一辆车的零配件吧。得，又出来一个固定资产永久性减值的问题。

## 4.10　无形资产

### 审计无形资产科目时要注意的几个问题

无形资产里包括的东西，像土地使用权，会计处理是比较简单的。只要将付出的款项记入原值，然后按照土地使用权的使用年限做摊销就行了。考虑到中国的土地一直比较紧张，土地使用权基本上也没有减值的问题。对土地使用权做审计的时候，审计师只要查验一下土地使用权证，再测算一下土地使用权的入账价值及摊销过程就差不多了。

无形资产里可能还有采矿权，这个稍微麻烦一点儿。采矿权其实和土地使用权差不多，只不过不必一次将钱先交齐了，而是可以分个 5 ～ 10 年慢慢交。这样，有些企业财务人员也就按照已经交的钱来记采矿权的价值，等下一年再交钱时，再增加其原值。这是不正确的，应该将未来几年交的钱记入长期应付款。同步地，还要考虑将长期应付款折现的问题。

关于自己开发的软件或者自己形成的商标、专利技术如何记入无形资产这一问题，很多企业都琢磨过。可惜，在这方面的会计规定是很严格的。按照中国企业会计准则的规定，只有那些与软件登记、商标或专利注册直接相关的费用，如律师费什么的，是相对没有疑问的，可以记入无形资产。可这些费用一般是很少的。对于企业自行研究开发的项目，只有进入了开发阶段，且满足一定的条件，才能记入无形资产。企业在软件开发之前，搞研发或打广告、树品牌时，花掉的钱也不少。但是，从会计准则的思路出发，在那个时候，谁也无法预见到今天这个软件能成功，或者这个商标能值钱，这个技术能成功，既然这样，当时发生这些费用时，只能直接计入损益，而不能将其资本化。至于什么叫研究阶段，什么叫开发阶段，以及开发阶段具体满足哪些条件可以确认为无形资产的会计问题，这里就不展开讨论了。

如果是从外头直接买的软件，就比较容易了。买软件花的钱是可以资本化的。但软件的摊销年限一般是较短的，顶多 3 ～ 5 年，因为大家都知道从 Windows95 到 Windows98 至 Windows2000，再到 Windows7 和 Windows10，每 2 ～ 3 年就是新一代产品。这个行业就是这样，有时软件不升级都不行。不像设备，少则 3 ～ 5 年的折旧年限，长则 8 ～ 10 年。

于是，有企业又开始动脑筋了。我不买软件了，我从供应商那里买设备，设备里安装的是我需要的软件。这样，整个购买价值就是设备的价值，我就可以按照设备的折旧年限来提折旧了。这样的混合采购，审计师就要注意了：这些软件是一定要依附于这几台采购来的设备才能工作呢？还是另外买两台没有安装这些软件的设备，将软件安装过去一样能工作？也就是说，这个采购交易的核心，是买硬件，还是买软件和硬件？如果是软件和硬件一起买，就要将采购价格分开，将硬件和软件分别记账，并做不同的会计处理。

## 4.11 应付账款

### 4.11.1 主要关注的是应付账款的完整性

应付账款作为一项负债，我们主要关注的是其完整性（C）。

完整性并不是容易解决的。因为这意味着，被审计企业自己没有记在账上的才是我们审计师最关注的。但是，审计师如何发现那些没有记在账上的呢？

- 一种做法是发确认书。当然，我前面说过，确认书并不能真正解决完整性的问题。但至少，如果企业确实有这么一个供应商，只不过企业将应付账款记少了，通过发确认书还是可以把这样少记的问题纠正的。

  由此就引出一个怎么发确认书的问题，是挑那些余额大的应付账款发确认书吗？审计师要是这么做，可就南辕北辙了。在当年美国西部的淘金热中，无数的淘金者在淘金实践中总结到，必须先找到金子比较富集的金砂，然后在这里淘金的收率会较高。审计师的好多工作也是如此。例如，由于在应付账款领域，我们主要关注的是其完整性，也就是少记的应付账款，因此，我们首先要判断，哪些地方是最可能出现应付账款少记的。运用一点儿常识，我们就会意识到，那些账上余额已经很大的应付账款，好像没有太多少记的空间，而那些账上余额很小甚至为零的应付账款，倒可能是少记应付账款之后的结果。所以，选择发确认书的应付账款，应该是挑这一年主要的供应商。另外，如果某个供应商去年和本年的年末余额波动很大，我们也担心有特殊事件，也会发确认书来验证一下。

  主要供应商名单应该是在了解客户的业务后从采购部得来的，你可别去问会计要这么一份名单。十次有八次，会计可能会翻翻自己的明细账，将那些期末余额大的都挑出来，这是没用的。一个主要供应商，其期末余额越小，越可能是可疑的。而会计的那种挑法，是不会将这种可疑的应付账款挑出来的。

- 再一种做法就是做分析性复核。比如，和去年的余额做比较。这种比较更多的是证明没有问题，很难真的凭此发现问题。我见过最好的一个有关应付账款的分析性复核是真正基于对客户的经营理解做出的：审计师先了解到企业一般的付款频率是一个月一次，在每个月的月初付款。然后，审计师了解了应付账款的主要构成是原材料采购。审计师注意到，企业最后一个月的采购金额与应付账款存在着较为明确的 1∶1.17 的关系，因为应付账款中还含有 17% 的增值税。这是多么成功的一个对于应付账款的分析啊！

## 4.11.2　审计应付账款科目时主要做的审计程序

按照前面讲过的理论，要采用"自顶而下"的思考方式（详见 3.4.6 写工作底稿时要学会自顶而下的思考方式）。所以，在做应付账款部分时，首先要考虑的是：

- 应付账款的性质，即所核算的内容是什么。一般来说，应付账款的性质是很明确的，就是由采购原辅材料形成的要付给供应商的钱。如果遇到特殊行业，就要特别讨论一下了。

- 企业的主要原辅材料有哪些（这一般在存货那部分就可以了解到）？供应商是哪些？付款安排是怎样的？信用期多长？有没有重要原辅材料的供应商只有一个的？如果是这样，这个供应商在讨价还价过程中的地位就会比较高，可能会要求企业预付货款而不是先发货后付款。一旦这个供应商停止供货，企业就会有麻烦。

对于应付账款来说，内控测试是比较重要的，因为应付账款所涉及的业务流程也是制造业企业里重要的流程之一。

采购和付款这一业务流程最值得注意的是这么几点：

- 企业的供应商是否是经过招投标产生的，招投标是否做得比较规范和严格？其实这与企业财务报表的正确与否没有直接关系。不管供应商是质优价廉的金牌供应商，还是厂长的小舅子办的街道工厂，只要企业买了它的货，就要照合同约定的价格付款，所以，应付账款的正确性与供应商的质量高低是无关的。我讲这个道理，是因为我们有太多的审计师在做内控测试的时候，分不清楚哪些是与财务报告相关的内部控制，哪些与财务报告无关，以至于做了很多无用功。区分这个其实不难，你只要将这个内控延伸下去，看一看如果没有它，或者它的控制无效，是否会导致财务报表错误。如果不会，它就是与财务报告无关的。

既然这样，为什么我还说要看这个供应商是如何产生的呢？因为这里是最容易出管理建议的地方，这里的管理建议也是企业的管理层和股东最愿意听的。一般企业里，最容易出现舞弊问题的地方就在采购这里了，因为这里是大把地往外掏钱的地方。审计师不需要太仔细地去看企业的招投标程序等，只要问一问这方面的情况就可以了。如果企业没有招投标过程，或企业人员自己都能说出不足之处，就可以提管理建议了；如果有招投标过程而且听起来没什么问题，审计师也不必再追查下去，毕竟这是一个与财务报告无关的内控，审计师可以点到为止。

- 企业的对外付款多长时间付一次？是如何决定付谁不付谁的？比如，如果企业每半个月对供应商付一次款，每次是按什么原则决定付给张三而不付给李四的呢？严格论起来，这又好像与财务报表的正确性无关。不过，这同样是一个检查管理层资金管理水平的很简单的手段。而且，了解了这一点，对于判断应付账款的余额是否合理是有很大帮助的。
- 企业有没有定期与供应商核对应付账款的余额？这是与财务报表有关的，也是好的企业管理所要求的。
- 企业的存货暂估入库是如何处理的？这个问题，我会在下一部分详细讲（4.11.3 由存货暂估入库形成的应付账款）。

其他常见的有关采购和付款的内控测试我就不多说了。

说完了内控测试，下面说一下应付账款的实质性测试有哪些。

- 取得应付账款的明细，看一遍明细，看看有没有特殊的东西，如余额是负数（借方数）、余额是太整的数（像 10 000 000 这样的）、奇怪的供应商名称，等等。这和应收账款部分要做的工作是差不多的（见 4.2.2 审计应收账款科目主要做的审计程序和 4.2.3 应收账款的明细里能看出不少问题）。
- 发确认书。这几乎是做应付账款必做的工作。应付账款怎么发确认书，可以参见 4.11.1 主要关注的是应付账款的完整性。关于发确认书时要注意的问题，请看 4.1.3 发确认书时要警惕，要严密控制全程，4.1.4 函证工作要注意的问题以及 4.2.5 确认书没回来的替代性措施。

- 对应付账款的余额进行分析性复核。可以将应付账款按不同的采购来分类分析，比如，国内采购和进口采购分开。主要的分析方法是和去年比较，以及了解被审计企业的付款周期和付款特征，然后将采购金额与应付账款余额做对比。
- 通常也会考虑看一下应付账款的账龄。有些账龄很老的，就应该问一下被审计企业，为什么这笔钱还不付出去。
- 注意收集披露所要求的有关信息，例如与关联方的应付账款。
- 采购的截止性测试，以确保应付账款的截止性也没有问题。其实，由于应付账款是采购和付款两种业务共同作用的结果，要想保证应付账款的截止性没问题，既要看采购的截止性测试，也应该看付款的截止性测试。那么，付款的截止性测试是什么呢？其实就是审阅银行存款余额调节表。而采购的截止性测试，往往是在存货的存货入库截止性测试就做了。

### 4.11.3 由存货暂估入库形成的应付账款

所谓"存货暂估入库"，就是说，采购的货物已经到了，但是发票没有到，所以并不精确地知道货物的价值是多少。但按照权责发生制，货物既然已经到了，总要先记账啊，所以只好按照采购订单或其他什么参考资料的价格将存货和应付账款记账，在以后收到发票后再做调整。

有一个关于"存货暂估入库"的笑话是这么说的。

总经理问会计："如果货物到了，发票也到了，怎么记账？"

"正常记呗！"

"如果货物到了，而发票没到呢？"

"那就先把存货暂估入库好了。"会计回答完，心说这也不难。

"如果货物没到，而发票到了呢？怎么记账？"

"可以先记在途存货和应付账款啊。"这个回答让会计觉得自己真是反应快。

"如果货物没到，而发票也没到呢？"

"……"会计也糊涂了，好像没遇到过这种情况啊？！

其实，是否要暂估入库，或者是先记"在途存货"，思考的核心是货物的所有权及风险和报酬是否已经转移到买方，如果已经转移，就应该记账了。

"存货暂估入库"形成了这样几个问题要解决：

- 是否要暂估进项增值税？
- 如何保证发票到的时候，能够将发票和原来的入库对应上？
- 如果发票长期未到怎么办？

我们下面一一讨论这几个问题。

**（1）是否要暂估进项增值税？**

是否需要暂估与增值税相关部分的应付账款，进而记一个进项增值税？应该不用暂估。这是因为企业只有在取得增值税进项发票时，才算取得了这种抵扣销项增值税的权利。在此之前，权利并未取得。退一步说，万一供应商无法开出增值税发票，企业对供应商的负债当然也就没有这部分增值税。

**（2）如何保证发票到的时候，能够将发票和原来的入库对应上？**

有两种办法来对应：好的办法和坏的办法。

坏的办法是这样做的。每次做暂估的记账凭证时，将入库单订在这个记账凭证后面。过了一段时间，当供应商的发票来了，会计就得去问仓库保管员，这批货是不是已经到了。如果仓库保管员记忆力比较好，会指出"这不就是两个月前的那批货？"于是，会计就可以将两个月前做暂估的凭证找出来，将差额做一个调整。要是仓库保管员记忆力不太好，坚持说这批货还没到，会计就可能做一个"在途存货"，这样，应付账款和存货就都虚记了。

好的办法是这样做的。会计每收到一张入库单，就将其存放好。每收到一张发票，就将其与已存放的入库单做核对，如果核对上了，将这两者放在一起，做一个存货入库凭证。到了月底，会计将所有没有与发票核对上的入库单做一个汇总，列一个清单，做一个存货暂估入库的凭证，但并不把这些入库单都订到凭证本里，而是仍然留在手边。第二个月月初，会计马上做一个相反的会计分录，将上月月末的存货暂估入库冲回。然后，在第二个月里，和第一个月一样将收到的发票与手边的入库单核对。这样的做法，可以始终很清楚地知道，哪几笔存货还未收到发票。而且，由于有这种"月底暂估，月初冲回"的动作，自然而然地就将暂估与实际发票金额之差消除了。

当然，有 ERP 系统的企业可以借助 ERP 系统实现这个管理功能，不过，依然有类似的好设计和不好的设计。

**（3）如果发票长期未到怎么办？**

如果是这样，要催一下供应商，同时也要考虑，是不是自己这边曾经收到过发票，但忘了把发票与暂估入库去做核对，又入了一遍账。多检查一下为妙。

那么，对于存货暂估入库，审计师要关注什么呢？

审计师要关注企业会计记账的方法。一个好的方法可以大大降低犯错的可能性。

审计师还要关注这部分暂估引起的应付账款余额是否合理，是否大致为1～2个月的采购金额，因为一般发票不会比存货晚到太长时间（不过有时供应商为了避免先交销项增值税，也会憋着不开发票，直到企业先付了款），还要想到不是所有供应商的发票都会晚到。另外，还要看账龄，就是有哪些入库单是较长时间发票未到的，因为这些可能不是发票未到，而是入账入重了。

## 4.12　预收账款

预收账款是被审计企业从其销售客户那里预先收到的一笔钱，是一项负债。见到企业有预收账款，应该问的第一个问题是：为什么应该有预收账款？按照审计师的预期，一般只有在被审计企业销售的产品较为紧俏时，才会出现预收账款。要么就是生产产品的周期较长，行业惯例会要求从客户那里要一部分预付款。

审计师可以通过了解企业的经营来判断是否应该有预收账款。同时，审计师也可以看一下销售合同，看是否有关于预收账款的规定。如果被审计企业的会计工作质量不太牢靠，还可能会出现预收账款和应收账款各自记了一遍，没有及时清理预收账款的情况。这时，审计师就要做一个审计调整，将这两个项目对冲。至于什么情形下可以对冲，什么情形下不可以对冲，可以参考 4.5.5 *能把应收账款或预付账款和应付账款对冲吗*。

## 4.13　其他应付款

### *4.13.1　主要关注的是其他应付款的完整性*

要讲起来，其他应付款和应付账款的关系，与其他应收款和应收账款的关系差不多。对于其他应付款，与应付账款一样，同样是主要关注其完整性。

与应付账款有一定区别的是：在其他应付款这个领域，非常强调每个明细项目的性质（nature）。为什么在应付账款那里不怎么强调呢？因为应付账款的性质一般都很明确，而其他应付款的性质就五花八门了。一般在企业里做会计的都知道，"其他应收和其他应付是两个筐，什么都可以往里装。"

所以，在其他应付款这个领域，也很难有什么常规的审计步骤，因为审计步骤是根据所审计科目的性质"随机应变""见机行事"的。如果不管这个科目是什么性质，都一味强调标准的步骤，就是"无稽之谈"了。

不过，其他应付款这个领域的一般思考方式还是有的：

- 首先，我们对于其他应付款的"预期"是：它不是由企业的主要业务产生的，尽管它是个筐，什么都装，但一般不会装太大的东西，所以它的余额不会太大。如果余额大，就是不正常的，其中必然有一些特殊项目。

- 金额小的其他应付款项目，仍然要管。这跟其他应收款不一样。因为审计师主要关注的是一个完整性，就怕企业记少了，金额小反而是更担心的。但是怎么个"管"法呢？管得过来吗？对于金额小的其他应付款项目，重点在于了解其核算内容　也就是其性质是什么。一旦知道了其性质，就可以运用审计师的经验来形成一个预期，这个余额应不应该是很大的。如果不应该，账上也确实余额不大，就可以放过了。工作底稿上可以简单谈一下这个项目的性质以及审计师的预期。有的审计师觉得做其他应付款比其他应收款事情多，就是因为要"管"的项目多，不像其他应收款里的小余额项目，未见异常就可以放过了。

- 某个项目，去年有余额，并不能因此证明今年也应该有余额。其他应付款的很多项目，其性质可能是独特的，因而也是一次性的。例如，去年有一笔应付报社的订杂志的款，这是由于去年年底订杂志订得晚，没能在年底前将钱付出去。今年年底，如果有同样性质的余额在那里，审计师不应该认为这是正常的，而应该感到诧异，为什么年年都延迟付报社款？要知道，一般订杂志，都是在年底前就将来年的钱交上了，然后报社才能量入为出地印刊物。

当然，对于个别性质正常的其他应付款，是可以进行期初余额和期末余额的变动比较这种分析性复核工作的。

● 在应收账款部分我就讲过，审计工作总是在检查历史，而流动资产和流动负债类的科目，因为其"流动"，必然在期后发生变化。要是没变化，就是问题了。"流水不腐，户枢不蠹"嘛，如果没变化，是不是意味着原来就记错账了？所以，审计师的现场工作时间，与客户的资产负债表日离得越远越好。因为，可以通过对期后所支付款项的检查，验证其他应付款项目的真实性。要是发现支付金额比期末账上余额大，或者无意中发现期后某一笔支付与这一期有关但期末余额为零，也算"搂草打兔子"地验证了一下完整性。

正常情况下，对于其他应付款，是没有什么内控测试好做的。在做其他应付款的审计工作时，第一步就是取得其明细，了解每一个项目的性质，也就是核算内容。然后，才能根据了解到的性质，决定具体做什么样的实质性测试。当最终要测试某个项目的完整性时，所使用的方法与应付账款那部分的手段大体相同，也是发确认书、翻看原始凭证、做分析等方法。按照前面 3.2.2 审计思考的关键——预期里说的，翻看原始凭证在很多时候，也是审计师对所审计科目增加感性认识、更好地形成预期的手段。

### 4.13.2　关注没有收到发票的其他应付款

其他应付款里有一种情况，是还没有收到发票，企业估计一个数字。事实上，应付账款里也可能存在尚未收到发票的情形。这种没有收到发票的应付款项，过去习惯上叫作预提费用。

在实际工作中，要想做好没有发票的其他应付款，审计师必须对企业的经营有很好的了解。审计师应该先抛开被审计企业的明细账，坐在那里凭空想一想，以这个企业的生产经营特点，主要会发生哪些费用。这其中，又有哪些费用是发生时间和付款时间明显不一致，可能要做预提的，即在收到发票之前确认费用与负债。

例如，对于几乎每一个制造业企业，水电等费用都是先使用，后抄表付款，所以水电费就可能要做预提；电话费也是这样，假设电信的收费截止日是每月 20 日，那么企业每月最后 10 天的电话费就应该做预提；贷款利息费用也是这样，一般银行的利息计算截止也是 20 日，甚至是每季度或每半年计算一次利息，那么企业在日常核算中，就要预提 10 天、1 个月又 10 天等的利息费用。

你看，我还没有看任何一家企业的报表，就可以数出这些可能要预提的费用。这就是"正确的思想武器一旦掌握了群众，就可以发挥出巨大的力量"○。对于以上这些例子，有人可能会有这样一些疑问：

一种疑问是：为什么我以前见过的制造业企业都没有预提水电费呢？这倒也不奇怪，真理总是掌握在少数人手里嘛。这是开玩笑，实际情况可能是这样子的：对于某些制造业企业，主要是劳动力密集型企业，例如会计师事务所这样的，水电费并不是一项很大的费用。如果不做预提，金额上不会有很大的差异。但是，对于一些耗水耗电比较厉害的企业，例如一些电化学企业，水费或电费就可能是一个费用大户，不做预提就太影响成本和费用了。

另一个疑问是：只要我从来不做预提，我每个月的成本和费用不也没错嘛。这意味着你犯了三个错误。错误一：在最开始的那一个月的损益是有错误的，不过我们审计师也就既往不咎了。错误二：现在每个月的成本费用并不是没有错，而是总是有一个滞后。如果企业的生产在月与月之间波动很大，这个错误就比较明显了。错误三：站在资产负债表和权责发生制的角度，这一部分水电费的负债在期末已经形成，但你没有将这部分负债记入，是一个漏记负债的

---

○ 这句话的句式是套用黑格尔那种德国哲学家的语气。一种怪怪的，好像主语和宾语放颠倒了的感觉，但显得特别拟人化和有威慑力。

错误。

有时，审计师会苦恼于这样一个问题：我坐在这里凭空想，怎样才能将可能要预提的费用想得很全呢？这个问题不难解决，你可以看一看企业全年的成本和费用明细，包括生产成本、制造费用、销售费用、管理费用、财务费用等。看看那些费用明细是什么，这可以帮助你考虑得更全面。

### 4.13.3 其他应付款里可能有什么

其他应付款里有时可能有应付保险公司保险费。这种事我就遇到过一次。当时，我觉得很奇怪，这不太正常啊。保险公司的保费从来都应该是先付保费，然后才算保险期间开始，所以，提前支付的保险费应该是一项资产，怎么会是应付呢？

我问了客户，答案很无聊。这种保险是保险公司通过财政局强制卖给企业的，企业不想参保，所以就拖着不付款，不过早晚也得付。

由上面这个例子说明，在其他应付款里，当审计师了解到一个项目的核算内容后，不要轻易就让它过去，要想一想，这符不符合常识。

其他应付款里有时还会有向分销商收的押金。这时，就要了解一下按照合同规定，这种押金是否可以每次都抵应收账款。并且，可以考虑对余额是否可以做一个合理性测试。

### 4.13.4 这家公司是否有利润

有这么一家公司，我就不直接提它的名字和业务了，因为太敏感。我这里就用隐喻的方法说一下这家公司发生的事情。

假设这家公司是卖皮鞋的，牌子有一定的知名度，就叫作"格鲁姆"吧。"格鲁姆"牌皮鞋已经在全国有了很多加盟店。这家公司的创始人张老板是个整天笑眯眯的人。为了进一步扩大业务，张老板率先在业内提出，任何人买一双

"格鲁姆"牌皮鞋,这双皮鞋就可以终生免费在"格鲁姆"的加盟店里擦鞋和上鞋油。

这一手在业内引起很大的震动,大家都说张老板疯了。就算"格鲁姆"牌皮鞋是名牌吧,一双鞋平均卖 800 元,毛利润也不过是 160 元左右。一双鞋平均穿三年,大约要擦鞋和上油 200 次,每次的成本是 1～1.5 元。这样算下来,如果所有买"格鲁姆"鞋的人都来享受这个终生免费擦鞋和上油服务的话,张老板卖一双鞋,不光赚不到钱,还要赔进去大约 90 元钱。即使考虑到有些人可能不来享受这一服务,张老板这一手,也会让自己赚不到钱的。

可是,张老板真的就坚持这么做了,而且因为这一促销手段,"格鲁姆"鞋的知名度还迅速扩大。不久,就有记者在采访张老板时提出了上面的问题。

张老板笑眯眯地回答说:"这笔账不能这么算。我每卖一双鞋,就从消费者那里赚到 160 元。然后,我通过终生免费擦鞋和上油服务,分三年时间将这 160 元返还给消费者。表面上看起来 我是没有赚到钱。但是,消费者每次到我们的加盟店里来享受服务的时候,就会在店里转一转,就可能再买一双鞋。这样,我的生意不就越做越大了?"记者看着张老板笑眯眯的神情,由衷地感叹,张老板的经商之道,真是大智若愚啊。

我看了这则新闻,气得要笑出声来。这不是一个很明显的权责发生制和收付实现制的差别嘛。按照收付实现制,张老板在当年是赚到了 160 元,但在未来三年里,张老板要支出 160 元。这一点在张老板眼里看来是没关系的,因为在未来三年里,"格鲁姆"鞋的生意会越做越大,支出的 160 元和扩大了的利润(收付实现制下的利润)相比,是无所谓的。

可是,按照权责发生制来看,只要发生了一笔销售业务,就应该把与这笔业务相关的收入和费用全部记进账里,即使有些费用是以后发生的,也应该在现在就做预提。如果按这样的会计处理,张老板每卖一双鞋,就要将相关的免费擦鞋和上油服务的成本约 160 元预提出来,结果就是,在按照权责发生制编制的利润表里，张老板当年不管卖出去多少双鞋，都是没有利润的。至于张老板在回答记者提问的时候说的吸引消费者在他的加盟店里多转一转，多卖一双鞋，也是没有多大意义的。因为按照权责发生制，多卖出一双鞋，利润也仍然是零。

我们试想一下，假如某一天张老板的生意突然停滞了，一双鞋也卖不出去了，会发生什么事情。所有已经买过"格鲁姆"鞋的消费者仍然会记着张老板的承诺，隔三差五地到张老板的加盟店里来享受终生免费擦鞋和上油服务。这时，张老板就没有收款，只有付款了。所以，张老板目前的扩张手段，看起来很美，但其实更像是在滚雪球，把危险越滚越大。

希望这个真实的故事，能让大家更明白权责发生制的意义和做负债类科目时一定要把企业的义务考虑全面。

对于上面这个例子，有人可能考虑擦鞋本身构成一项单独的服务，张老板收到的 800 元收入包含了卖鞋和擦鞋两笔生意。因此，应该将 800 元收入分摊给卖鞋和擦鞋。擦鞋部分的收入在服务提供时才予以确认。这样的处理相比预提擦鞋费用的处理哪个更为合理，要根据具体情况进一步分析。

# 4.14　其他负债类科目

## 4.14.1　审计其他负债类科目要注意的一些问题

一般而言，对于其他负债类的思考方式与对应付账款和其他应付款的思考方式是相近的，都是要关注完整性，要先了解每个项目的核算内容，要将对企业经营的了解与负债的完整性联系起来考虑。

对于应付职工薪酬的余额，不能简单地认为，如果企业全都发放了工资，则应付工资每月月末余额为零是正常的。有很多可以让应付工资月末余额不为零的因素。例如，是否要预提年终奖金或季度奖金，是否有加班费没有计算核对完，等等。反过来说，当应付工资月末有余额的时候，一定要将余额代表什么含义解释清楚，见 4.5.4 了解年初数到年末数的变动情况无法替代对年末余额的解释。

关于应付福利费，有一个会计问题，就是在国内，现在不再要求外商投资企业按工资总额的 14% 提取福利费了，而是实际使用多少就记入成本和费用多少。工资总额的 14% 只是一个所得税税前抵扣的上限。

关于应交税费，一般采取的方法是先做一个变化表（movement schedule），即期初余额，加减本期新增税负和本期的税款支付，等于本期期末余额。然后，审计师的精力就放在验证本期新增税负和本期的税款支付是否合理上了。这是不够的，审计师还是要解释清楚，期末余额代表了什么含义，例如，每个季度过后 15 天交某某税，所以期末余额代表了最后一个季度的税款。要始终记住，对于任何一个资产负债表（balance sheet）科目，审计的最终目标是其期末余额（balance），而不是那些中间变化和过程。对那些中间产物做检查，只是一种手段，不是目标。

对于负债的完整性，还有一个测试是检查未入账的负债（search for unrecorded liabilities），见 4.16.5 检查未入账的负债。

## 4.14.2 带薪年假引起的会计思考

由于带薪年假的出现，会计上的配比原则在具体生活中又多了一个用武之地。

现在很多企业都给员工带薪年假，比如说一年有 10 天的带薪年假。假设这名员工每月工资是 2 300 元，每月标准工作时间为 20 天（其实一般每月的标准工作时间为近 21 天，这里月 20 天，是为了计算上方便）。如果较真地来研究这个带薪年假的话，就相当于说，这名员工的年薪共 27 600（2 300×12）元，企业购买他 230（12×20−10）天的劳动，折合为每天 120 元。至于那 10 天，由于是所谓的"带薪"年假，员工是不干活的，企业并不能从员工的不作为中受益，因此不包括在计算中。

现在假设这名员工 1 月份工作 20 天，一天假都没有休，则按照刚才计算的 120 元 / 天的工资率，企业应该记账的工资费用是 2 400（20×120）元。但企业只需要支付给他月工资 2 300 元。那差额 100 元就成为应付职工薪酬——累积带薪缺勤，作为企业的一项负债暂时留在资产负债表里。

到了 12 月份，企业每月攒下 100 元的应付职工薪酬——累积带薪缺勤，已经攒了 1 100 元了。这名员工工作了 10 天，又休了 10 天年假。这时，企业首先应该计算其工资费用为 1 200（10×120）元，但企业要支付给他月工资 2 300 元，差额为 1 100 元，正好将应付职工薪酬——累积带薪缺勤那笔钱花光。

这样使用应付职工薪酬——累积带薪缺勤这一科目的好处有二：

一是将月与月之间的费用计算得更为准确。假如在 12 月，由于这名员工的休假，公司需要请一名临时工来干 10 天活，这名临时工的工资就会记进 12 月份的费用。如果不用预提年假这一科目，每个月实发多少工资就记多少费用，则 12 月份的工资费用会偏高；但如果用了应付职工薪酬——累积带薪缺勤这个科目，各个月之间的工资费用就会较为均衡。

二是如果年底某些员工没有将假期用完，而是打算攒到明年将两年的假一起休，而公司的政策又允许将未休完的年假带下去的话，应付职工薪酬——累积带薪缺勤这个科目在年底就会有余额，而这个余额恰恰反映了员工在年底尚未休的年假，折合为报酬，大约是多少钱。试想想看，如果这名员工今年不休假，全年 240（12×20）天都工作，明年休上 20 天假，只工作 220 天，企业得到的劳动效果当然不一样，应该通过某种方式在利润表上反映出这种差别，而应付职工薪酬——累积带薪缺勤，就是反映这种差别的办法。

有的企业，如果一直允许员工将未休完的年假带到下一年去，这样一年一年累积起来，可能会造成一个很大金额的应付职工薪酬——累积带薪缺勤。联合国的办事机构就有这样的政策，我遇到过一名联合国在华工作人员，累积了好几年未休的年假，可以一口气休上半年。还有的企业，允许员工在需要的时候预支休年假。在这些情况下，都需要用上应付职工薪酬——累积带薪缺勤这一会计概念来满足配比原则。

有人可能会说，以前在中国没见过有企业用这个应付职工薪酬——累积带薪缺勤科目做会计核算。这话没错，但以前也没有带薪年假这个说法呀。会计就是要研究现实生活的新问题并解决新问题。而审计师更要注意会计领域的动向，从而能在审计中发现财务人员工作中的不足和疏忽。

### 4.14.3 职工薪酬还应该关注什么

前面提到的带薪年假，其实是职工薪酬的一种。

职工薪酬分为四大类：短期薪酬、离职后福利、辞退福利和其他长期职工福利。

短期薪酬里就包含了短期带薪年假，还有大家比较熟悉的工资和奖金，以及企业为职工缴纳的住房公积金等。

离职后福利分为两大类，设定提存计划和设定受益计划。过去，我经常碰到客户跟我讨论企业的某个安排算不算离职后福利，如果是离职后福利，是属于设定提存计划，还是设定受益计划。

关于离职后福利，顾名思义，就是企业向职工提供的离职以后的福利。说到这儿，有人就开始糊涂了："那辞退福利不也是离职之后提供的福利吗？虽然这种离职可能是被动的劝退或裁员导致的。"

这里，其实有个简易判断标准，就是看企业为职工提供这个福利的目的。如果是为了促使职工离开企业做出的补偿，一般属于辞退福利；如果是为了使得职工安心工作，而为职工提供的离职后的福利安排，一般属于离职后福利。所以，当一项福利在离职后福利与辞退福利之间的划分比较模糊时，审计师应该多了解企业提供这项福利的背景和目的。

有人可能要问，区分离职后福利与辞退福利有那么重要吗？这是不是只是一个负债项目的重分类问题，它甚至都不影响资产负债表主表？其实，职工薪酬的分类，是确认和计量的基础。例如，根据现行的企业会计准则，一个设定受益计划，如果属于离职后福利，它的精算利得或损失需要计入其他综合收益，而如果属于辞退福利，则直接计入损益或在满足条件时计入相关资产成本。

至于怎么区分设定提存计划和设定受益计划，也有一个简易标准，就是看企业缴存固定费用后，是否需要再承担进一步支付义务。比如国内的基本养老保险，企业每月按规定帮职工存一笔钱到社保之后，并不保证职工退休后可以从社保领多少退休金，这就是一种典型的设定提存计划。设定提存计划之外的，就是设定受益计划。

2009 年美国通用汽车公司宣告申请破产保护程序，后来经过重组才获得重生。据报道，除了生产本身的问题外，高昂的劳工成本是造成破产的最主要原因，其中很大程度要归因于总计千亿美元的退休金。通用破产时拖欠掌管退休金信托基金的债务达 200 亿美元。设定受益计划的职工福利，可谓是压倒这个工业巨人的"最后一根稻草"。说到这儿，大家对设定受益计划是不是多了一点感性认识？

如果一项福利属于设定受益计划，那么，一连串的精算模型和会计处理的细节问题就会接踵而至。在这里，我们并不打算展开讨论。毕竟，设定受益计划在我国还不是特别常见。大家可以等遇到了再深入学习。而且，大部分情况下，审计师需要引入精算师参与精算模型的审阅。

职工福利的形式，可以是货币性的，也可以是非货币性的。非货币性福利，是客户容易出错的地方。譬如企业将自产产品发放给职工，或将拥有的房屋无偿提供给职工使用时，企业容易不记账，或是按成本记账。然而，企业会计准则就明确规定了：职工福利费为非货币性福利的，应当按照公允价值计量。

审计师还需关注推定义务。在判断企业是否需要计提职工薪酬时，既要考虑法定义务，也要考虑推定义务。当企业没有现实选择而只能支付职工福利时，非正式惯例将导致推定义务的产生。推定义务的一个例子就是当企业的非正式惯例发生变化，会导致企业与职工之间的关系发生不可接受的损害。

此外，期权，或者说股份支付计划，在满足一定条件时，也会计入人工成本和应付职工薪酬，但它有单独的会计准则进行规范。遇到可能涉及期权的问题，审计师先要弄清楚几件事情：

- 这是否真是一个"股份支付计划"范畴的问题？要考虑职工购买股票的价格是否公允，相关人员是否为企业提供服务，股票标的公司是本企业还是其母公司或其他公司。
- 该员工持股计划是以权益结算还是现金结算？
- 该员工持股计划附带哪些行权条件？哪些是市场相关的，哪些是业绩相关的？

更具体的会计问题，我们就不在本文讨论了。

### 4.14.4　应付职工薪酬的余额代表什么

前面提过，对于资产负债表科目，一定要将期末余额代表什么含义解释清楚。对于应付职工薪酬也一样，审计师需要了解这个余额是代表了一个月的工资，还是一年的奖金，为什么会出现这个时间差。关于这个问题，可以看一下4.5.4了解年初数到年末数的变动情况无法替代对年末余额的解释。

我见过一个预提职工年终奖金的例子。这种年终奖金一般在第二年发放，因此做预提是正常的。审计师在工作底稿里做了一个合理性测试，员工人数乘以每人500元，最终计算结果与客户预提数是吻合的。我就问那个审计师，为什么是500元，而不是5 000元，或者是800元？他说，这个数字是人力资源部提供的。我猜，我要是直接去问企业的会计怎么做的年终奖金的预提，会计也会说是人力资源部提供的数据。审计师真正应该追问下去的，是这个500元有没有什么协议，或者董事会决议、管理层会议纪要，或者全厂书面公告等证据的支持。这才是真正的应付年终奖的基础和缘由。

我还遇到过一个企业，每年年初都会开一个上年工作总结会议。一般都是去什么海南、新马泰之类的地方开，也算是一项职工福利了。于是，这家企业每年年底都把这项费用预提出来。这个预提就有点儿打"擦边球"了。从会计的权责发生制角度讲，只有实际发生的费用才能做预提，不能按照预算或计划将还没发生的费用做预提。像预提职工奖金这样的预提，表面上还没有发生，但由于职工已经完成了这一年的工作，已经向企业提供了劳务，企业事实上已经发生了这项费用，形成推定义务的负债。而这家到旅游胜地开总结会的企业，如果我们把这项费用看作"开上年工作总结会"，尽管它是一个与上年有关的事件，但这个费用还没有发生，不应该做预提；但如果把这笔费用看作主要是"职工福利"，那就和上一段说的职工奖金性质类似了，是可以做预提的。这个例子说明，会计不是那么黑白分明的，很多时候，是看企业和审计师如何做出一个合理的解释。合理的解释不会很多，但一般也不会只有一种。我的一个律师朋友说过："我们律师是靠解释法律吃饭的，你们注册会计师是靠解释会计准则吃饭的。"这句话，虽不中亦不远矣。

### 4.14.5 预计负债——如何计算产品质量保证

预计负债——产品质量保证，是一个企业财务人员经常会忽略的东西，所以审计师更要将这个会计处理搞清楚。

很多制造业企业都要对售出的产品提供质量保证，例如承诺在两年内，如果出现产品质量问题，要包修、包退、包换。这样一个承诺，一般是在销售合同中出现的条款之一。于是，按照严格的收入确认的讨论，就可以这样来看这份销售合同，卖出的不仅仅是一个产品，还卖出了一项有条件的服务，就是当出现质量问题时的两年内的"三包"服务。如果是这样，销售价格就是产品和服务的合计价格，而不单单是产品的价格。当产品卖出时，只能将产品那部分的销售价格确认为收入，而服务这部分的价格，则要在未来两年内逐步确认。

这是一个可以理解的非常严密的思路，但不是一个大家愿意按此操作的思路。换一个角度，如果我们能够估计出来未来两年因此花在"三包"服务上的成本是多少，然后现在将这部分成本记入销售费用并在资产负债表上记一个预计负债，是否就可以把收入全部确认了？我个人觉得这个思路不太严密，毕竟这是一项在未来两年才可能发生的事项，而我们竟打算现在就预提收入和费用。仿照类似的逻辑，我也可以将明年的销售收入和销售成本全都估计出来，然后记入今年的账里了？

答案显然是否定的。为什么呢？不要忘了收入确认需要满足一定的条件，在收入可确认的前提下，才有成本／费用配比这一说。在 4.15.2 收入确认，我们会再讨论收入确认的问题。下面先通俗解释下。

假设某天，一骗子打电话告诉老张，恭喜他中奖 100 万元，希望他提供银行账号好给钱。老张抱着侥幸心理，告诉那人银行账号。过一会儿，100 万元居然就入账了，老张心花怒放。

这时，电话又来了，那骗子说："先生，真是对不起，我刚才太激动了，光替您高兴，忘了帮您代扣个人所得税了，这个税是 20 万元，您行行好，退给我吧，不然我就得赔钱了。"

这时，如果老张有一定的道德底线（先不分析智商），一般会爽快地把那 20 万元退给对方。为什么呢？因为他觉得，既然 100 万元的收入已经入账，20 万元的税咱就该交。

但是，不幸的是，在老张从账户上划出 20 万元给那人后不久，发现刚才进来的 100 万元又没了。这时，老张还会觉得 20 万元的税该付吗？他会假设自己有 100 万元的收入，然后配比 20 万元的支出吗？不会，对吧？因为收入根本还是没影子的事情。

不过，按照目前各国的会计准则，都是允许将产品质量保证的费用预提出来的。那么，如何计算应该预提的产品质量保证的金额呢？

最理想的状态是这样的：企业的管理非常先进，每次发生"三包"服务的费用时，就会记录下发生的费用金额、产品型号、销售日期等信息。然后，企业定期做分析，计算每售出一批产品，发生质量问题的概率，在这两年内发生质量问题的时间的概率分布，发生"三包"服务的平均费用等。如果有了这些数据，企业在做这个预提产品质量保证时就很简单了。企业只要每销售出一批产品，就根据以上数据估算出这批产品未来两年可能发生的"三包"费用，据此做出预提，并在每年年末根据最新数据调整已经做出的应付账款——产品质量保证费用。

可惜的是，中国的企业管理还没有到这个水平，能这么做的企业还寥寥无几。在这样的初级阶段的情况下，我们又能怎么做呢？

我们要先建一个数学模型。

我们的已知条件是每年实际发生的"三包"费用、每年的销售金额和销售量。我们打算求解的是，在年末的时候，我们已经售出的产品还要引发多少"三包"费用。这就是我们要预提的数字。

下面我们要引入三个假设：

假设一，过去几年来，产品质量是稳定的，物价没有明显变化，消费者的行为模式也没有什么明显变化，因此每件产品平均发生的"三包"费用保持稳定。

假设二，在同一年里，产品每月的销售量是稳定的。

假设三，在一件产品售出后的两年里，由于质量问题发生"三包"费用的时间平均分布于这两年里。

下一页显示的，就是这个数学模型（见表 4-7）。

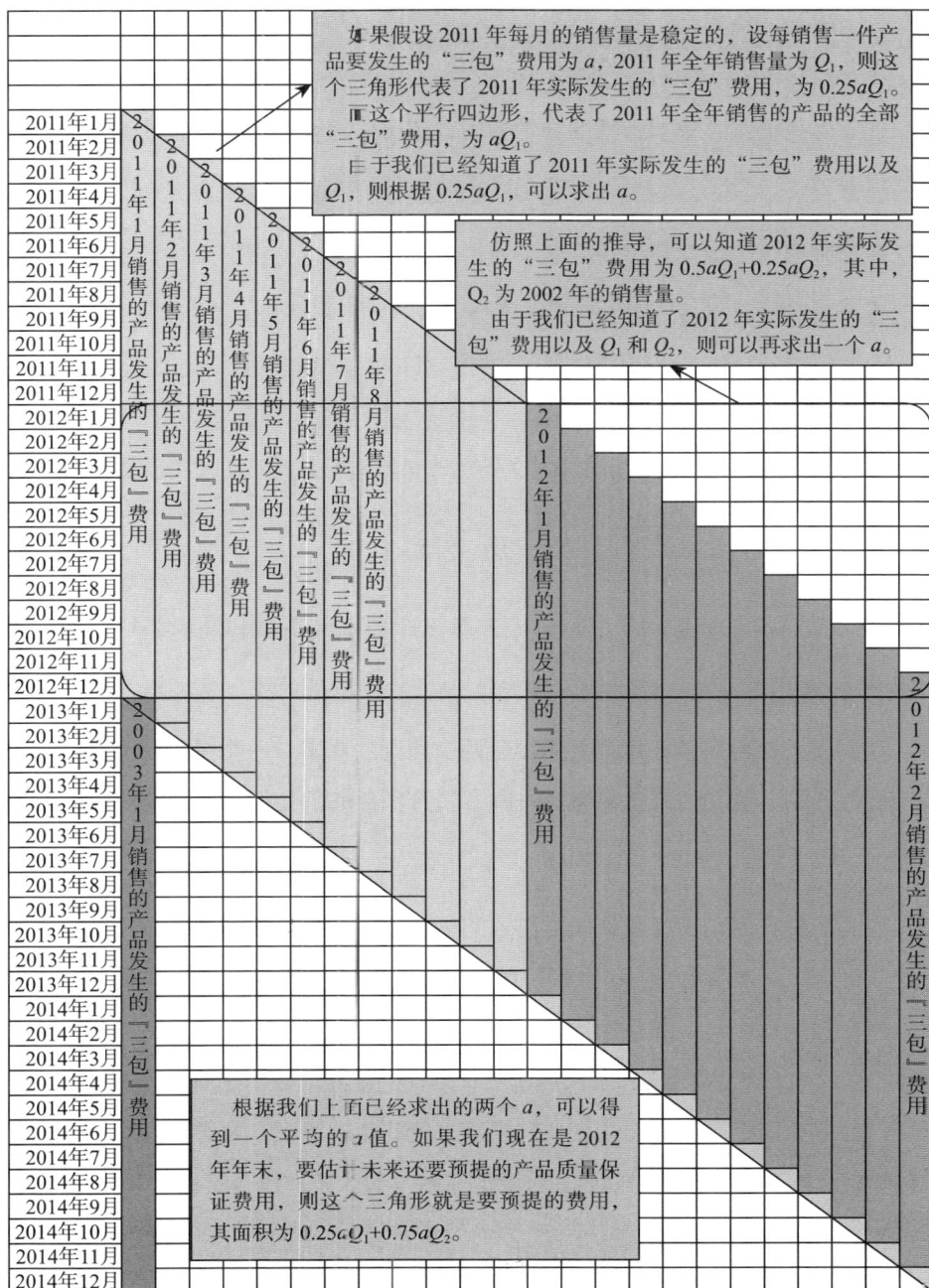

表　4-7

如果假设 2011 年每月的销售量是稳定的，设每销售一件产品要发生的"三包"费用为 $a$，2011 年全年销售量为 $Q_1$，则这个三角形代表了 2011 年实际发生的"三包"费用，为 $0.25aQ_1$。

这个平行四边形，代表了 2011 年全年销售的产品的全部"三包"费用，为 $aQ_1$。

由于我们已经知道了 2011 年实际发生的"三包"费用以及 $Q_1$，则根据 $0.25aQ_1$，可以求出 $a$。

仿照上面的推导，可以知道 2012 年实际发生的"三包"费用为 $0.5aQ_1+0.25aQ_2$，其中，$Q_2$ 为 2002 年的销售量。

由于我们已经知道了 2012 年实际发生的"三包"费用以及 $Q_1$ 和 $Q_2$，则可以再求出一个 $a$。

根据我们上面已经求出的两个 $a$，可以得到一个平均的 $a$ 值。如果我们现在是 2012 年年末，要估计未来还要预提的产品质量保证费用，则这个三角形就是要预提的费用，其面积为 $0.25aQ_1+0.75aQ_2$。

| 2011年1月 | 2011年1月销售的产品发生的「三包」费用 |
| 2011年2月 |
| 2011年3月 |
| 2011年4月 |
| 2011年5月 |
| 2011年6月 |
| 2011年7月 |
| 2011年8月 |
| 2011年9月 |
| 2011年10月 |
| 2011年11月 |
| 2011年12月 |
| 2012年1月 |
| 2012年2月 |
| 2012年3月 |
| 2012年4月 |
| 2012年5月 |
| 2012年6月 |
| 2012年7月 |
| 2012年8月 |
| 2012年9月 |
| 2012年10月 |
| 2012年11月 |
| 2012年12月 |
| 2013年1月 |
| 2013年2月 |
| 2013年3月 |
| 2013年4月 |
| 2013年5月 |
| 2013年6月 |
| 2013年7月 |
| 2013年8月 |
| 2013年9月 |
| 2013年10月 |
| 2013年11月 |
| 2013年12月 |
| 2014年1月 |
| 2014年2月 |
| 2014年3月 |
| 2014年4月 |
| 2014年5月 |
| 2014年6月 |
| 2014年7月 |
| 2014年8月 |
| 2014年9月 |
| 2014年10月 |
| 2014年11月 |
| 2014年12月 |

2011年2月销售的产品发生的「三包」费用

2011年3月销售的产品发生的「三包」费用

2011年4月销售的产品发生的「三包」费用

2011年5月销售的产品发生的「三包」费用

2011年6月销售的产品发生的「三包」费用

2011年7月销售的产品发生的「三包」费用

2011年8月销售的产品发生的「三包」费用

2012年1月销售的产品发生的「三包」费用

2012年2月销售的产品发生的「三包」费用

2003年1月销售的产品发生的「三包」费用

这个数学模型并不很严谨，但应该已经足够准确地估计要预提的产品质量保证的费用了。同样，按照这个数学模型，权责发生制下的应计入当年损益的产品质量保证费用应该是当年实际销售的产品所引发的费用，即 $aQ$。

在实际工作中，根据上面的数学模型，还可以修改某些假设，让这个模型变得更精细。

审计师把这个数学模型搞清楚不是说审计师要替企业做这个会计处理，而是说审计师要有能力独立地测算企业财务人员的数字是否正确。

## 4.15　收入

### 4.15.1　审计利润表类科目的一般方法

在正式谈收入和费用科目以前，先在这里总结一下做利润表类科目的一般思路。

利润表类科目在会计处理上主要受两个原则的影响，一个是配比原则，一个是稳健性原则。这和资产负债表不一样，资产负债表的主要原则是历史成本和稳健性。

利润表类科目和资产负债表类科目的另一个不同之处在于前者是一种交易行为的累计结果，而后者是一个余额。所以，在前面谈资产负债表类科目的审计时，我总是在强调每个科目的余额代表什么含义。而在利润表类科目，每个科目的金额（严格说来，不是"余额"）都是这一年累计的结果。要想了解为什么这一年累计了这么多或这么少，只能从企业的经营上找答案。所以，要想做好利润表类科目的审计，要更加紧密地将对企业经营的了解与审计工作结合起来。

做利润表类科目审计的最高境界，是对任何一个数字都能做出一个合理性测试，要真能这样，就是修到"半仙"的程度了，可以不必到客户现场，就做到"秀才不出门，尽知天下事"。要想做到这一步，或者接近这一步，就要不断加深对客户经营的了解。在审计界，时不时地会有那么一两个传奇故事，讲某某人这一年从来没去过某企业，只看了两眼企业的报表，就铁口直断地说某个数字一定有错。这种事情，就好像"小李飞刀，例不虚发"的传说一样，听起来让人神往，但当事人在背后下的苦功，却没人知道，也没人有兴趣听。只有踏踏实实地向客户请教他们的经营知识，一点一点积累，不浮躁，才可能创造出传奇故事来。

退一步说，做不到"半仙"的境界，不能对任何一个数字都做合理性测试，审计师至少应该对于每个数字做一些分析，比如不同产品线之间比较，或者与上一年的数字相比，为什么有这样的变化，给出一些好的解释。这样的解释，应该是在讲客户经营的故事，并且能够将一些关键因素用百分比和数字说话，也就是说，多做定量分析，少做定性分析。我见过的比较搞笑的对于销售收入增加的解释，是这样说的："销售收入增加，是因为企业今年的销售数量增加了。"公平地说，这句解释不完全是废话，还是传达出了一点儿信息的，那就是销售数量在增加。但是，销售收入不就是等于销售数量乘以销售价格嘛。在中国现在这个经济有点过剩的时代，销售价格的增加不太容易，最大的可能就是销售数量增加。所以，这样的解释，基本上是一个同义反复，在逻辑上还不完备，因为没有说明销售价格是否增加。审计师应该做的，是解释清楚销售数量增加背后更深层次的原因，而这种原因，就必然与企业的经营有关系，要么是企业内部做了一些有效的市场推广工作，要么是外部环境发生了一些有利的变化。

另一个比较搞笑的解释，是这样说的："销售收入增加，是因为企业今年的销售数量增加了，同时销售价格降低了"。这个解释，除了有上一个解释同样的毛病以外，还凸显出另一个毛病，就是没有做定量分析。由于没有做定量分析，这样一个解释，可以用在"销售收入没有变化，是因为企业今年的销售数量增加了，同时销售价格降低了"上，或者"销售收入减少，是因为企业今年的销售数量增加了，同时销售价格降低了"。这属于算命先生说囫囵话、模棱两可的手法，是当不得真的。

我也见过有做了定量分析的。"销售收入增加 10%，是因为企业今年的销售数量增加了 30%，同时销售价格降低了 20%，所以收入增加了 10%。"你要是见到了这样的解释，我会建议你查一查这小子的大学毕业证及初高中毕业证书是不是伪造的，这样的计算错误也敢拿出来现眼？！为了让你，敬爱的读者，能够看出来错在哪儿，我来解说一下。正确的计算应该是（1+30%）×（1−20%）＝1.04，也就是说，这样的原因只能解释 4% 的收入增加，而不是 10%！我就知道，你早就看出来了。

按照前面讲过的（见 3.2.1 公众对审计的期望），对于收入，主要关注的是其完整性，以及准确性，也就是说收入确认原则是否得到了遵循；对于费用，主要关注的是其存在性。主要的审计步骤有：

- 内控测试。注意，内控测试一定要围绕着一个中心，那就是"财务报表是否正确"，还有两个基本点——"企业资产的安全"和"防止舞弊行为"，而不要太操心管理上的效率等其他问题。这两个基本点其实也不是外部审计师的重点目标，但是，由于公众总认为审计师应该注意到这些问题，所以，只要我们尚有余力，都会大致看一下这方面。内控测试还要注意的一个方面，就是逻辑链条的严密，详见 3.1.6 内控测试工作最重要的是逻辑要完备——要做到两个凡是。

- 取得各种明细，了解核算内容，并将加总对到总账数字。

- 抽查凭证及合同。对于费用来说，抽查凭证及合同是为了检查其存在性。对于收入来说，抽查凭证及合同，是为了检查其收入确认的准确性，以及得到更多的感性认识以便形成预期（见 3.2.2 审计思考的关键——预期）。

- 做分析性复核，包括最有效的合理性测试，以及计算各种比率，如毛利率分析，根据不同产品的明细进行分析，对于收入和费用进行月与月之间的趋势分析，再到与上年数字进行比较，等等。这些分析性复核的手段可以有很多，就看你对企业的经营了解得有多深。

- 收入和费用的截止性测试，包括检查未入账的负债（search for

unrecorded liabilities）。

- 可以发确认书来确认销售收入的金额，是否货物已到，或者是有关销售的条款来确保销售确认的正确性。这种做法在以前属于"捞偏门"，但现在逐渐开始变得普遍。

### 4.15.2　收入确认

收入确认（revenue recognition）是一个近几年来都很热门的话题，估计还会一直热下去。虽然新的收入准则[⊖]推出的目标，是通过单一的收入确认模型，提高收入确认的可比性和更多指引，但随着原来约定俗成的一些常规处理方式被打破，必然会涌现出不少实务问题。

很多企业对收入确认的会计政策仍然不够重视，我们作为审计师，既要自己重视这件事，也要督促客户重视这件事。一旦客户在这里有问题，管理建议书是少不了的，涉及金额较大的话，还会有审计调整。

现行中国会计准则下的收入确认的一般原则是：

- 企业已将商品所有权上的主要风险和报酬转移给购货方。
- 企业既没有保留通常与所有权相联系的继续管理权，也没有对已售出的商品实施控制。
- 与交易相关的经济利益能够流入企业。
- 相关的收入和成本能够可靠地计量。

以上四条规定与现行国际财务报告准则（IFRS）基本一致，与美国会计准则相比，略有出入。美国会计准则有一条是说要有足够的证据证明这一交易的安排存在。这句话听起来很绕人，其实就是要事先签有书面协议，除非你的惯例是通

---

⊖　2014 年 5 月，国际会计准则理事会（IASB）发布了《国际财务报告准则第 15 号——源于客户合同的收入》（IFRS 15），美国财务会计准则委员会（FASB）发布了《ASC Topic 606——源于客户合同的收入》。这是全球两大最具影响力的会计准则制定机构为统一收入确认而共同制定的收入指引。生效日期为 2018 年 1 月 1 日。

过口头确认订单。

在我们做审计的时候，对于任何一个客户，我都建议在工作底稿中有专门的注释或专门的工作底稿来讨论客户实际的销售过程是否符合上述收入确认原则。你可千万不要认为简单的产品销售没这么复杂。下面我会通过实例告诉你，这里面"坑"多着呢。

**1号坑：销售合同中对于退货是如何规定的？**

这应该是你的收入确认工作底稿中一定要谈的内容。如果合同规定B公司只要无法将货再售出就可以退还给A公司，这意味着A公司"商品所有权上的主要风险"并未转移。A公司把货运到B公司时，本质上就是寄售代销而已。

**2号坑：在将货物从卖方运至买方的过程中，运费和保险费是由谁支付的？保单上的受益人是谁？卖方何时确认收入？**

这也应该是你的收入确认工作底稿中一定要谈的内容。在中国，大多数情况下，卖方会在货物发出时确认收入。但遗憾的是，同样在大多数情况下，运输是由卖方安排的，运费和保险费是由卖方支付的，保单上的受益人也是卖方。一旦货物在运输过程中受损，与保险赔偿有关的收益或损失都归于卖方。这样看来，在货物发出时，"商品所有权上的主要风险和报酬"并未从卖方转移给买方。直到货物抵达买方时，"风险和报酬"才可能算是转移过去了。这就意味着很多客户可能提早确认收入了。

你是不是在审计你的客户时已经掉进这个"坑"了？

我猜最可能的回答是：我不知道是不是掉进去了。我也不知道这个运输时间引起的差异大不大。

可悲啊，山上的野猪对于"自己是否掉进坑里"的回答都会比你更肯定，如果野猪能言的话。

**3号坑：在销售合同里，有提供附加服务的条款吗？例如，一年免费维修。累计购货量超过多少可以有返利？**

这同样是你的收入确认工作底稿中一定要谈的内容。也就是说，在你的收入确认工作底稿中，你必须谈到你已经看过了该客户各种类型的销售合同。注意是全部各种类型的合同。只要其代表的收入金额足够大，你就不能忽略掉。有时，这可是不小的工作量呢。

你应该看过了这些合同，真正弄明白按照合同规定，卖方要付出什么东西才能得到全部货款。要付出的东西并不一定仅仅是一件产品，它可能还包括产品里的软件，可能有安装调试，可能有培训，可能有三年免费维修，还可能有一些不确定的折扣和返利，等等。那么，这些要付出的东西中，任何一样还未交付，都意味着"商品所有权上的主要风险和报酬"可能并未全部从卖方转移给买方。

怎么样，是不是有不少"坑"值得你注意？下次做审计时，记得一定要有收入确认的工作底稿来谈一谈你是如何绕过这些"坑"的，以及你的客户的业务和收入确认方法是如何符合全部规定的。

### 4.15.3　合约机引起的收入确认问题

各地电信公司都在赠手机。一般的赠机方法是这样的：

例如，你去电信公司报个名、填个表，他们就给你一部手机，这部手机在市面上单卖的话，价格是1 000元，电信公司的采购成本可能是900元。但现在，就这么给你了。条件是，你向电信公司交1 200元，这1 200元会作为你的话费的预存款。从现在开始未来12个月内，如果你每月话费账单不足100元，电信公司仍然会收你100元；如果你的话费账单超过了100元，电信公司也只会从你这1 200元的预存款里转走100元，剩下的钱你还是要自己再掏腰包。如果在这12个月里，你打算退网，不再用这个电信公司的服务了，你也无法要回你那1 200元了，而且，这部手机是被锁死的，在这12个月里，只能使用这个电信公司的服务。

好了，你听完了我的介绍，觉得这个交易还是划得来的。于是，你跑去电信公司办完了一应手续，拿到了一部手机。而电信公司呢，付出了成本是900元、零售价是1 000元的一部手机，收到了1 200元。这个时候，以及未来12个月里，电信公司应该如何对这一交易进行会计处理呢？

我们先看一看消费者在这个交易里得到了什么，付出了什么吧。为什么从消费者的角度看呢，因为这是真正客观的一个角度。

消费者付出了1 200元，得到了这部零售价为1 000元的手机，以及未来12个月价值1 200元的通信服务。几乎可以肯定的是，在未来12个月里，消费者每月的话费账单不会少于100元的，也就是说，消费者肯定会从电信公司手里拿到这些服务。

所以，按照收入确认的会计准则，这一个交易是个捆绑销售行为。它将手机和电信服务捆绑在一起打包卖给了消费者，当然，打了一个折卖的。由于无法说清是手机打折打得多，还是通信服务打折打得多，只能认为这两样东西打折打得一样多。这个折扣率就是1 200/（1 000＋1 200）＝54.55%。按此折扣率，手机的销售收入实际为545元，而通信服务的实际收入为655元。

对于通信服务，剩下的事情就简单了。只要将655元在未来12个月内按直线法分摊计入收入即可。尽管对于消费者而言，这是每月100元、总共1 200元的通信服务，但在电信公司眼里，这只是牌价，实际的收入已经打过折了。

对于分摊给手机销售的那545元，一般就在客户交了1 200元同时取走手机时确认收入。因为从销售商品的角度看，手机所有权上的主要风险和报酬算是转移给消费者了，其他收入确认条件也都满足。

事情还没有结束。当我把上面一番复杂严密的过程讲给电信公司的人听的时候，他们的第一反应是："你对这件事的本质理解错了。这根本不是一个捆绑销售行为。我们送手机就是在促销，吸收更多的客户。我们也可以送牛奶，只要消费者同样交上 1 200 元作为 12 个月的预存款。"如果按照这一说法，这件事情的会计处理可以非常简单。1 200 元就是用户预存款，将来所有的收入都归到通信业务头上，而手机的采购成本 900 元，就是一笔开拓市场的费用。一般情况下，由于这一用户能给电信公司带来的利益是不确定的，也就难以从会计角度确定这笔开拓市场的费用能在未来给电信公司带来收益。所以，这笔费用还是立即直接计入损益为上。

事情还没完。前面说了，新的收入准则已经推出了。根据新的收入准则，取得合同的成本如果属于增量成本（这里增量成本指为取得合同需要额外支付的成本<sup>⊖</sup>），而且预计可收回，是可以资本化的。如果说电信公司卖手机补贴的 355（900-545）元是为了取得与客户签订通信业务合同而发生的费用，那是不是应该在合同的未来期间进行摊销？新的收入准则还说，这个合同期间包括后续预期很可能续签合同的期间。也就是说，如果预期消费者因为便宜手机被电信公司套牢，平均 2 年不会离网的话，这个 355 元的手机补贴款需要在未来 2 年期间进行摊销。

到底哪种说法对呢？我其实不知道，我觉得都有一定的道理，只不过前面两种可能，一种是站在消费者的立场上出发的，另一种是站在企业的立场上出发的。我见到的，目前电信公司一般还是采用第一种方法。我把几种说法都写出来，一是因为这是一个很好玩的讨论，有很强的逻辑性，同时能把捆绑销售这种行为讲清楚；二是想说明，有很多会计问题，不是黑白分明的，而是需要一些接近哲学高度的讨论的。

### 4.15.4 对收入进行分析性复核

在这里谈一谈做收入的分析性复核有哪些思路。

- 尽管我在前面举例子时，总将销售收入的变化分解成销售数量和销售价格，但这其实只对业务很简单的企业适用。这种分析方法，其实是和对存

---

⊖ 诸如派人去参加招投标的机票钱，属于拿不拿得到合同都要花的钱，就不算增量成本。

货的分析一脉相承的（见 4.6.3 存货科目的特殊性：金额 = 数量 × 单价）。但是，在存货那里可以这么做，在收入这里，当一个企业的产品很多时，总销售收入的变化，往往更多的是因为明星产品的出现，或者传统主打产品的没落。审计师们可以去看一下"产品生命周期"的理论，这对于分析产品会很有帮助。其他一些管理理论，例如 PEST 模型分析，波特的五种竞争力模型（five forces），市场营销的 4P、6P、4C 理论，都可以帮助我们更理性地分析一个企业的经营。

在现实工作中，更多的时候，我们是在对企业的不同产品组合做分析，在每一种产品组合内部，才可能进一步谈其数量和价格。

- 要注意营销渠道及分销商对于企业销售行为的影响。这种影响主要有两个方面：一是企业的销售增减变化，有时可能与最终消费者的行为或市场大势没有密切关系，反而与企业和分销商的博弈有密切关系。所以，在做分析时，要考虑这个因素。二是由于企业与分销商这种既合作又竞争的"共生"关系，他们会创造出一些新的合作模式和销售条款，这对于销售确认是一个挑战。

例如，在中国的手机销售市场上，有些手机厂商与分销商有一个"价格保护"协议。就是说，尽管手机已经卖给了分销商，分销商也不允许无故退货，但如果在分销商出清这些货之前，手机零售价格下降导致分销商要以低于进货成本价出货，则手机厂家将会把这一差额补贴给分销商。你说说看，在这种"价格保护"协议之下，手机销售的风险是已经转移给分销商了，还是仍然留在手机厂家那里？对于手机厂家来说，到底应该怎样确认手机销售收入？

再介绍一个名词，叫"channel stuffing"。这是美国一个著名的 IT 设备公司做的。他们与分销商签订协议，让分销商在年底前超出市场需求地大量吃进他们的货物，造成他们销售额很高的样子。这样，在第二年，分销商就要花很长时间才能将这些进货清掉，所以很长一段时间不会从他们那里进货了。不过，他们要的效果就是这一年的销售看起来很好。这也是一种不正当的行为，已经被美国证监会明确禁止了。

- 还可以对收入按月分析，这样可能会找出客户在年末增加或减少收入来粉饰报表的行为。

- 除了按产品组合分析和按月分析之外，也可以对收入按地理区域分析，按主要客户分析，按出口和内销分析，等等。

- 不管做哪种分析，审计师应该先和企业销售部的人聊一聊，看他们怎么分析自己的业务。如果能够利用企业自己的一些分析资料，当然会事半功倍。反过来说，如果企业自己没有这些分析，审计师也可以问一问销售部的人员，这样的角度做分析是否会很有意义。有了一线工作人员的帮助，审计师做的分析工作，就可能不仅仅对审计工作有帮助，还能揭示出企业自己一直没有注意到的问题。

# 4.16　成本和费用

## 4.16.1　销售成本的调节表

除了前面讲的做利润表类科目要注意的问题和要执行的步骤以外，在做销售成本时，审计师一般还会要求客户做一个销售成本的调节表（reconciliation）。当然客户有时不会做、不肯做、不屑于做，这时审计师还是得自己来做。这个调节表的格式大概是这样的（见表 4-8）。

我前面说过，审计没什么难的，所用到的逻辑知识和数学知识是初中毕业就够的。这里再一次证明了这一点。只不过我应该多说一句，不要被一些形式上很复杂的东西给唬住了，好像《黔之驴》中的老虎在一开始见到驴的时候那样。

表　4-8

|  | 期初存货余额 |
|---|---|
| 减： | 期末存货余额 |
| 加： | 采购的原辅材料 |
| 加： | 生产中发生的工资 |
| 加： | 生产中发生的折旧和其他间接费用 |
| 加／减： | 其他存货流入或溢出 |
| 等于： | 销售成本 |

上面这个表格是什么意思？从逻辑上说，它的意思就是说，假设存货的期初余额是一口缸，在这一年里，采购的原辅材料会被扔到这口缸里，生产中发生的工资、折旧和其他间接费用也会被扔进去，搅拌一下，就是成本核算。然后，从这口缸里拿出来的是销售成本，剩下的就是存货的期末余额。所以，如果把刚才说的那个等式做一下移项处理，把销售成本移到等式右边并由减号变成加号，将存货期末余额由右边移到左边并由加号变成减号，就得到了上面的销售成本调节表。

理解了这个"大缸"的原理（以前我把这个原理叫作"黑箱"原理，后来觉得这太抬举这个调节表了，"黑箱"理论远比这个的思想性强。所以，我把它改成咸菜缸了），你就肯定能把这个调节表做平了。如果不平，不妨想想看，还有哪些形式的存货流入或溢出是你没有考虑到的，只要企业做账没有把借贷做得不平，这口"大缸"就不会漏，这个调节表肯定可以做平。

那么，审计师要求客户做这个调节表或者自己做这个调节表干什么用呢？仅仅是为了再次验证"有借必有贷，借贷必相等"吗？这不是自己逗自己玩吗？

不是的。通过这张表，审计师能够更好地理解企业的生产和成本核算中有哪些费用在发生，有哪些存货流入和溢出的因素。另外，将这张表中各个项目的相互关系进行比较，就能看出在生产过程里，有多少是材料成本，有多少是折旧，有多少是人工，能够更好地了解企业的成本构成。如果再与去年的这张调节表做比较，就可以看到成本构成是否有什么变化。

也就是说，这张表提供了丰富的、可以对生产成本进行分析的素材。

### 4.16.2　销售收入和销售成本要能够一一对应

这本来是一个很简单的问题，但由于现实操作上的原因，有时企业在这方面做得不是很好。

理论上说，当企业记录一笔销售收入时，应该记录应收账款和销售收入，同时将同样数量的存货转入销售成本。如果会计记账总是这么做，就没有问题了。可是，在现实中，企业记录销售收入时，往往是根据开出的销售发票记账的。很多时候还是每天开销售发票，每天随时记销售账；而记录销售成本时，则是根据仓库开的出库单记账，而且有时是月底才根据出库单的汇总一次记销售成本账。

这样，这里就产生了两个出错的机会。一是销售发票和出库单是否一致，二是出库单的汇总会不会做错。有的企业开销售发票是根据出库单开的，对于这样的企业，销售收入和销售成本能否一一对应，就看工作人员是否犯低级错误了。

但也有的企业不是根据出库单来开销售发票的。最常见的是，实际收到款了，才开发票。这样做，是为了延迟交纳增值税。理论上说，税务法规要求增值税的计税基础是权责发生制下的销售收入。但企业为了让自己的现金流量更好一些，有时会想尽办法晚交增值税，所以就会有货物销售出去了还不开发票，直等到货款已经收到才开发票。这样，企业就不会垫一分钱的税款。可是，这样不规范操作的后遗症，就是销售收入和销售成本容易对应不上。

一般情况下，企业自己都会有一定的内控措施，来检查销售收入和销售成本的对应关系。这确实应该成为企业一个基本的检查手段。我们去做审计时，不妨看一看企业是否有这样的检查措施，并测试一下这样的检查措施是否运转正常。

### 4.16.3  审计成本和费用科目时要注意的一些问题

对于成本和费用类科目，主要应该做的工作在4.15.1 审计利润表类科目的一般方法里已经谈了。除了内控测试，也就是翻看凭证和合同，做合理性测试（例如对于房租、利息费用等），做趋势分析等分析性复核。

有些费用，它们是与销售收入有较明显的正相关性的，例如销售佣金、运费等。对于这些费用，要注意看它们的变动与相对应的销售收入的变动是否一致。

而另外一些费用是比较固定的，如房租、办公用低值易耗品等。对于这些费用，就要更多地看其绝对值与去年的比较，而不要将其与销售收入相联系。

有几个费用项目是要将记在"生产成本""制造费用""销售费用"和"管理费用"中的金额合起来做合理性测试的，如折旧费用、工资、各项有关的福利费。对于这些，既要看其总额是否合理，也要看其在各项费用中的分配是否合理。

有一个费用项目——企业的保险费，有时会有调整。有些企业在会计核算上比较懒，不把保险费按保险期间做摊销，而是直接全部计入费用中。这种费用如果金额比较大，就要考虑将其调整出来。

对于保险，审计师也可以了解一下企业都保了什么险。一般制造业企业，应该对自己的固定资产（包括房屋、设备和车辆）和存货投保，有的还会针对企业情况，投一些别的险，例如雇主责任险，等等。如果发现企业有某些明显的保险没有做，也可以提一条管理建议。

一般审计师也应该看一下律师费、咨询费、审计费、中介机构费等都是因为什么原因花的，尤其是律师费的明细。这当中说不定就能揭示出企业现有的法律诉讼或者其他的特殊事情。一旦有这样的事情，审计师顺藤摸瓜，可能就会有重大发现。

审计师还可以了解一下企业高层管理人员的费用报销要经过谁批准，尤其是总经理的费用和财务一把手的费用。这里是一个很容易出管理建议的地方。从严格的内控要求来说，任何人的费用报销都应该由别人来审批。对于总经理和财务一把手，就得要求由另外一名高级管理人员来审批他们的费用，而不能由他们自己批自己的费用。否则，很容易出现舞弊行为。

关于费用，有时还要考虑一个问题，就是这是否是一项真正的费用，还是应该与收入对冲，或者是记在销售成本里。比如，某企业在销售中有一个"买十送一"的促销策略。企业送的这一个"一"，有两种会计处理方法。一是认为这就是促销，所以直接将其成本记在销售费用里；二是认为实际销售了十一件货物，将十一件的成本都记在销售成本中，将十一件的标准售价记在销售收入里，但是，由于有一件的销售收入事实上是收不到的，是"送"给客户了，所以，将这一份应收款记到销售费用中。哪种做法对呢？

都不对。

所谓"买十送一"，实质上就是降价。所以，按照实质重于形式的原则，这十一件货物都是销售，其成本都应该记在销售成本里。而其销售收入，就是那十件货物的标准售价。所以，不存在什么销售费用。

这里谈的，是会计上按照实质重于形式的原则考虑这类"送"或其他促销活动的会计处理，与税收规定里的"视同销售"不是一回事。

### 4.16.4　截止性测试

每一类交易都有截止性测试要做。所谓截止性测试，就是说审计师担心企业在年底一不留神，将临近年关的一些交易记串了年份，所以要做测试来保证这个没错。

那么，一般审计师做的截止性测试是一个内控测试还是一个实质性测试呢？

一般来说，审计师做的那个查"前五张、后五张"单据的测试，是个实质性测试。因为，如果是内控测试的话，审计师首先应该问企业自己是如何保证截止正确的，然后去测试企业的控制措施，而不应该在这里替企业检查截止有没有错。

对于收款和付款这两个交易循环，其截止性测试事实上就是审阅银行存款余额调节表。所以没有什么特别要做的了。

对于各级存货的入和出（这包括采购、领用、再入库、再领用……销售，详见 4.6.10 审计存货科目时的主要审计程序），审计师一般要检查截止时间线前面的最后五张单据和后面的最开始五张单据是否在财务账上记在正确的期间。

这里面有这样几个问题可以讨论一下。

**一个问题是为什么是最后和最开始的五张，而不是十张？** 其实这是无所谓的。只不过在截止性测试里，审计师担心有记串年份的错误，而最容易出错的就是这最后和最开始的若干张。如果这五张都没有错，后面发生错误的可能性就非常小了。

严格来说，你也可以认为这里的五张只是泛指，而不是确指。到底是检查五张，还是八张或十张的出入库单，很多时候需要根据企业的销售业务流转周期来定，而不是简单地"一刀切"。比如，A 企业存货一出库，财务上一般当天就有动作，这时候，可能检查期末前后各一天的出入库单是足够的。但如果 A 企业从存货出库到财务入账，一般需要 3 天的流转时间，这时候，截止性测试的检查可能就需要涵盖期末前后各 3 天。

如果在这前后五张里发现有错怎么办？扩大抽样呗！

**我们担心不担心在这前后五张里没有错误，但是第八张反而记错了呢？** 这哪有不担心的呢？不过，要知道意外总是难免的，你又何苦一直担心。如果因为这个缘故，我们就要检查前十张后十张的话，那假如第十二张又出错了怎么办？哎呀，这可叫我怎么办呐！

其实这种担心是没有必要的。我们这个截止性测试，并不是用来防止那种非正常错误的。试想，如果一个企业的会计，能够清醒地处理好前后五张而没有一丝一毫错误，为什么他要在第八张或者第十二张上犯错误？假如他是故意的话，他完全可以提前半个月这样做，甚至提前几个月做假。要是这样的话，可能审计师查上前后一百张也发现不了他的错。关于这个话题，可以进一步看"3.5.2 审计师做审计时要怀疑一切吗"。

**再一个问题是为什么我们在检查时，只是从业务单据查到会计账，而没有从会计账查到业务单据的反向抽样？** 我们不是在检查存货盘点时，都做这种双向抽样吗？从概率上说，为了查到截止性测试的错误，只要抽样的样本个数固定，双向抽样和单向抽样的准确性是一样的。不信你可以自己建个数学模型算一算，我没事干的时候是算过的。

最后说一句，截止性测试主要是为了防止在年底时的大额交易记错，从而对企业的报表有显著的影响。这主要是针对那种"半年不开张，开张吃半年"的企业。如果一个正常经营的企业　每天的交易量都不会对全年有重大影响，截止性测试一般就不会发现什么大问题。

### 4.16.5　检查未入账的负债

既然是检查未入账的负债（search for unrecorded liabilities），为什么会写在"成本和费用"这一部分里？

原因很简单，为了和截止性测试做对比，同时，这个测试也起到了费用截止性测试的作用。

这个测试的主要目的，是为了保证负债的完整性。怎么检查呢？做起来很简单，就是将从资产负债表日后到现场工作最后一天里企业收到的发票都拿来，看一下里面有没有日期是年前的。这样的发票，如果年前的负债科目里没有记，就应该做调整了。

这个做法当然是从国外传过来的了，把它用在中国企业身上的有效性其实是大打折扣的。因为在国外，公司之间的往来，大概都能做到及时开发票，所以，发票上的日期就代表了负债实际产生的日期。而在国内，出于晚交流转税和所得税的考虑，很多企业开发票不及时，要么是负债早已产生，但没有发票开出，要么是发票上的日期仅仅是开发票的日期，根本不是负债实际产生的日期。所以，在国内做审计，检查未入账负债的方法，就不应该是仅仅看发票时间，而应该是将性质上可疑的、金额较大的发票都挑出来，去跟被审计企业了解这个发票代表的含义，看其是否应该是年前就有的负债，以及年前是否已记在负债里。

最后一个问题是，这个测试是一种截止性测试吗？不完全是，截止性测试仅仅是怕年底那几笔交易中有大额的，且这个大额的交易还记串年份了。除此之外，都不是截止性测试的范畴。而这个"检查未入账负债"的测试，是特别设计来保证负债的完整性的，同时也兼顾了费用的截止性测试而已。

在实际工作中，这个测试一般都要做到现场工作的最后一天。因此，工作安排上，往往是先做一次这个测试，再在最后一天追加检查这几天收到的发票。

如果截止到审计师的现场工作结束时，仍有一些负债所对应的发票还没有被企业收到，那审计师就无能为力了。只能希望预提费用中已经包括了这些东西。

## 4.17　金融工具

金融工具这个话题涉及许多会计问题，譬如，什么是金融工具，如何计量金融工具，等等。当然，也会涉及一些审计问题，譬如，怎样验证金融工具公允价值的准确性等。但是，个人感觉，当前阶段的焦点问题，或者说目前审计中的最主要问题，是大家包括被审计单位和审计师，都没有意识到某个东西它就是金融工具，得按照金融工具准则的要求进行处理。很难想象，审计师对于一个自己都不了解的项目，能够采用什么有效的审计程序开展审计工作。随着大家会计水平的提升，未来也可能会有更多金融工具审计方面的问题涌现出来。在下面的讨论中，我们不仅仅局限在审计这个话题上，而是在更广泛的领域内，和大家分享一些常见的金融工具相关问题。

### 4.17.1　无处不在的金融工具

提到金融工具，大家的第一感觉就是："哇，好高大上的话题哦。"第二感觉，得赶紧打电话问问被审计客户："张总，今年你们有没有参与衍生品交易啊？""没有！"立刻感觉安全了。这个话题与常规审计工作无关了。

但事实上，金融工具不是一个特别遥远的概念，"间谍就在身边"！这里有必要给大家提个醒，不是只有复杂花哨的衍生品交易才涉及金融工具问题，其实，我们每个审计项目都会或多或少地遇到金融工具问题，大家必须保持警惕。

既然金融工具无处不在，那么金融工具到底是什么呢？按照准则的官方表述，金融工具是指形成一个企业的金融资产，并形成其他单位的金融负债或权益工具的合同。看完这一表述，我估计没有人能领会到底什么是金融工具。它不但没有解决什么是金融工具的问题，还引入了金融资产、金融负债以及权益工具的概念。一个难题变成了三个难题，成功地给金融工具这一概念披上了神秘的面纱。如果进一步追问，就会纠结什么是金融资产、金融负债和权益工具呢？这里，我们还是掀了面纱直奔主题吧。什么是金融资产？简言之，就是现金，以及收取现金或交换现金的合同权利。金融负债就是交付现金的合同义务。有人立刻会问，应收账款不就是收取现金的权利，应付账款不就是交付现金的义务，难道应收账款和应付账款都是金融工具？没错，应收账款和应付账款都是标准的金融工具，是在大多数常规审计中一定会碰到的项目。看到这里，大家是不是觉得金融工具也没那么"高大上"了？

当然，应收账款及应付账款只是最常见的金融工具，而且其会计处理相对而言不是特别复杂，我们在之前的 4.2 应收账款和坏账准备和 4.11 应付账款中已经对审计中需注意的问题有所探讨。有些金融工具问题，实务中也经常遇到，却往往容易被大家忽略，最典型的就是嵌入衍生金融工具。独立的、标准化的衍生工具，例如商品期货、远期外汇合约等，隐蔽性较低，容易被大家关注，但是嵌入衍生工具，顾名思义，它们是嵌在主合同中的一个小部分，往往不易发现，而被大家所忽略。例如，贷款合同中的提前还款权可能就是一个需要分拆的嵌入衍生工具。再例如，用外币结算的普通商品购销合同可能就含有需分拆的外汇衍生工具（详见 4.17.2 普通购销合同里的外汇衍生工具和 4.17.3 涉外购销合同里的外汇衍生工具）。

上面说了这么多，大家可能有点晕，一会儿说金融工具这个东西太"高大上"，难以理解，一会儿又说金融工具其实也稀松平常，不就是应收账款、应付账款这样的常见项目嘛。到底想说什么？中心思想就一个，金融工具无处不在。它不是千载难遇的特殊问题，它可能藏在任何简单的条款中，随时随地冒出来，不见得一定就非常复杂，只是大家可能没有关注或不知道这就是金融工具而已。怎么解决这一问题？我个人以为，没什么诀窍。审计师只能"与时俱进"，了解新知识，应对新情况。

### *4.17.2  普通购销合同里的外汇衍生工具*

这是一个会计问题，不过像个很有趣的物理问题。所以，我愿意在这里谈一谈。

我也不想谈什么衍生工具的定义这些理论上的东西，只是借这个话题宣泄一下这种思考的乐趣。

在衍生工具及其会计处理出现以前，一个一般的合同本身只是一个承诺，在合同被执行、有商品或服务提供之前，不管对于买方企业还是卖方企业，并不形成实际的资产和负债，也不形成费用或收入。只有在商品或服务被提供时，由于一个普通的合同总是有买有卖的，是双向的，才会对企业形成资产、负债、费用及收入。

但一个衍生工具合同是单向的，它实质上是一个赌博，就好像我跟人赌 100 万元，说中国足球队能赢得下一届世界杯一样，我说的是男子足球。这样，如果有一个公开市场的话，事实上是有的，就是赌场开的赌球的盘。假设按照这时公开市场的报价，中国队有 99% 的机会赢不了世界杯，有 1% 的机会赢得世界杯。于是，我就按照这个盘口和人家赌了，赢则赢 9 900 万元，输则输 100 万元。也就是说，按照这个赌约合同，我有两种可能，要么形成 100 万元费用，而没有任何经济利益流入；要么得到 9 900 万元的收入，而没有任何经济利益流出。这是一个单向的合同，但它的结果是不确定的。一个普通的购销合同则是双向的，而且结果是确定的。

从概率角度讲，在我与别人正式达成这个赌约合同时，我的输赢的净值为零。计算过程是 100 万元 ×99%−9 900 万元 ×1%＝0。

但是过了两个月，情况发生了变化，某中国球员出了车祸。于是，公开市场的报价变成了我是 99.5% 的机会输，而只有 0.5% 的机会赢。这时，我的这个赌约合同又值多少钱呢？ 100 万元 ×99.5%−9 900 万元 ×0.5%＝50 万元。这就是说，按照概率，经过这两个月，我已经单向地答应给别人 50 万元了。这就是我的费用，我应该立即计到损益里，同时记一项 50 万元的负债。这个费用，就是这两个月来我对中国男子足球队信心的代价。

假设从这以后，情况一直没有什么变化，直到有一天，中国男子足球队又没有在世界杯预选赛上出线，这时，公开市场的报价变成了我是 100% 输。原来"测不准"的薛定锷猫⊖现在终于死了，我也就应该在那一天再往损益里计上 50 万元费用，同时将原来记的 50 万元负债提高到 100 万元。

因为衍生工具的历史成本为零（赌场的管理费很少，可以忽略不计），所以不可能用历史成本原则来记账，只好用公允价值来记账。国际财务报告准则和美国会计准则最先开始要求按照公允价值计量衍生工具，2006 年随着《企业会计准则第 22 号——金融工具确认和计量》的颁布，中国也有了类似的规定。关于公允价值的问题，我们会在 4.17.4 让人抓狂的金融工具公允价值中进行讨论。

在中国企业里，最典型的内含的衍生工具就是两家国内企业用外币签购销合同。这里我们姑且假设这两家国内企业都是以人民币作为记账本位币的，那么，

---

⊖ 量子物理学中有个著名的理想实验，叫作薛定锷猫实验。在一个完全密封的容器里，有一只猫，和一个由量子系统控制的释放毒剂的装置。在人不打开这个容器时，由于测不准原理，这个装置是否已经将毒剂释放出来，是一个概率事件。所以，猫的生死也是不确定的。但一旦有人打开这个容器，在观察者的观察下，这个概率事件就坍缩为一个确定事件，猫的生死就是确定的了。由于是物理学家薛定锷先提出来这个理想实验的，所以那只猫就叫作薛定锷猫了。

正常情况下，两家国内企业签购销合同，当然应该用人民币报价和结算。如果舍人民币而用外币，先不说国内的外汇管理规定就不允许这么做（尽管事实上已经有些企业在这么做），这背后必然还有经营上的原因。世界上"没有无缘无故的爱，也没有无缘无故的恨"。这种合同，意味着至少有一方对于人民币有顾虑，想回避这种风险。所以，这样一个两家国内企业用外币签的购销合同就相当于一个用人民币签的合同，捆绑上了一个按事先约定汇率在未来买卖外汇的远期外汇合同。而这个远期外汇合同，是典型的嵌入衍生工具。

还是举个例子说明一下吧。假设两个国内公司 A 和 B，签了一份合同。按照合同规定，A 要从 B 手里买 10 辆高级奔马车（我不敢用真实的高级车来举例子，怕以后人家告我诽谤啊），3 个月后提货并付款共 100 万美元。这个合同里就捆绑了一个 3 个月的远期外汇合同。

试想想看，A 和 B 完全可以签一个同样的合同，只是价格改成是人民币 630 万元。也许，B 作为奔马车的经销商，早就和别的客户签过同样条款的合同，而价格就是 630 万元人民币。

那么，为什么 A 不用人民币，偏要把价格定成 100 万美元呢？因为 A 认为人民币对美元要升值。A 猜测，也许 3 个月以后，人民币对美元当时的现汇汇率将涨到 1：6.2。到那时，A 即使手里没有美元，只要拿出 620 万元人民币去外汇市场上就能立即买到 100 万美元，转手付给 B 就行了。这样做，比用 630 万元人民币签合同，省了 10 万元人民币。

A 既然这么聪明，B 为什么还答应呢？也许，B 并不像 A 那样，如此看好人民币的升值；也许，B 已经同时在外汇市场上做了一个套期保值交易，将自己的外汇风险转移出去了。

所以，A 和 B 的这个美元购车合同，就相当于是两个合同的捆绑：第一个合同是一个标准的 630 万元人民币买 10 辆车的采购合同；第二个合同就是 B 同意在 3 个月后，以 1∶6.3 的价格从 A 手里买进 100 万美元的外汇远期交易合同。而这第二个合同，就是一个嵌入衍生工具。至于这个金融衍生工具的市场价值是多少，我们可以比较一下同期银行的远期外汇汇率和这个 1∶6.3，就知道 A 和 B 分别是赚还是赔了。

### 4.17.3　涉外购销合同里的外汇衍生工具

对于上面两家国内企业用外币计价和结算购销合同的情况，往往还是会引起审计师的关注的。毕竟，两家国内企业就国内的购销业务用外币报价和结算，多少还是有点"此地无银三百两"的意思在里面。但是，情况稍微变一下，假设一家国内企业和一家国外企业之间的购销业务用外币报价和结算，考虑到人民币还不是全球自由流通的货币，这应该是当前及以后相当长一段时间内非常普遍的情况，那么这个外币采购合同是否还是同时捆绑了一个采购合同和一个外汇远期交易合同呢？

针对这一问题，可能我们得换个思路。

两个不同记账本位币的企业打交道，选择任何其中一方的记账本位币为报价和结算币种，会很奇怪吗？两个企业的记账本位币不同，无论怎么选，总有一方面临着用外币计价和结算的情况。这是合同谈判中东风压倒西风，还是西风压倒东风的问题。究其本质，应该和上面谈的两家国内企业非要用外币计价购销合同有区别，可能不见得有刻意绑定外汇远期交易合同的意思。

情况再稍微变化一下，假设是一家国内企业与一家卢旺达的企业签订了购销合同，考虑到卢旺达地区的战火纷飞以及经济不稳定等因素，估计没有哪家国内企业会乐意用卢旺达当地币种来和对方结算吧。当然，对于卢旺达企业来说，收或付人民币这种无法自由兑换的币种可能也是天方夜谭一般。理性情况下，双方会选择用第三种币种譬如美元来结算合同。怎么办？也是绑定了一个购销合同和外汇远期合同？

再换一种情况，国内企业与乌兹别克斯坦的企业签订的原油采购合同，用美元计价和结算。国内企业与伊拉克的企业签订的原油采购合同，也是用美元计价和结算。为什么？在全球范围内，原油都是统一用美元计价和结算的。国内企业，无论和哪个境外企业签订的原油采购合同，可能都要用美元计价。这种情形下，也要从购销合同中分拆出一个外汇远期交易合同吗？

这些问题都是实务中的普遍问题，这里只是抛砖引玉，引发大家的思考。作为审计师，我只能说具体问题具体分析。

### 4.17.4　让人抓狂的金融工具公允价值

金融工具根据分类的不同采用不同的计量模式，有按照公允价值进行计量的情况，也有按照摊余成本进行计量的情况。即使是按照摊余成本进行后续计量的金融工具，也可能需要在报表附注中披露其公允价值的情况。所以，如何验证公允价值的准确性，也成了困扰大家的问题。

企业和银行签订了一个外汇远期交易合同，按照约定的汇率在 9 个月后和银行交换货币。到了年底，该出财务报表的时候，企业着急了，衍生工具得公允价值计量啊，这个会计要求没有任何含糊或者不清楚的地方。企业找到银行，银行给了企业一张纸，上面列明了企业买的外汇远期交易的一些主要条款，譬如面值、结算日、约定价格等，然后列出了一个公允价值数字。企业大喜，直接用这一数据作为记账依据，进行了衍生工具的账务处理。

"元芳，你怎么看？"

审计中，我们经常会遇到这种情况。很多情况下，审计师比对一下银行给的那张纸上的信息和企业的外汇远期交易合同的信息是否相符，然后就结束了审计工作。但是，作为审计师，我们有必要再往前走一步。银行的信息是怎么来的？是银行从衍生品交易市场中取得的市场报价？还是银行自己算的？如果是银行自己算的，它用的是什么模型？参数怎么确定的？银行的计算准确吗？

在这个案例里，银行提供公允价值给企业，仅是作为其附加服务的一部分。这个数据准确与否，银行不承担任何责任。企业作为报告主体，要有义务核实数据的准确性，审计师也有必要对银行提供的数据，保持谨慎态度，执行必要的审计程序，确保数据准确。

### 4.17.5 是股？是债？

以下几个小节我们讨论一下金融工具领域最有争议的一个话题：金融负债和权益工具的划分。乍一看，似乎这个话题没有什么可说的。权益工具，不就对应企业财务报表中的实收资本这个科目吗？

在三五年前，这个科目和固定资产以及银行存款等科目，并列为刚入行的审计人员需负责的传统科目。我在事务所工作第一年时，几乎所有参与的审计项目的实收资本科目都是由我负责包办的。大部分被审计单位的这个科目变动都不频繁，甚至在被审计年度根本就没有变化。少数情况下，这个科目可能当年有现金增资的情况，那么我们对应的审计工作无非就是取得企业关于增资事项的董事会或股东会决议，取得会计师出具的验资报告，查看银行提供的增资款项进账单，比对更新的营业执照。如果是外币出资，可能还涉及核对汇率的情况。⊖审计程序简单明了，是刚刚参加工作的审计菜鸟们最无压力感的科目了。

但是，近几年，我们发现，就是这个最让人无压力感的科目，有时候会带给被审计单位和审计师致命一击，杀伤力无穷。

许多私营企业的老板都是白手起家，辛辛苦苦地设立和发展了一个自己的企业。这些企业尽管规模可能不大，但往往盈利能力很强，要不也不可能在激烈的市场竞争中存活下来并发展壮大。这些企业普遍缺钱，老板们也想获得更多的资金去进一步扩展业务。现今的中国，绝不缺少资本，关键是你能不能获得各类投

---

⊖ 这里我们仅考虑货币出资的情况，不涉及实物或其他形式的出资。

资人的青睐。私募股权基金，亦称 PE 投资人，已经频繁地出现在各种被审计单位的出资人名单中。

PE 投资人和传统的股东有点不一样，传统的股东，往往是通过被投资企业的业绩增长、逐年分红收回投资，一般而言投资期相对较长。反观 PE 投资人，他们的出资目的不那么"单纯"。多数情况下，在 3 ~ 5 年的时间里，PE 投资人就要求收回投资并实现一定的增值。可以说，PE 投资人追求的是在短期内的快速资本增值。为了保障他们的目的，在初始投资时，这些 PE 投资人会和被投资企业签订协议，约定一些条款来保障其投资的安全和收益。问题随之而来，这些 PE 投资人的出资真的是被投资企业的权益工具吗？

我们来看一个最常见的 PE 投资人出资条款：投资人回售权。如果被投资企业在未来 5 年内不能实现上市，那么 PE 投资人有权要求企业按年回报率 20% 计算所得的价格，回购投资者所持有的股权。

精炼一下这个条款，当未来出现某种情况的时候，被投资企业有返还出资，即交付现金给 PE 投资人的义务。

什么是金融负债？之前 4.17.1 无处不在的金融工具中，我们普及过，金融负债就是交付现金的义务。那么，根据我们精炼的 PE 出资条款，被投资企业是不是由于 PE 投资人的出资，产生了一个交付现金的义务呢？答案很明显，是的。那是不是就形成了一项金融负债，而非权益工具呢？顺着逻辑而下，答案也很直接，是的。

可是……

这个时候企业和审计师可能会反驳，你这是在"钓鱼执法"。企业只有在不能上市的情况下，才会触发 PE 投资人的回售权，要是上市了，这部分出资根本不会返还 PE 投资人。企业的支付义务不是一定发生的，怎么可以不考虑这个情况，全额确认为金融负债呢？

我也很同情被审计单位和审计师，但是请大家注意，国际会计准则和中国会计准则的金融工具准则中明确提到，如果企业的支付义务发生与否取决于未来不确定事项，除非极个别的例外情况，都形成企业的金融负债。[注]什么意思？只有企业能无条件拒绝支付义务的发生，才意味着是权益工具，而那些附条件的支付义务，都是金融负债。

尽管金融工具准则的许多条款晦涩难懂，但是有关这一问题的表述还是清晰明了的。被审计单位和审计师读完这一规定，从理解上是没有问题的。

但是，被审计单位可能会申辩，我们可是有验资报告的，而且营业执照上这部分出资已经被列入注册资本中了。你要是确认这部分出资是金融负债，那我的实收资本怎么办？

我们会在之后 4.17.8 回归金融工具的本质：合同权利和合同义务中，探讨一下金融工具的会计处理和法律形式的关系。这里，我们只能说，编制财务报表就要遵循企业会计准则的要求，法律形式不能决定会计处理。

对于一个企业而言，突然间要将实收资本调整为金融负债，其影响不可谓不重大。而且，金融负债后续计量中需要采用摊余成本或公允价值计量，不论哪种方法，按照 PE 投资人要求的回报率，譬如 20%，计算的利息费用都会影响企业的以后期间损益。企业昨天还雄心勃勃要去上市，但是今天就发现每年的盈利还

---

⊖ 《企业会计准则第 37 号——金融工具列报》第十二条：对于附有或有结算条款的金融工具，发行方不能无条件地避免交付现金、其他金融资产或以其他导致该工具成为金融负债的方式进行结算的，应当分类为金融负债。但是，满足下列条件之一的，发行方应当将其分类为权益工具：（一）要求以现金、其他金融资产或以其他导致该工具成为金融负债的方式进行结算的或有结算条款几乎不具有可能性，即相关情形极端罕见、显著异常或几乎不可能发生。（二）只有在发行方清算时，才需以现金、其他金融资产或以其他导致该工具成为金融负债的方式进行结算。（三）按照本准则第三章分类为权益工具的可回售工具。
附有或有结算条款的金融工具，指是否通过交付现金或其他金融资产进行结算，或者是否以其他导致该金融工具成为金融负债的方式进行结算，需要由发行方和持有方均不能控制的未来不确定事项（如股价指数、消费价格指数变动，利率或税法变动，发行方未来收入、净收益或债务权益比率等）的发生或不发生（或发行方和持有方均不能控制的未来不确定事项的结果）来确定的金融工具。

不够负债的利息冲减。该事项的影响，可见一斑。

### 4.17.6 创新金融工具

自 2013 年下半年以来，有关优先股的话题似乎是在一夜之间就成了热点话题。特别是，2014 年 3 月，随着证监会发布有关优先股的试点管理办法，优先股、永续债等一系列创新金融工具开始出现在中国证券市场上。关于创新金融工具的意义，譬如改变了之前同股同权的历史等，我们就不在此进行探讨了。作为数豆者，我们下面着重看看其会计处理的特殊性，然后引发一下审计方面的思考。

如果创新工具只是名字上有些花哨，估计也不会引起特别广泛的关注。那么，到底有什么吸引人的噱头呢？个人以为，是其条款的设置。创新金融工具条款的设置，一方面充分体现了发行人和持有人之间的博弈，另一方面也是为了满足某些会计需要。例如，优先股其具体条款通常包括以下几个特征：

- 有固定的票面股息率，但会附股息递延机制，即发行人可以选择将当期应付的优先股股息进行递延。可为了同时制约发行人的股息递延权，又会设置强制付息事件，即如果发生某种情况，常见的譬如发行人向普通股股东分配了股利，那么发行人则必须支付当期的优先股股息。
- 没有固定的到期日，但在特定时点，如发行后第 5 年年末，或特定时间段，如发行后第 3 年起，发行人有权决定是否赎回该优先股。可如果发行人不按照约定进行赎回，则优先股的票面股息率会进行上涨。
- 在破产清算时，优先股的受偿顺序虽然排在一般债权人之后，但是在普通股股东之前。优先股受偿金额往往是固定金额，不参与剩余利润的分配。

就会计层面而言，以上这些条款合理利用了准则关于金融负债和权益工具的定义，将实际可能具有融资性质的工具，确认为权益工具。之前我们介绍了金融负债和权益工具的区分，普及了金融负债的定义。划分负债和权益的关键点，就是对于发行人而言，其是否可以无条件避免金融工具产生的支付义务。从以上条款我们可以看到，只要强制付息事件的发生是控制在发行人手中的，那么，从条款中，发行人可以将优先股股息永远递延下去。只要发行人愿意，他也可以永远不赎回这类工具，尽管这会导致股息率上调，使得发行人可能承担更高的融资成本。这些条款组合在一起，意味着，发行人没有强制的还款义务。尽管他可以决定每年都支付固定股息，就像每年都通过决议对普通股进行分红一样，但这些是发行人能控制的事项，非强制合同义务。基于此，会计上这些创新金融工具符合权益工具的定义，可以像普通股一样列入发行企业的权益。

对于许多企业而言，划分金融负债和权益工具的会计原理虽然有点奇怪，但是其核心思想不难理解。于是，在创新金融工具风起云涌之际，许多超常规的创新金融工具也粉墨登场了，对审计师而言，一时间眼花缭乱。特别是那些缺钱想借款融资、又担心负债率高的企业，似乎突然间找到了灵丹妙药。

甲公司本来要从同一集团为的其他兄弟公司处获得借款，但是为了不影响甲公司的资产负债率，决定通过永续债的形式完成，这样尽管每年甲公司照样向兄弟公司支付利息，到期支付本金，但是完全作为权益工具处理。或者尽管持有人通过设置夸张的利率跳升机制，使得发行人迫于经济压力不得不在特定年限赎回工具，但是发行人依然可以将其分类为权益工具。

作为审计师，怎么办？

不得不承认，准则中关于金融负债和权益工具的划分，有些"教条"，过于看重合同义务。但是，审计中，还是要具体问题具体分析，关注交易的实质，毕竟实质重于形式。如果是完全不合理、没有实际意义的合同条款，能否产生效力，值得商榷。

### 4.17.7 集团报表的特殊处理

在这一小节里面，我不会展开讲集团合并报表的具体处理，只是提醒大家注意金融工具准则在此方面的特殊之处。

一般而言，集团报表主要是通过将各个被合并单位的报表加总，然后编制相应的抵销分录完成。但是涉及金融工具，我要提醒审计师，除了要将各个报表相加，还要从集团角度出发，判断整个集团对外承担的权利和义务。[注]

来看一个例子吧。

在企业合并中，收购方从原股东那里收购了一家企业，变成了被收购企业的控股股东，而原股东变成了小股东。在收购过程中，原股东为了自己的利益，要求收购方保证，未来 5 年内，如果原股东要求，收购方需按照固定的价格收购原股东剩余的股权。

站在被收购企业的财务报表层面，这些都是股东间的交易，不涉及被收购企业的权利和义务。站在收购方的单体报表层面，也就是向其他方提供了一项期权，形成一项衍生工具。但是，站在收购方集团的合并报表层面，使得整个收购企业集团产生了一项未来向少数股东支付现金回购股份的义务。那么按照金融工具准则要求，在合并财务报表中，需要就该支付义务确认一项金融负债。该金融负债的确认金额等于未来支付对价的现值。

以上这个例子非常简化，实务中企业合并涉及的金融工具问题更为复杂。但是，通过这个例子，我们可以注意到，在被合并企业层面被确认为权益工具的工具，有可能在集团层面变成了金融负债。反之亦然。

审计师在这种情况下，就不能将目光只局限在单体报表层面和抵销分录上，而是要时刻站在集团合并层面，从整个集团角度出发，判断企业的会计处理是否恰当。

---

⊖ 一般而言，金融工具的计量是以合同为基础进行计量，即计量单元是一份一份的合同。不同合同产生的不同权利和义务是不可以合成在一起计量的。但是，在合并层面报表中，关于负债和权益的确认方面，准则似乎超越了常规的合同层面计量模式。

### 4.17.8 回归金融工具的本质：合同权利和合同义务

之前的章节引出了许多发人深思的问题，明明法律形式是股权出资，但是会计上需要作为负债处理；又譬如明明冠以永续债的名字，会计上却可以按照权益工具来处理；再如在发行方的报表中是权益工具，但是到了合并报表中又要被重分类为负债。这其中的各种纠结，使得大家更是觉得金融工具高深莫测、无法理解。

这里我们想和大家探讨一下金融工具的本质问题。金融工具到底是什么？金融工具的法律形式能不能决定其会计处理？企业的口头介绍能不能作为金融工具会计处理的依据？

在此之前，我想先插个生活中常会遇到的情况。通常，我们看到一个陌生的名字，会首先有一个基本的判断：这个名字的主人是男性还是女性。大多数情况下，我们的判断是准确的，但是，我相信大家也常有判断错误的时候。阳刚的名字可能对应某位娇小的女二，而秀气的名字也可能对应某位彪形大汉。人们对事物的判断往往会有思维定势。

同样，金融工具也是一样的情况，法律形式或法律名称，只是按照有关的法律规范制定的，其不代表金融工具在会计上的意义。按照会计准则，金融工具的本质是合同权利和合同义务。所以，我们审计师在审计中必须破除固有的思维定势，认真审阅金融工具的合同，按照合同条款中对金融工具的约定，来判断企业是否对金融工具做出了正确的会计处理。

在实务中，我们常常听到审计师说，我们和企业进行了访谈，他们的领导认为某一交易应该是怎样怎样的。听到这里，不禁让人要为这些审计师担忧。在对交易的理解上，我们应该听取企业的介绍，了解合同签订的背景信息。但是，如果仅凭企业的介绍，而不认真研读具体的条款设置，也常常会将我们引入另一个误区。作为审计师，这已经不是要对获取的审计信息保持合理的审慎态度的问题了，而是没有认真执行审计程序，获取充分审计证据的问题。

金融工具对应的交易虽然相对复杂，金融工具准则也有些晦涩难懂，但是，只要足够耐心和认真，这些都不是审计的最大障碍。破除思维定势，回归金融工具的本质，通过合同条款对应的权利和义务，判断企业的会计处理正确与否，这才是审计师要时刻进行自我提醒的关键所在。

### 4.17.9　应收账款的保理融资

随着国内金融市场的发展，生产制造型企业与金融产品有了越来越多的亲密接触，无追索权保理融资业务可以说是其中最常见的情况。

保理业务的原理不复杂，简单地说，就是企业把还未到期的应收账款在今天就卖给银行，而银行立刻就向企业付款，之后，等到应收账款到期时，应收账款的付款人将钱还给银行。在这个交易中，对于企业而言，好处是应收账款在今天就已经变现为现金或银行存款，企业可自由使用这些资金，坏处是企业可能要为了保理业务向银行支付一定的费用。对于银行而言，赚的就是保理融资中的利息收入或手续费收入。而对应收账款的付款人而言，没有影响，还是能享受原来的付款期限的好处。这样看来，总的来说，无论是对企业还是银行，亦或是付款人，皆大欢喜的结果。

但是，理想很丰满，现实很骨感。我们忘了信用风险这一重要风险特征。如果应收账款到期时，付款人由于各种原因，无法还款了，怎么办？谁会因此而承担损失，银行还是企业？这是一个关键问题。追索权，代表的就是当应收账款出现违约时，向原应收账款持有人进行追偿的权利。

如果企业和银行在转让应收账款时，约定银行有追索权，那么就意味着，企业还是要承担付款人的违约风险，相应地，对于企业而言，在应收账款保理日，收到银行的付款，不能作为应收账款的收回，则需要单独确认为一项金融负债，即银行借款。在这种情况下，虽然企业仍然能提前自由使用资金，但是，从报表层面看，多了一项负债，导致资产负债比率变得难看了。对于资产负债比已经很高的企业，不啻雪上加霜。

如果企业和银行在转让应收账款时约定，银行没有追索权，那么企业往往会很自然地认为，自银行处收到的资金无须确认为负债，而是抵减应收账款余额。很明显，这种无追索权的保理业务更受企业的欢迎。

下面我们来看一个有趣的无追索权保理业务。

企业将一笔 100 万元的应收账款作为标的与银行进行保理业务，银行只就其中 80% 的部分支付了保理资金，即 80 万元，且双方约定，该业务无追索权。一般企业，包括一部分审计师，第一反应可能就是，在收到银行支付的 80 万元的时候，借记银行存款，贷记应收账款。此外，在企业账上还有 20 万元的应收账款。

请再仔细想想。

如果最终付款人完全不支付该账款，那么由于无追索权，银行会损失 80 万元，同时企业损失 20 万元。

如果最终付款人支付了 80 万元，那么银行没有损失，但是企业损失 20 万元。如果付款人支付了 90 万元，那么银行还是没有损失，但是企业损失了 10 万元。

有没有发现，卖给银行的 80 万元和企业留下的 20 万元在风险吸收上是不对等的。银行只是在损失超过 20 万元以后，才开始承担损失，而企业一开始就会承担损失，直至损失超过 20 万元后，才停止吸收损失。换言之，企业在保理之后，保留了先损失 20 万元的风险。

在多数情况下，能进行保理业务的应收账款，其发生损失的情况可能很少，先损失 20 万元的风险，可能代表了整笔 100 万元的应收账款的几乎所有的风险。在这种情况下，尽管银行对于 80 万元的部分无追索权，但是企业仍然没有办法认为其已经转移了整笔 100 万元应收账款的主要风险。换言之，企业还是没有办法减少应收账款的余额。

## 4.18　合并

### *4.18.1　控制——谁拥有王牌*

关于控制，大家比较熟悉的判断标准是：如果被投资方的设计安排表明表决权是判断控制的决定因素，则通常持有半数以上表决权的投资方控制被投资方。但这其实并不绝对。

审计师需要认真审阅相关协议，如发现协议中存在某些特殊约定，如被投资方的某些决策需要三分之二以上表决权比例通过时，则拥有半数以上但达不到三分之二表决权的投资方，可能就没有控制权，还需要结合其他情况综合考虑。

在一些情况下，审计师所能了解到的有关控制与否的证据，并不完全是一边倒的。这就需要审计师把"故事"挖掘清楚，充分分析投资方与其他方的关系，像玩"斗地主"游戏那样，比比牌大牌小，看看投资方是不是拥有"王牌"，是不是真正可以起到主导作用，拥有控制权。

在前面，我们提到过"舞弊三角理论"（见 3.7.1 反舞弊的警惕性应该贯穿审计全过程），即当动机或压力、机会、借口三个条件同时成立时，出现舞弊的可能性就很大。类似地，关于控制，我们也可以借助"控制三角形"来帮助记忆，即控制的定义包含权力、回报和联系这三项基本要素。

上面所说的权力，是指投资方拥有对被投资方的权力；回报，是指投资方通过参与被投资方的相关活动而享有可变回报；联系，则是指投资方有能力运用对被投资方的权力影响其回报金额。弄清楚这三项控制要素是否都满足，也就可以判断一家公司是不是可以控制另一家公司了。

下面，我们先以第一个要素——权力为例，用几个例子说明如何分析投资方是否拥有对被投资方的权力。

首先要看被投资方的设立目的和设计，看看为什么成立这家公司，这家公司主要是用来做什么的。

在《大话西游》里，唐僧说："人是人他妈生的，妖是妖他妈生的。"只有搞清楚这家公司的设立目的，知道它主要是做什么的，是"人"是"妖"还是石头缝里蹦出来的石猴子，才容易弄清楚它到底有没有"妈妈"，以及"妈妈"是谁。

例如 VIE（variable interest entities，可变利益实体）结构中，A 公司因为其本身作为外资企业，不能直接在国内经营某个行业，便成立了 B 公司。虽然 A 公司表面上并不是 B 公司的股东，但通过一系列的协议安排，使 A 公司可以按照其意志经营 B 公司，并分配、转移利润。关于 VIE，网上有很多讨论，这里就不赘述了。在这里要提醒大家的是，当你看到 B 公司的设立，实质是为 A 公司的融资、销售商品或提供劳务等特定经营目的服务时，就要留意判断 A 公司是否控制 B 公司。

评估投资方是否拥有对被投资方的权力，接下来要看的，是对被投资方的回报产生重大影响的活动有哪些，以及如何对这些活动做出决策。

审计师要关注决策所依据的文件，包括公司章程、投资协议和行业规范等；了解董事会、股东会的权利及投资方占有的席位；了解投资策略的决策权和收益分配方案由谁拟定。

最后，评估投资方是否拥有对被投资方的权力，还要看投资方是否有能力主导对被投资方的回报产生重大影响的活动。

例如，某项目公司是专门建造大型仓储并对外租赁获利的公司，原来由地产开发商 A 持股 100%，预计建造周期为 5 年，后来，A 将其 55% 的股权出售给一家私募基金 B。出售时，与建造事项相关的决策基本定型，项目建设剩余年限约为 2 年。董事会 5 位成员中，3 位由地产开发商 A 提名，2 位由私募基金 B 提名。项目公司的所有关键管理人员均由地产开发商 A 任命。根据协议，地产开发商 A 将在 2 年后以固定价格回购私募基金 B 持有的项目公司股份。

在这个例子中，项目公司的相关活动，是用 5 年时间建造大型仓储，之后通过对外租赁取得回报。私募基金 B 由于进入较晚，并且在董事会和管理层中不占优势，对资产建造的决策影响很小；而项目公司的仓储建设刚刚完成，尚未开始产生回报时，B 又要退出了。从这方面分析，B 没有能力主导对项目公司的回报产生重大影响的活动，很可能无法控制项目公司。

再比如，一项资产管理计划 Y，投资对象都是小微企业。X 公司是 Y 的资产管理人，可决定单笔金额人民币 6 000 万元以下的投资与退出，超过人民币 6 000 万元的投资需由投委会全部委员一致同意。投委会 3 位委员中，只有 2 位由 X 公司派出。

从表面上看，X 公司只在投委会占有 2 个席位，很难通过控制投委会而对资产管理计划 Y 的大额（超过人民币 6 000 万）投资活动做出决策，然而，如果小微企业的贷款额度通常低于人民币 6 000 万元，则 X 公司实质上可以对 Y 的绝大部分投资进行决策。

通过上面的分析，希望大家对控制的第一个要素"权力"有了初步的理解。大家一定要注意，这其中任何一个证据，单独来看，一般都不能直接得出投资方是否拥有对被投资方权力的结论。

第二个要素"回报"，相对来说比较容易判断。需要注意的是，投资方享有被投资方的可变回报，可能是正数，也可能是负数，或者有正有负。在判断回报是否变动以及如何变动时，应根据合同安排的实质，而不是法律形式。例如，投资方持有固定利率的交易性债券投资时，虽然利率是固定的，但综合考虑债券违约风险及债券发行方的信用风险之后，固定利率也可能属于可变回报。

第三个要素"联系"。准则规定，拥有决策权的投资方在判断是否控制被投资方时，需要考虑其决策行为是以主要责任人（即实际决策人）的身份进行还是以代理人的身份进行。此外，在其他方拥有决策权时，投资方还需要考虑其他方是否以代理人的身份代表该投资方行使决策权。

通俗来讲，就是要看这个平时拿主意的人，是真的当家做主，还是只是为人作嫁衣裳，本质上还是跑腿挣辛苦费的。

当存在单独一方，可以持有实质性罢免权并能无理由罢免这个平时拿主意的人时，这人就只是个代理人，不是实际决策人。

所以，如果实际情况存在"实质性罢免权"，问题就简单一些，但实际情况往往更加复杂，在没有"实质性罢免权"存在时，就需要根据其他因素多方面进行考虑。例如，要看决策者的薪酬水平：相对于被投资方活动的预期回报，决策者薪酬的比重（量级）和可变性越大，决策者越有可能不是代理人。

更多考虑因素，这里就不展开论述了，大家需要的时候，可以再去研读相关的会计准则与讲解。

综上所述，虽然控制本身是一个比较复杂的会计问题，涉及重要的会计判断，但本质上，它也是审计问题。审计师能不能合理判断客户的会计判断对不对，取决于审计师能否收集到全面的证据，有没有从客户那里听到一个完整的"故事"。

## 4.18.2　真假投资性主体

我曾经和一个在私募基金做投资的朋友聊天。他说："今年我们公司要投资一家制造型企业，控股 50% 以上。这是我们第一个拥有控制权的投资。投资完成之后，我们公司的财务报表就要大变样了，从一家投资公司的报表，变成制造型企业的财务报表。"

我问："为什么这么说呢？"他说："可不是吗？我们有控制权啊，我们要合并这家制造型企业的财务报表啊。"

话说到这里，我就觉得有必要聊聊投资性主体这个概念了。我不敢肯定这家私募基金公司一定是投资性主体，但它应该评估一下，因为投资性主体涉及合并豁免的问题。而且这个豁免是强制性的，不是可选的。

也就是说，如果上面提到的这家私募基金公司（A）本身是投资性主体，它不应该合并那家制造型企业（B），虽然 B 是 A 的子公司。A 对 B 的投资应当按照公允价值计量且其变动计入当期损益。

母公司是投资性主体时，母公司应当仅将为其投资活动提供相关服务的子公司纳入合并范围并编制合并财务报表。换句话说，如果母公司是投资性主体，且不存在为其投资活动提供相关服务的子公司，则不应当编制合并财务报表。

那么，什么样的公司算投资性主体呢？

从概念上讲，当一家公司同时满足下列条件时，该公司属于投资性主体：①该公司以向投资者提供投资管理服务为目的，从一个或多个投资者处获取资金；②该公司的唯一经营目的，是通过资本增值、投资收益或两者兼有而让投资者获得回报；③该公司按照公允价值对几乎所有投资的业绩进行考量和评价。

注意啊，上面提到的这三个条件必须全部满足。有些时候，公司的情况比照第一条和第二条去看时有点模糊，但看到第三条，就明显不符合了。也就是说，如果一家公司不是按照公允价值对投资业绩进行考量和评价，那么，这公司就不是投资性主体了。

如果一个基金的经营目的是与被投资方合作开发、生产或销售某种产品，则说明它不单是以资本增值和投资收益为目的，不是一个投资性主体。基金有时也会出于多种目的投资另一家公司。例如，从事高科技产品研发、生产和销售的企业集团，设立了一家基金专门投资于一些尚处于研发初期的创新企业以获取资本增值。同时，如果某项高科技产品研发成功，该集团享有优先购买权。这种情况下，基金的经营目的除了获取资本增值外，还包含了为其企业集团获取新产品开发的渠道，因此，该基金不符合投资性主体条件。⊖

---

⊖　本段示例参考财政部会计司颁布的《企业会计准则第 33 号——合并财务报表》应用指南第 57～58 页。

投资性主体通常应当具备下列四个特征：①拥有一个以上投资；②拥有一个以上投资者；③投资者不是该主体的关联方；④其所有者权益以股权或类似权益方式存在。

上面这四条特征不见得必须同时满足，但审计师要谨慎分析不符合这些特征而又属于投资性主体的具体原因。例如当一个投资性主体刚设立，正在积极寻求合格投资者，或者尚未找到多个符合要求的投资项目时，就可能仅有一个投资者或仅持有一项投资。

所以，不是所有的做股权投资的基金公司都是投资性主体，比如上面提到的集团设立的投资于创新企业，同时集团会采购被投企业产品的基金公司就不是；但也不是说只有一个投资或只有一个投资者的公司，因为不符合投资性主体的常见特征，就一定不是投资性主体。审计师要结合投资性主体的定义和特征，谨慎分析与判断。

# 4.19 其他

## 4.19.1 一些常用的比率分析

审计不仅仅是将每一个科目都做完检查工作就行了，为了保证整个财务报表的合理，审计师还应该在最后阶段，将报表从整体上看一下，看是否确实反映了企业的经营情况。审计师在做这样的整体检查时，最常用的几个比率有：

- 流动比率和速动比率。流动比率如果低于 1 的话，就是说流动资产小于流动负债。在这种情况下，审计师就会考虑企业是否有持续经营的问题了。
- 资产负债率。这个比率能够看出企业是否过于依赖负债经营。
- 毛利率。这是在分析企业的盈利能力时必然要看的比率。
- 应收账款周转率和存货周转率。这两个比率在前面已经讲过了。

- 总资产周转率。这个比率能够看出企业的资产利用得好不好。对于制造业来讲，这个比率就是总收入除以总资产，一般在 1 左右。如果是轻工业，会比 1 高一些，但也很少超过 2。如果是重工业，一般会低于 1，但也很少低于 0.5。

- 净利润率。一般低于 5% 的净利润率就很薄了。

- 净资产回报率。这个净资产回报率至少应该高于银行贷款利率，否则，股东们还不如把钱去做委托贷款呢。

以上这些比率，在同行业里做分析的时候，用处会更大。审计师可以很容易就看出来，和同行业相比，这家企业的长处、短处在哪里。

### 4.19.2 企业上市要回答的两个问题

我遇到过很多想上市的企业找审计师做审计，其中不少都没有好的上市的理由。对于要做上市审计的企业，审计师自己也要做一个判断，这家企业是一家好的、能上市的企业吗？如果不是，审计师一般就最好不要接这样的客户，因为一旦接了，上市不成功，企业还老是努着劲要上市，会牵扯审计师太多的精力；就算上市成功了，企业自己素质不过硬的话，也会隔三岔五地要审计师帮着通融这个通融那个，审计师也会很为难。这样的客户，给审计师带来的麻烦，可能多过带来的利益。

企业要上市，首先要回答这样一个问题：上市融到的资金要做什么用？

有一家制药的企业要上市，这家企业目前的利润也还可以。当我问他们上市融到的资金要做什么用时，他们说，其他企业都上市，所以他们也要上市。上市以后，钱多了，自然会想到用途的。这样的企业要是上了市，它的总资产和净资产规模会上去，但没有明确的手段或项目来提升经营规模和净利润，钱放在上市公司手里周转不起来，结果只是降低了自己的总资产收益率和净资产收益率。至于下一步的什么上市公司委托理财、高额现金股利等，也是有可能的。

还有这样一家企业，是生产钢管的，有一定规模，利润也可以。但钢管生产这个行业比较成熟，所以他们的市场份额比较稳定，他们的技术水平在业内也算是中等偏上。有一年，他们也说要上市。我就问他们，你们上市融来的资金要做什么用？我看不出来你们的市场份额要迅速扩大所以要扩大产能，或者你们要上新技术所以需要钱啊。他们说　我们觉得这两年钢材供应比较紧，炼钢厂的利润比较大，所以我们打算上市融资后去搞一个炼钢厂。

这个回答倒是解决了第一个问题，就是上市融到的资金的用途。可是，这个用途跟企业现在的经营没什么关系啊。想上市的企业，还要回答的第二个问题是：你怎样证明给投资者看你的资金用途能获利？如果不能证明这一点，投资者或者说股民们手里的钞票大可以投别的股票，干嘛要买你的股票呢？

就像这个钢管生产厂：他们的财务报表，经过审计师的审计证明是真实可信的，可能会很好看，利润很好。但这只能证明他们在钢管生产这个领域的成功。如果要将融到的资金去买或者建一个炼钢厂，有谁相信你也能把一个炼钢厂经营得利润丰厚呢？如果这样的企业要上市，我也可以说，我打小学起就仪表堂堂、英明神武，这是众所周知、可以证明的。现在，我觉得这两年钢材供应比较紧，炼钢厂的利润比较大，所以我打算把自己这个人弄上市后，拿融资来的钱去搞一个炼钢厂。

上面谈到的两家企业的心态，听起来都有点"世界那么大，我想去看看"的意思。但别忘了，还有一句话："世界那么大，想好了再出发。"

### 4.19.3　一个企业的利润率能有这么高吗

有一年夏天，我去一家中外合资的制造业企业做审计。这家企业为了配合它的海外母公司的会计年度，将自己的会计年度也定在了每年的 6 月 30 日，并且取得了政府部门的特别批准。

一般来说，在我们国家，会计法规定了会计年度都是每年的 12 月 31 日。这样就造成了每年的 1 ～ 4 月，企业也好，审计师也好，工商税务部门也好，都比较忙。

很多国家在这方面并没有硬性规定，企业可以根据业务特点，自己选择会计年度。即使这样，在西方仍然有很多企业会习惯性地选择 12 月 31 日作为其会计年度截止日，这样也造成他们在过圣诞节和元旦时，还要忙着把会计账结清。但澳大利亚的很多公司，会选择 6 月 30 日作为会计年度截止日。我有一个澳大利亚朋友，一次闲聊时，我问他为什么很多澳大利亚公司会这么做，而美国公司不这么做？他一挺胸脯，神气地说："我们聪明呗！"我私底下猜测，恐怕是南半球在 6 月份时天冷，没什么可休假的去处吧。

言归正传。由于我们是 7 月底去审计这家企业的，所以时间和人力上都安排得很充裕，因为这个时间段里会计师事务所不忙啊。我们所的领导说了，这个时候，人在办公室里，闲着也是白闲着，不如多出来两个人把工作做得越扎实越好。

我们认真地完成了所有的审计步骤，回到了所里。这个项目的合伙人是个外国人，他审阅了我们的工作底稿，问了一些问题。别的问题都好回答，只有一个问题不知道怎么回答好。这个问题是：这家制造业企业的毛利率高达 40% 以上，too good to be true。中文直译过来就是"太好了，好得不像真的"，我能想到的比较合适的意译就是"做梦娶媳妇——光想美事"。

我吃不透这个问题的精神，就去问合伙人。他解释说，除非是一些新兴的产业，在一个成熟的制造业领域，毛利率不可能太高，否则早就有更多的资本进入这样一个领域了。我听完点了点头，人家这个老外合伙人八成是没读过马克思的《资本论》，但说的意思和《资本论》里的超额垄断利润的论述差不多。

可是这个问题我在做现场审计的时候，从来没想过，也没和企业的管理层聊过。我只好打电话和企业的总经理再聊聊这个问题。令我吃惊的是，我一提出这个问题，企业的总经理就接上话了："你说得对啊。我们 40% 多的毛利率，坚持不了几天啦。以前，中外合资企业刚成立，中方怕我们没业务做，从我们这里采购了很多，价格上也答应得很痛快。现在，中方看我们经营得不错，就要压我们的价格了。我们下一阶段的工作重点，就是开拓市场。"

这件事情，在我们向这家中外合资企业的外方汇报审计结果时，成了他们很高兴知道也很感兴趣的一件事。

### 4.19.4　外国的月亮有多圆

改革开放久了，中国人也没有几个人还认为外国的月亮比中国的圆了。不过，中国人和外国人由于文化背景和社会背景的不同，发生误解的时候仍然很多。在审计和会计领域，同样有这样的问题。

我在前文谈企业内控的时候，讲到过国外的簿记体系和中国的不同。同样的名词，例如总账、明细账、试算平衡表，从语言翻译的角度说，外国人有，我们也有。但实际中的工作步骤和簿记方法是不一样的，所以其实不是同一样东西。当我们都用这套名词在和外国人说话的时候，就容易出现各说各话的现象。

而外国的一些审计理论和方法，正是建立在他们那种簿记体系上的。我们简单地把外国的审计理论和方法搬到了中国来，但没有把人家的簿记体系也拿过来，某些审计的做法就成了"橘生淮南则为橘，生于淮北则为枳"了。

再举个例子。发票，是中国、外国都有的东西。但中国的发票和外国的发票可大不一样。中国的发票，是税务局统一制作的。要开发票，是要到税务局领一本一本的发票的。所以，全中国的发票，模样都长得差不多，上面都有税务局的章。尽管有些省市在发票的栏式上搞点儿地方特色，但都是一些局部的变化，总的说来，在中国，发票的格式是很固定的。

而国外的发票呢，是每个公司自己设计、自己印的，说起来好像非常不严肃。中国人刚出国的时候，花了什么钱想要个发票回国报销，经常会惊诧于国外发票的随意性。更有甚者，在荷兰阿姆斯特丹的花街柳巷里，站在窗前跳着脱衣舞招揽生意的外国女郎也会对长得像中国人的游客说"You Fa Piao"。

可见，中国的发票和外国的发票，简直就不是一个东西。外国的发票，在中国人看来，充其量就是个收据而已。

　　为什么会有这么大的差异呢？因为，中国的税收征管和监督很大程度上是通过发票来进行的。开了发票，就要交税。没有合法的发票，费用就不能税前抵扣。难怪有一个老会计对我说过，发票就是钱啊。我理解，这倒不是说税务局抢了中国人民银行的货币发行权，而是发票和税款的关系太密切了。

　　那国外怎么监督税收呢？难道外国人都愿意听国家的话，主动交税？那是不可能的。你见过老母猪上树吗？没见过吧。所以，外国人也不会主动向国家交税。我的一个朋友，去美国工作了几年。回国后我问他对美国人的看法，他的回答是，美国人在行为方式上挺出乎意料的，从监督孩子课外补功课，到偷税漏税。

　　国外监督税收的方式，是通过银行交易来检查。在国外，由于支票和信用卡的普及使用，即使是普通消费者都很少用现金做交易了，很多时候，连吃顿饭给小费都是直接包括在付饭费的支票里。谁要是手头有大量现金的话，一般是三种情况：一是刚抢完银行回来，二是卖白粉的，三是卖军火的。

　　所以，国外的税务局要是怀疑某个个体户偷漏税的话，只需要求银行把这个人的银行记录调出来就行了。国外的银行联网程度很高，一个小储蓄所也通过电脑与总部的主机联着。不同银行之间的信息交换也很充分。所以，一个人的银行记录里，基本上可以显示清楚他所有的收款和付款。

　　在中国就不行了。大量的交易，尤其是直接与消费者打交道的生意，都是用现金来完成的。如果这个个体户收了现金就直接拿钱去采购，税务局很难追踪到他的这种行为。所以，税务局只好通过要求开具正式发票来追踪他的业务。但很多个人消费者买东西不需要发票，于是税务局就搞出发票刮奖活动来。

　　这个问题还有另外一面。国外混黑社会的，通过卖白粉挣了现金，一定要想办法将钱洗白。因为，当你花钱的时候，如果总用现金，会引起别人的怀疑。有中国人在国外买房，一下子掏出几十万美元的现金，吓得人家当时就报告了FBI（美国联邦调查局）。所以，国外混黑社会的必须先能把钱存进银行才行。但银行见到大额的现金存款，也会向FBI报告的。所以，在国外，洗钱和反洗钱是一个颇具技术含量的工作，黑白双方都对此有多年研究，积累了丰富的经验。相比较而言，中国的洗钱和反洗钱事业才刚刚起步，不管是从技术上，还是从职业敏感性上，都与国外有很大差距。不过，国内的银行，对于现金交易，不管是大额取现还是大额存现，也是越来越关注了。在国内，对于企业欺诈舞弊行为的监督，除了发票方面以外，又加上了一个银行。

你看，我们从发票谈到了现金交易，又谈到了洗钱，这些经济现象，都是中外不同的，但又都是与审计有关的。例如，国外传来的审计方法中，基本上没有检查发票真伪这样的步骤，国外公司做了销售业务也很少推迟开发票，因为交不交流转税与开不开发票无关。此外，国外审计方法中，很重视从银行存款余额调节表的调节项目中发现问题，因为几乎一切大额的业务都必然在银行账上有体现，而在国内，要想不在银行存款余额调节项上出问题，只要多提几次现金，然后用现金做业务就行了。国内的审计，围绕着发票就能有一大堆事情：对外发了货却不开发票，直到收到款才开发票，而销售确认又是按照开发票确认的，这会引起销售确认不准确；大量的应付账款是暂估入库的，因为一般只有付了款才能拿到发票；有些费用无法取得发票，又不想白条入账，只好找别的发票充数，结果又容易引起所得税调整……看来，将从国外引进的审计理论和审计方法真正本土化，也是一个系统工程。

## 4.19.5 如何与财务人员进行沟通

本来这本书没打算专门谈这个问题的，但是在修订版进行意见征集时，很多人不约而同地提到这个问题，我也就简单写几点以飨诸位。细心的人可能会发现，下面要谈的这几点，其实在前面的举例中是表达过这个意思的，只是比较零散而已，而且大家还可能看着眼熟——如跟其他"鸡汤文"雷同，纯属必然啊，因为审计人员与财务人员的沟通问题，本身就属于人与人沟通这个大的话题，也同样要遵循一些基本的原则。

（1）一切建立在相互尊重的基础之上。

审计师对财务人员，应该有发自内心的基本尊重，即使到不了"君虐我千百遍，我待君依然如初恋"这般程度。这个尊重，包括尊重对方的时间和经验。

先说尊重时间。我没见过哪家公司专门设一个岗，啥事不干专门配合做审计的。财务人员手头都有自己的一摊活。审计师应该把握恰当的沟通时机，人家才有心思陪你聊。比如尽量避免月末关账前最忙的那一天；可以在人家刚上班，杂事还没找上门的时候。同时，记住"与人方便，自己方便"，不管是写邮件还是口头沟通，都要简明扼要，让对方容易操作，不要让对方浪费无谓的时间猜想你的意图，甚至是帮你核对低级错误。

再说尊重经验。财务人员可能不如审计师那么紧跟会计、审计准则发展，但对于自己的那摊活，一般还是门清的。到现场工作的审计师，多为初出茅庐的大学生，却面对在这个行业甚至这家公司"深耕"多年的财务人员。如果审计师言谈中不知轻重，可能会被财务人员视作"班门弄斧"，有什么实际情况也不爱跟你多说。

当然，面对客户，审计师应该不卑不亢。大家可能会困惑："我尊重客户，客户不尊重我怎么办？"其实也没什么好办法，对方不尊重你，你还得先尊重人家，然后靠自己的敬业精神和实干态度，一点一点赢得尊重。

（2）注意用有效的提问方式。

在客户眼里，审计师是百折不挠的"十万个为什么"。养过孩子的人对此可能比较有体会，就是你认为很自然的一件事，四五岁的小朋友总要问"为什么"，而且翻来覆去地问。

审计师的智商当然比小朋友高很多，但在客户眼中的烦人程度，可能没低太多。这就要求审计师注意提问的方式，掌握几个要领。

要领一，自己能查到的信息不要问。比如做一家上市公司审计，你就别问"我们公司哪年成立的啊"，对方的回答很可能是"你不看我们公司年报的吗？"此后很久都绕着你走了。

要领二，直接问、尽快问。审计师 A 怯生生走到某会计旁边问道："张主任，您有空吗？"对方埋头说："现在没空。"2 小时后，A 再去问："您现在有空了吗？"对方还是："没空！"2 天后，A 还在问："您有空吗？"

同样面对张主任，审计师 B 在对方第一次说没空时就接着问："那您今天什么时候有 10 分钟时间，我再来麻烦您？"张主任叹口气说："那就下午 3 点来吧。"

还是张主任，审计师 C 笑着走过去说："张主任，早啊，您今天这裙子颜色真好看！我能耽误您 10 分钟时间，问个很快的问题吗？"张主任抬起头来说："什么事？你说吧。"

要领三，恰当描述事实，避免激发对立情绪的措辞，或者过于宽泛的陈述。例如，"我看到今年的租赁费用比去年高很多，你们不是算错了吧？""今年销售收入从去年的 1 000 万元，一下涨到 2 000 万元，你能帮我解释下吗？"

（3）提前设想对方的回答，尽量节省来去反复的中间环节。

还是以销售收入的增加为例，审计师在和客户讨论之前，要按一定的维度，如销售区域、产品类别等去分析收入的增减情况，同时配合成本和坏账损失的变动等情况有个初步分析。假如客户在解释过程中出现与已知数据不符的说法，可以有方向性地与之讨论。

（4）选择适当的沟通对象。

有些问题，该去到更多操作细节或具体生产环节时，就不要跟财务总监空对空地侃。有些问题，该问有全局观的人时，就不要跟小会计纠缠。

### 4.19.6　互联网行业审计是否"看得见，摸得着"

中国互联网行业的兴起仅有十几年，但这个高速发展的掘金地，已经造就了很多亿万富翁的诞生。2015年两会上，总理正式提出制定"互联网＋"的行动计划，更是将互联网发展提升到国家政策发展的高度。所谓"站在风口上，猪也能飞起来"，随着互联网行业之风生水起，互联网行业审计也紧锣密鼓地开始了。⊖

相比于传统制造业，互联网行业有自己鲜明的特点。例如，互联网企业需要抓住瞬息万变的市场机会，成败有时就在转瞬之间，可持续经营的风险较高；互联网企业提供的产品和服务具有高技术含量、高附加值的特点，往往与成本和费用的直接关联性较小；互联网企业收入确认大部分来自于系统生成的数据，如视频网站与商家确认广告收入时，需要依靠双方认可的后台系统中统计的广告实际点击量或广告带来的实际消费量等。

互联网企业为达到投资人对业绩的预期，可能会选择激进的会计政策和会计估计，同时因为互联网企业的业务数据多为系统生成的数据，即使是IT审计师也很难在短时间内熟悉其系统逻辑，这都增加了审计风险。

互联网行业的这些特点，要求审计师做出如下应对。

第一，审计师要了解企业基本面。一要时时追踪行业新闻，了解监管信息，在整体上把控审计风险；二要关注企业创始人和管理团队的变迁，以帮助判断关联方交易的处理和披露是否恰当等；三要观察高层管理人员的经营理念和公司发展愿景，觉察其是否存在较高的舞弊倾向等。

第二，审计师要充分了解企业的业务模式，理解它与传统行业的区别与联系，理解其获利模式。例如做游戏公司的审计，就要摸清楚游戏关卡设计与计费节点设置、道具收费方式与使用规则等；做电商审计，就要了解它是自营还是第

---

⊖　2015年年底，北京注册会计师协会发布了《专家委员会专家提示 [2015] 第12号——关于互联网企业审计的一般考虑》，本小节内容部分参考了该提示，有兴趣的可以去找原文来看看。

三方销售，供货、运输和质保责任如何规定，等等。

对这些信息的了解，不能只听客户介绍，要多上客户网站，亲自下载 APP 进行试用，多看分析师报告。审计师还可以打企业客服热线，就一些具体问题进行咨询，了解企业的实际做法。

第三，审计师要关注非财务信息，寻找财务信息与非财务信息的连接点，从逻辑、趋势上判断数据的合理性和真实性。比如双 11 的包裹量，比如某个区域的日均外卖订单数量，都是有行业分析数据的。依照行业数据，就能大概匡算出与这些业务数据相关的财务数据的范围。

据报道，曾经轰动一时的某农产品电商交易平台，在不到 1 年的时间里，交易额从每月 50 万元，迅速攀升到每月 100 亿元，日交易额突破 3 亿元！而在其 PC 端网站，出现了这样的数据：

"6 小时前刘老板采购了 999.999 吨毛桃。"

"9 小时前老板采购了 1 073 741.8235 吨的洋葱。"

报道分析："该老板没有姓名也就罢了，107 万吨洋葱是什么概念？要知道，盛产洋葱的西昌，洋葱年产量也不过 30 多万吨！这是哪个种植大户种出了 107 万吨的洋葱，还一口气都卖出去了？！"

这就是一个典型的可以通过业务数据分析财务数据合理性和真实性的例子。

第四，针对互联网企业一些新兴业务模式，审计师判断其会计政策是否恰当，经常要用到"实质重于形式"的原则。例如，判断一项游戏业务应该按总收入还是净收入进行确认时，由于没有实体商品的交付，以及通过支付平台实时付费等原因，传统的存货风险和信用风险可能就不再是问题的焦点，而要重点分析由哪方负责向客户提供服务、履行合约并承担主要责任，以及哪方能够直接或间接地决定交易价格。

第五，审计师还需要提高 IT 系统审计的能力，能够理解和测试互联网企业的系统逻辑，能够应用大数据分析手段提高审计效率，以适应互联网企业自动化程度高、数据量大的特点。

那英有首歌唱得好啊："雾里看花，水中望月，你能分辨这变幻莫测的世界……借我借我一双慧眼吧，让我把这纷扰看得清清楚楚明明白白真真切切。"

审计师在做互联网行业审计时，确实需要一双"慧眼"啊。

### 4.19.7 审计前景展望

据说有人测算过，人类已经掌握的知识，约有 90% 是第二次世界大战后取得的，其余 10% 是在此前漫漫几千年里积累下来的。今天，人类知识增长速度和科技发展速度更是日新月异。

与此同时，随着技术更新和互联网的高速发展，人们产生的数据总量呈现急剧增长的趋势。美国社会思想家托夫勒在《第三次浪潮》中提出："如果说 IBM 的主机拉开了信息化革命的大幕，那么大数据才是第三次浪潮的华彩乐章。"

知识、数据都在发生爆炸式的增长，各行各业正在经历一次重要的转型。

审计这个历经数百年而相对保持稳定的行业，将会发生什么样的变革呢？

未来的审计师，将会面对什么样的社会预期，承担什么样的责任，需要具备哪些才能呢？

对于审计前景的展望，是一个很大的话题，几乎可以单独出一本书。这里，我只想概括提几个点，供大家思考与讨论。

（1）顺应财务职能的转变。

常规的审计业务，审的是财务报表，对接的是财务人员。要预测审计可能发生的变化，很重要的一点，需要了解财务在发生什么变化。

企业对财务人员的要求已由事后记录的"账房先生"向"战略性财务管理会计"转变。财务将担负起核算、财务管控和决策支持等功能。在这过程中，财务与业务会更多地融合在一起。

不要说企业的 CEO，就是企业的 CFO 在与审计师沟通时，可能更关心的不再是审计师发现了哪几笔费用迟入账，调了哪几笔应收账款的坏账准备；而是企业的财务管控是否存在可能给公司带来实际经济损失的漏洞，财务数据是否反映了企业运营方面的风险，财务部门如何发挥自身作用才能提升企业的经营决策效率，等等。

客户希望审计师熟悉它所处的行业，了解行业最佳实践经验，有全局观，可以透过数据发现问题，为企业提供有价值的见解，而不仅仅是对数据本身核对、核对、再核对。

（2）熟悉企业信息管理系统，提升审计效率。

现代企业越来越广泛地应用 ERP（enterprise resource planning，企业资源计划）管理系统整合企业的业务流、资金流和信息流。

一方面，财务数据的输出日益标准化，财务数据也会更多地通过系统对接，直接取自前端业务数据。

审计师可以应用技术手段，批量获取与分析财务数据。审计师还可以通过测试系统中数据传输的完整性与准确性，来验证财务数据的可靠性。

另一方面，自动化的导账，远没有传统手工记账时的一借一贷那么直观。系统有时像一个黑匣子：审计师眼见海量的业务数据输进系统，输出来规规整整的财务报表，却很难弄清"黑匣子"里发生了怎样的数据加工过程，也不好分辨是否每笔业务都按照正确的情景设置进行处理。

审计师需要理清系统中各个相关模块的算法和数据映射规则，才不会迷失在系统的迷宫里。

（3）与财务共享中心相呼应。

为了节省成本，提高管理效率，条件成熟的集团企业可能会建立财务共享中心。财务共享中心将财务制度与流程固化在统一的系统中，使得集团内各公司的财务信息更加标准和统一。

在财务共享中心，各工作小组往往不是依据地域，而是依据功能进行划分。

在这个大趋势下，审计师也在考虑资源的优化利用与整合。审计师可以派出专业团队组合，例如，由精通收入准则的专家负责审阅收入，由擅长金融工具的专家负责审阅金融工具，由税务专家审阅税费，并在事务所内部形成良好的经验积累和传承。

这种事务所内对特定领域的审计进行集中化管理的方式，与客户的财务共享中心相呼应，有利于提升审计质量和审计效率。

（4）大数据时代，充分利用数据分析手段。

大数据，不仅意味着数量之大，也是能量之大。

假设审计师把某家企业的财务报表和相关数据导入到一个审计软件，并输入企业性质、地区和行业等相关信息，这个审计软件就会自动输出审计重点科目、主要风险领域、同行业其他企业的审计经验，并对各个科目的增减变化提供可能的原因以待验证，这是不是有点"审计诸葛"的感觉？

这种功能的背后，就是基于大数据的信息分析。

当然，审计师还是要依据自己的专业判断，有选择地采用审计软件的建议。

（5）函证方式发生改变。

世界每天都在变，唯一不变的是变化。现在占据审计师大量工作时间的银行函证和往来款函证，可能由于企业与银行间，或企业与企业之间建立规范化的授权查询端口，而变成"一键验证"。

在这种情况下，审计师应该具备技术手段来验证网页的真实性和授权的有效性。

那么，随着信息技术的发展，以及自动化程度的不断提高，审计师会失业吗？我个人认为，在可预见的未来还是不会的。审计这件事，很大程度上需要借助审计师的专业经验与职业判断，不是简单的审计软件可以替代的。

联系最近的"尾气造假门"<sup>⊖</sup>，我深切感受到造假的境界也是随着技术进步不断提高的，在财务领域，应该也是如此。

预测未来最好的方法，就是创造未来。审计师希望审计工作更有效率、更具价值，就应该顺应时代的发展与进步，勇于创新、不断提升自身专业素质。

---

⊖ 据报道，某汽车公司在柴油车中安装了一种特殊软件，该软件能识别出汽车是否在接受政府的尾气排放检测，如果发现汽车在接受检测，就会启动汽车的全部排放控制系统，使汽车的尾气排放达标。但汽车在日常使用时，则不会启动，从而导致汽车日常的氮氧化物排放量最高可至法定标准的 40 倍。

# 5

*Figures can talk*

# 结　语

在修订版进行意见征集的时候，很多读者问到如何更好地理解企业的商业逻辑，如何提高这方面的思考能力。这个话题，简直太大了，整个商业世界可能都在问这个问题，实在不是我一个人能想明白的。不过，考虑到问这个问题的读者太多了，为了努力让大家满意，我只好勉为其难在这个结语里面，谈谈我的思考。

审计师天天把了解客户的业务挂在嘴边，好像自己要变身成商业精英一样。其实不仅仅是审计师，律师也这样说，要了解客户的业务才能把律师工作做好。其他中介机构也都有类似的说法。因为所有的中介机构，只有了解了客户的业务，才能够"急客户之所急，想客户之所想"，能挠到客户的痒痒肉上，这样客户才会觉得你的服务有价值，才更愿意掏钱付服务费。

那么，一般而言，审计师的商业思考能力能比得上客户管理层吗？

其实不能。这答案初听起来让人沮丧，静下心来想想也很正常。客户的管理层，每天思考的就是自己的业务，一年 365 天，天天如此；而审计师一年有十几二十几个客户，而且既要思考会计审计问题，又要思考业务，怎么可能在思考深度上与客户管理层相比？如果在这种情况下审计师仍然能够比得上客户管理层，也许这位审计师真的是商业天才，应该改行了。

审计师也许有一个长处，就是能够看到不同客户的业务，可以多做横向比较。所以，审计师如果要想让客户对自己的商业思考能力满意，一个可以走的捷径是多进行横向比较。平时多多注意归纳不同客户的最佳管理实践，以及观察这一个客户的管理难题在另一个客户那里是如何处理的。审计师经常进行这样的横向比较，不仅仅能够在与客户管理层交流以及写管理建议书的时候拿出精彩的言论，还能够提高自己的思考能力。即使将来自己转行不做审计了，这些经验的积累和思考能力的提升，也对自己未来的工作大有帮助。

以上算是讲了一些方法论。除此之外，还是有一些基本的商业逻辑的。例如：

- 每家公司都应该有自己的核心竞争力，就是它自己比竞争对手做得好的地方。
- 都应该有自己的"护城河"，就是别人想追上却不容易追的地方。
- 都应该对上下游产业链提供某种"增值"服务，这个"增值"就是企业创造的长期价值，也就是其长期利润之源。
- 而且，公司每天做的主要事情，通过花钱、花时间做的事情，应该在不断地加宽自己的"护城河"，在不断地强化自己的核心竞争力，在不断地扩大自己的"增值"服务，而不是仅仅在赚钱，这样才是有积累的，才是在成长壮大中的一个企业。

以上这些都是审计师应该在每个企业身上努力寻找的东西。

具体到每个行业，也各有其特点。例如，制造业经常讲"人财物，产供销"，这六字真言就是思考制造业的基本框架。互联网公司总爱说，产品的使用频率、用户体验要做到极致，等等。这说明，每一个行业都有自己独有的一些商业规律。审计师其实有一个得天独厚的优势，就是能向客户问各种问题，这个与客户问答的过程，既是一个审计必需的流程，同时也是向客户学习商业思考的好机会。

当然，要提醒审计师们的一点是：不要被客户误导了，也不要被新闻媒体误导了。商业竞争总是激烈和残酷的，很多时候，管理层告诉新闻媒体的商业故事，是出于宣传的需要，其目的可能是为了让消费者更喜欢这个企业。而且，偶有出现的"有偿新闻""枪稿""水军"，更让新闻媒体上刊登的商业文章的可信度大打折扣。审计师可以读那些文章，但一定要注意思辨地学习。

类似地，客户给审计师的回答，也不一定都是准确和真实的。一个公司内部，为了激励员工士气，也会在美化自己战略的同时贬低竞争对手。在这样一个环境里待的时间长了，每个人都难免会不太清楚，管理层自己也很难例外，尤其是在对外人讲解自己公司战略的时候。所以，要独立思考，要思辨地学习，审计师一定要牢记。

还要再提醒一点：就是独立思考，不要人云亦云。在商业领域，尤其如此。例如，别的公司都在搞打折促销，那这家公司要不要也搞打折促销？如果不搞，原因是什么？为什么别人搞而你不搞？如果搞打折促销，又是为什么？怎样搞才能效果最大？商业上真正成功的企业，都是独立思考、不走寻常路的，做了很多和竞争对手不同的事情，做了很多别人事前看不懂的事情。审计师在面对这些特立独行的商业企业的时候，需要保持必要的谦虚谨慎。

最后要说明的是：商业思考是一个永远没有答案、没有结束的过程。对于企业管理层来说是这样，对于审计师来说同样如此。审计师可以向企业管理层学习，只要有时间，就可以把这个企业的商业模式、竞争环境等拿出来，从不同的角度进行推敲，不断挑战自己的思考，例如为什么竞争对手不这样做，美国的同类公司是如何做的，其他行业在遇到类似问题时是如何竞争的。多做这些思想实验，审计师可以收获更多的商业思考能力，也能收获更多客户的赞赏。

# *6*

*Figures can talk*

# 后 记

我开始做审计的时候，最喜欢的事情就是听我的经理和主管讲故事。通过听他们讲述那些他们经历的事情，"审计"这两个字对我来说，不再那么遥远和枯燥，而是一些活生生的人在大千世界里做着各种各样有趣的事情。

等到我做了主管和经理，领着一批审计员和审计助理做审计项目了，我最喜欢做的事情，就是给他们讲我听到过的和经历过的故事。几个年轻人一起出去做项目，每天吃完午饭休息时，有人就会提议："金十七，再讲一段吧。"于是，我就搜肠刮肚地找出一段审计中的逸闻趣事，抖擞精神给大家讲，中间还时不时埋上一两个包袱。我在小学、中学和大学生涯中，都讲过相声，所以讲起故事来驾轻就熟。

我在美国做审计期间，有幸花三天时间听了南加州大学一位教授的讲座，讲座内容是美国证监会有关上市公司的规定。去听讲座之前，我以为这会是一个非常严肃、容易让我犯困的讲座。结果是，那三天讲座下来，我根本没打过一次瞌睡，而且听回来一肚子的故事和笑话。每一个生动的故事和笑话后面，都埋藏着一条枯燥的美国证监会的规定。以前我从来没有想到过，可以用这么有趣的方式来学习枯燥的东西。

2004 年的夏天，我那时还在会计师事务所工作，连续做了几个审计项目，痛感审计员和审计助理们的思考能力和经验都不够，正在为如何迅速提高他们的思考能力和丰富他们的经验而发愁。于是，我想到了南加州大学那位教授讲的故事和笑话，想到了我在做审计项目时讲给审计员们听的那些故事。一个人的经验，融进故事里讲给大家听，就变成了好多人的经验。

这本书就这么产生了。它产生的初衷，如上所说，就是以"大家坐在一起围炉夜话"的风格来聊一聊审计，分享一下经验。在审计这个行业里，我只是一个末学后进，仅仅是我遇到过的人里，就有很多人比我水平高。我可能只是比大多数人愿意做总结，愿意提笔写点儿东西而已。由于水平所限，我这本书里必然会有一些片面或偏颇的地方，所以要提醒大家，千万不要读死书，尽信书不如无书。

另外，我也希望这本书能起一点儿把审计介绍给社会大众的作用。我尽量把这本书写得通俗一些，是为了方便读者的阅读，也是为了向社会大众做一点儿普及审计知识的工作。在中国，社会大众对于注册会计师，对于审计，还有许多不了解的地方。这本书，也算是一名中国注册会计师为审计行业做的一点儿公共关系方面的努力吧。

同时，我至少还有这么一点儿自信，就是这本书对于刚开始做审计的人还是会有些帮助的，能够让他们少一点儿在黑暗中苦苦寻找方向的痛苦。这样，他们能踩着我们的肩膀，成长得更快更好。如果中国本土的审计师们都能不断地分享彼此的经验，共同促进和提高，一代一代做下去，我们的水平很快就可以和世界先进水平比肩了。到那个时候，如果这本书已经简单浅薄到连刚入行的人都懒得看，我也就非常欣慰了。

孙含晖